湛庐CHEERS

与最聪明的人共同进化

HERE COMES EVERYBODY

并购谈判

DEAL MAKER

王仁荣 著

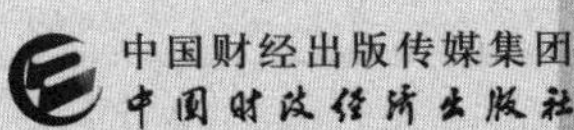

优秀的并购谈判者是价值长期主义的信奉者

段小光
金雨茂物投资创始人、董事长

2017 年，仁荣翻译的《3G 资本帝国》[①] 面世，一时洛阳纸贵，多次脱销重印，成为当年国内投资界和企业界的重要话题。通过这本译著，我们终于知道了 3G 资本——一家巴西的投资公司；知道了创始人为何赢得了管理大师吉姆 · 柯林斯的赞许和尊重、为何获得了“投资大神”沃伦 · 巴菲特的推崇与合作；知道了 3G 资本如何以梦为马、以执行为鞭，通过一系列缜密的并购行动，整合成包括百威英博、汉堡王、卡夫亨氏、南非米勒等在内的商业帝国。如今，3G 资本的合并年收入超过 1 000 亿美元，要知道，无处不在的可口可乐集团每年也只有 600 多亿美元的收入，并且是名副其实的全球食品消费类企业龙头！

---

① 这本书揭开了 3G 资本帝国的传奇历程。其中简体字版已由湛庐引进，北京联合出版公司出版。——编者注

其实，仁荣自 2004 年起就在 3G 资本旗下的公司工作，十多年不离不弃，与百威英博一起成长，把自己炼成了全球最大啤酒集团的重要参与者，成为跨国公司并购谈判的顶级专家。其间，他参与了全球最大的全现金并购案，即英博 520 亿美元收购百威案；参与了全球第三大交易额的跨境并购案，即百威英博 1 070 多亿美元收购南非米勒案。更不消说他领导并参与了公司在亚太地区的大大小小近 40 起并购活动，比如由他主导的绿地投资，合资公司的管理和买断，老企业的关停和转改扩建，极大地促进了公司在中国的发展；由他负责的国内迄今为止最大的啤酒行业并购案——英博超 58 亿元人民币收购雪津案，至今被业界视为经典并购案例；他全程参与了珠江啤酒的上市、所有大型并购案的反垄断审查、收购企业的并购整合……

2019 年，仁荣负责百威亚太（香港）公司上市项目，该项目成为当年中国香港第二大、全球第三大的首次公开募股（IPO）项目。仁荣最终担任上市公司执行董事，并代表公司在香港交易所鸣锣。这是仁荣职业生涯的高光时刻。

毫不夸张地说，仁荣在企业并购谈判中身经百战，屡建奇功，已是中国产业并购领域的顶尖高手。有道是“百战归来再读书”，这是所谓成功人士向往的一种生活状态，但仁荣又上一层楼——百战归来再著书。当仁荣告诉我，他利用疫情期间因商旅出入境而居家的两个 14 天隔离期，写就了一本关于并购谈判策略和技巧的书时，我颇感意外。

静下来想想，这也在情理之中，毕竟仁荣是一个本科就读于南京大学、硕士就读于比利时鲁汶大学、博士就读于复旦大学，且受过严格训练的文科生，有着很强的逻辑思维能力和写作能力。他天性开朗、善于总结、乐于交流，寻得宝物绝不会私藏，乐于与人分享。平日，他就在多所高校以课程和讲座的形式，传授投资并购和商务谈判之道，日积月累，自成章节。

疫情之下，仁荣利用相对集中的时间，将之前的腹稿谋篇布局，将之前的章节编辑成册，一挥而就，不亦乐乎！他将自己的商战经验和教训归纳整理，给在投资并购上屡屡受挫的企业一些“道”和“术”的指引，给进入投资并购领域的后来者燃灯指路，既“授人以鱼”，又“授人以渔”，不亦君子乎！

仁荣这本书写的是投资并购与商务谈判，按图书分类，或许应该归入财经类。其实，在人类社会，谈判何止发生在财经领域。亚当·斯密曾说：“人是可以讨价还价的动物，其他动物都做不到这一点，没有狗能和别的狗交换骨头。”由此看来，谈判是一种社会性活动，这也正是人与动物的本质区别之一。确实，谈判无所不在。小到小朋友一起做游戏，大到各国在碳排放约束机制上讨价还价，都是谈判的体现。社会越文明，人们越会通过谈判解决各种问题，所谓“不战而屈人之兵”，正是通过或威逼利诱，或退让求全，或平衡利益的谈判实现息兵休战的。

当然，商务谈判是很复杂的过程，而并购谈判更是商务谈判皇冠上的明珠，需要理性投入，也需要感性付出；需要利益权衡，也需要价值判断。仁荣浸润于此 20 多年，对此了然于胸，遣入笔端，娓娓道来，谈事判理，讲术论道。

我最有感触的，还是仁荣坐而论道的那些内容。并购无法一蹴而就，谈判也无法一谈了之。初谈结束要做尽职调查，深谈结束要签约，签约结束要交割，交割结束要整合。整合既涉及制度、文化、人力资源、管理方式、商业模式等方方面面，又要经历一轮又一轮的谈判。因此，投资并购以及相关的谈判，表现出来的是投资人和谈判者的行为，映射的是投资人和谈判者的“三观”。最终的成功者，无不是时间的朋友、价值长期主义的信奉者；无不坚持竞合战略，坚持多赢理念，坚持再创价值，坚持造福社会。

因此，仁荣的这本书远超出了财经一隅，无论是谈婚论嫁、成家立业，还是谋职升迁、招商引资、机构调整等，无不开卷有益。

如何成为优秀的并购操盘者

我的并购谈判生涯

1995 年，我离开了政府部门，“下海”加盟跨国公司。在 26 年的打工生涯中，我先后供职于雅芳、可口可乐、高露洁和百威等公司。其间，我主要服务于公司在中国及至亚太地区的业务扩张，诸如战略发展、绿地投资、兼并收购、架构重组、上市融资，以及寻求合作机会和合作伙伴，因此参加的并购谈判不计其数。起初我主要是参与谈判，提供协助；后来则开始带领团队，领导、组织、协调、管理整个并购项目的谈判过程，并对结果负责。

我的并购谈判生涯始于百威英博。2003 年，我加入了当时名不见经传的比利时英特布鲁集团（Interbrew）。彼时，没有人会相信，短短几年之后，它会成为独步全球的啤酒王国。我之所以加盟英特布鲁集团，是因为当时公司的亚太总裁跟我说，未来我们要做中国的第一。在当时，所有人都认为这是痴人说梦，包括我自己。但我喜欢拥有梦想、喜欢挑战、喜欢从零开始成就一番事业。差不多十二三年后，我们做到了。尽管我们还不是销量第一，但我们做到了营业额和利润上的中国第一。

熟悉3G资本的人都知道，全球第三的英特布鲁集团在2004年和全球第五的美洲饮料（AmBev）集团合并，成立英博集团。英博成为当时全球第二的啤酒公司。我自己也在2004年底晋升为亚太区副总裁，过早地到达了职业生涯的“天花板”。2008年，英博以520亿美元收购了“世界啤酒之王”安海斯－布希（Anheiser-Busch），将全球啤酒第一品牌百威收归囊中，合并后的公司成为全球最大的啤酒公司。该并购案至今仍是全球最大的全现金并购案。随后，我将公司的中文名字由“安海斯－布希英博”改为“百威英博”。2012年，百威英博收购了墨西哥莫德洛集团（Modelo）另外50%的股份，如愿以偿地获得了闻名遐迩的科罗娜（Corona）啤酒品牌。2016年，百威英博以1 075亿美元的对价收购了全球第二大啤酒公司南非米勒（SABMiller），由此进入非洲、澳大利亚、哥伦比亚等空白市场。该交易位列全球跨境并购案的前三名，百威英博也借此成为真正全球化的啤酒王国。因为常常有人问起百威英博和百威究竟有没有关系，所以在2018年，我索性把公司名字直接改成了百威。

啤酒王国百威的成长史非常准确地印证了诺贝尔经济学奖获得者乔治·斯蒂格勒（George Stigler）所说的那句话：“一家企业通过兼并收购成为大企业，是现代经济史上一个突出现象。”百威啤酒王国是3个最有名的巴西投资人创立的3G资本的一个伟大的杰作。我有幸参与了其中规模最大的几起并购，受益匪浅。3G资本的其他并购杰作包括卡夫亨氏、汉堡王、帝姆霍顿咖啡（Tim Hortons）。

在中国，3G资本同样走了一条扩张道路。自2003年我加盟公司起，我们先后进行了不少于30起并购。公司目前在中国拥有哈尔滨啤酒、雪津啤酒、金士百啤酒等众多并购而来的全国性或区域性啤酒品牌。此外，公司还是珠江啤酒的战略合作伙伴。兼并收购成为公司在中国市场成长为行业领袖的一个最重要的发展战略。我的谈判经验和技能也在无数次的并购谈判实战中得以积累和提升。每个并购谈判项目都给我留下了独特而深刻的印象。在这里，我想分享一下 2016 年公司收购金士百啤酒的谈判项目。

26 天内完成的并购谈判

我们在中国东北市场曾经风光无限，凭着中国最早的啤酒品牌——哈尔滨啤酒在中国东北地区市场的强大影响力，凭着在东北地区 10 个啤酒厂的战略布局，凭着对合资公司的中方股权全面买断带来的“东北一盘棋”局面，公司在东北市场理应所向披靡。然而，当时中国啤酒市场销量第一的公司依据其在辽宁市场的垄断优势，强势进攻吉林、黑龙江市场，其他竞争对手也积极介入，投入大量资源占领东北市场。在竞争对手的夹击之下，我们失去了黑龙江市场的领军地位；业务在辽宁市场进一步萎缩，只剩孤立无援的锦州市场；在吉林市场中艰难困守延吉市场。我们的业务在东北市场岌岌可危。其时，东北市场中尚未被大集团收归旗下的实力派啤酒公司只剩金士百啤酒。金士百啤酒拥有 80 万吨产能，实际产量 40 多万吨，是吉林省的啤酒龙头公司。所有啤酒集团都对金士百啤酒“垂涎三尺”。当时我力主公司收购金士百啤酒，这样可以将我们的东北市场连成一体。若失去金士百啤酒，我们的业务在东北市场将会被竞争对手拦腰截断。当时我们最强劲的竞争对手已经是东北啤酒龙头，一旦其收购金士百啤酒，就将对我们形成压倒性冲击。其他啤酒集团一旦收购金士百啤酒，就将进一步恶化东北啤酒市场已相当严重的恶性竞争，我们的困难处境会雪上加霜。

我们和金士百啤酒的谈判非常胶着，对方只有其公司董事长和财务总监参与谈判，我方则动员了我方公司（包括全球总部）的庞大力量。然而谈判之初，我方全球首席财务官和对方在中国香港签订的备忘录被对方推翻，这令我们十分震惊和担忧。现在看来，这一点都不奇怪。如果你有一个价值连城的宝物待出售，而上门求购者络绎不绝，待价而沽便顺理成章。

虽然那时我已经很久不参与具体的谈判工作，但是我们的亚太区总裁希望我亲自出马。考虑到这个案子实在干系重大，我马上答应加入谈判，并和谈判团队制定了严密的谈判策略。

- 第一，在战略上，我们势在必得，不给自己留任何退路，这样可以确保内部得到公司的全力支持，外部则准备多套备选方案，避免谈判陷入僵局。
- 第二，寻求最大利益公约数，寻找更多利益相关方，从谈判对手、对方股东、对方管理团队和员工、地方政府、酒业协会等各方面寻求支持，以便形成合力。
- 第三，重点表明这个并购项目能够给金士百带来更好的发展前景：我们可以表明并购项目有助于提升技术和工艺，可以增加投入、释放产能，也可以引入国际品牌、全国性品牌，还可以给员工提供更大的发展平台。
- 第四，鉴于对方是经验丰富的商务谈判专家，却不是并购谈判的专家，我们必须保持简单和灵活，而不能僵硬地坚持复杂、专业的并购谈判流程和谈判方式。
- 第五，考虑到对方董事长德高望重、一言九鼎，我们需要给予对方足够的尊重。
- 第六，因为本项目属于“一锤子买卖”，对方与我们几乎没有其他后续合作的机会，加之竞争对手虎视眈眈，所以价格将是谈判中最核心的问题。我们一方面需要说服总部对我们充分授权；另一方面要聚焦于我们在价格之外能够给对方带来的巨大好处。

同时，为了避免之前的反反复复，我们也制定了基本的谈判规则供双方遵守。例如，我和对方董事长先确定每天或每个阶段的谈判要点，再由团队接着谈判；每次谈判后书面确定双方的谈判内容，之后不再反复；有争议的地方由我和对方董事长面谈解决；一旦签署任何备忘录或框架协议，双方不得更改。

通过制定和执行上述谈判策略与规则，我们和对方的谈判进度明显加快。很快我们就在价格方面达成一致，但对方要求我在报价书的价格上再增加 1 亿元，且不包含在最终的股权收购协议里。对方的解释是，已经有其他潜在买家出到了这个价。虽然我们有其他优势，地方政府也倾向于我们，但毕竟价格是可比的“硬杠子”，若报价低，会给说服多方支持这个交易带来杂音。为了便于他们内部讨论、审议，我们还必须提供给他们一份书面的价格承诺书。我虽然感到诧异，但也能够理解他们的苦衷。不过，我们公司总部明确拒绝了对方的要求。一是因为有前车之鉴，担心他们拿着这张纸找别人再加价；二是因为如果承诺多给 1 亿元，到时万一对方真的要这 1 亿元，我们就会很被动；三是因为双方在前期谈判中的反复，导致双方之间的信任几乎荡然无存。所以，这份书面承诺成了这次谈判的死结。

志在必得的我向亚太区总裁保证，这次对方一定会信守承诺，我们的风险可控；如果对方反悔，那么我可以离职自裁，以承担责任和后果。亚太区总裁连连摇头，他担心自己要失去一个并购交易项目，还要失去一位得力干将，这样等于输三次。最后，基于我在公司行事认真严谨的行为记录，加之公司也别无选择，万般无奈之下公司终于同意出具这封承诺函。发出信函之前，我跟对方董事长直言，如果他改变主意，那么我将在公司信誉扫地，失去饭碗。我还请酒业协会的领导给他打电话，请他信守诺言。毕竟大家在啤酒领域都有着举足轻重的地位，都很在乎自己的名誉。最后，对方果真没有在价格上反复，也没有跟我们多要那 1 亿元。

在进行具体合同条款的谈判时，对方只认一口价，对估价公式和价格调整等均不认可。我们和对方完全不能达成一致。后来我们说服对方，引入中立的第三方专业机构进行独立评估。评估的结果没有超出我们双方的底线，问题终于得以解决。

令我意外的是，我们居然在 26 天内完成了这项艰难的并购谈判，达成了双方都很满意的并购协议。

通过这次并购，我们成为吉林市场龙头，我们的业务在东北市场连成一体，在辽宁市场和黑龙江市场的压力得以缓解，我们也如愿回到黑龙江市场第一的地位。此后，在并购整合的过程中，我们遇到了罢工、第三方诉讼等一系列问题，基于我和对方董事长建立起来的良好关系，每次我们都请他出面，都能立即化险为夷。

3 年后，我们对在 2015 年、2016 年进行的 3 个主要的并购项目进行回顾评估后发现，江苏的并购项目完全没有达到我们的并购预期（business deck），江西的并购项目基本达到了预期，而吉林金士百啤酒的并购项目极为成功，远远超越了我们在并购前设定的战略目标。

通过这个并购谈判的案例，我们可以看到，战略目标不是务虚的，而是实实在在的，并购战略必须符合公司的发展战略；并购谈判不能打无准备之仗，它的策略必须建立在对对方充分调研的基础上；并购谈判的局面千变万化，谈判策略必须随之调整；遇到谈判障碍，必须紧盯谈判目标不放松，必须制定并遵守谈判规则和议程；并购谈判既要重视交易本身，也要重视人的因素，重视关系的建立和维护；并购的完成不仅包括签订并购协议，还包括整合的成功和并购战略目标的实现。

我在并购谈判事务中浸润多年，也在学校开设了并购谈判课程，一直想写一本关于并购谈判的书，分享自己的心得、经验和教训。但苦于俗务缠身，直到疫情隔离期间，才有了宝贵的空余时间。

中国经济的高速发展催生了很多并购的机会，经济的全球化又把中国企业推到了跨境并购的风口浪尖。并购交易风起云涌，无论是产业并购、投资基金的股权并购，还是产业和资本联手的混合并购，都在吸引大量并购新人的加盟。我希望自己的这本书能够让并购新人做一点热身准备，帮助他们了解并购谈判的初级知识，以便他们在未来的并购谈判中不断精进，大展宏图。

你是否了解并购谈判的要点

扫码鉴别正版图书
获取您的专属福利

- 并购是企业的发展战略，是企业发展采取的高端的工具和手段，并购行为本身不是目的。这是对的吗？（ ）

  A．对

  B．错

扫码获取全部测试题及答案，
看看你是否了解
并购谈判的要点

- 并购要讲究“效率和双赢”吗？（ ）

  A．是

  B．否

- 并购协议的签订标志着并购谈判的正式结束吗？（ ）

  A．是

  B．否

扫描左侧二维码查看本书更多测试题

第二部分 并购谈判的基石

第三部分 并购谈判实战

第一部分

—

从谈判到并购谈判

第1章 谈判无处不在

在公司里，我常说的一句话就是：“一切皆可谈判，但成事并不容易！”作为一个久经并购谈判沙场的谈判人，我一直秉持“一切皆可谈判”的积极心态。在我们的“地球村”，大到国际政治、军事、经贸的谈判，小到人与人之间的讨价还价，可以说，人人都是谈判者，世界就是谈判桌。生命不息，谈判不止。谈判，这种人类最古老的交际艺术，作为协调人们行为的基本方式，仍然焕发着巨大的生命力。

一切皆可谈判

我们做并购时常说一句大白话：打得过就打，打不过就买。“打”就是在市场上拼杀，就是投入巨大财力、物力、人力的价格战、渠道战、终端战、促销战；“买”就是兼并收购，就是谈判桌上的较量。在市场上失去的，就要在谈判桌上“谈”回来。

我刚加盟百威的时候，百威还是比利时一家名不见经传的小公司，业务主要集中在欧洲、加拿大。在中国，百威只有两家很小的啤酒厂。经过近20年持续的兼并收购，百威已经发展成为真正的全球化啤酒集团，全球市场占有率在25%以上，处于高峰时在中国曾拥有50多家啤酒厂。百威信奉远大梦想，向来敢想敢干。百威之所以在行业内能够实现指数级的快速增长，每隔3～5年来一次"蛙跳"，靠的就是并购谈判的力量。

著名谈判专家阿什利·布瑞里安（Ashleigh Brilliant）曾经说："如果你不能绕过它、征服它或越过它，那么你最好与它谈判。"有人夸张地把一个人的第一次谈判比作婴儿的第一声啼哭，因为这一声啼哭宣告了他作为一个与对方平等的谈判对手，坐在了谈判桌边，开始了他一生无休止的谈判进程。人生下来就要和环境、社会、他人进行互动和竞争。我们的每一个欲望、每一个需求，都是诱发我们展开谈判的潜因。马斯洛需求层次理论揭示了人们在不同阶段的不同需求。只要人们为了满足自己的需求而互诉观点，为了取得一致意见而磋商会谈，他们就是在进行谈判。古希腊哲学家亚里士多德把人定义为"政治人"，或许，我们也可以把人定义为"谈判人"。

我们生活中的大小场合都有谈判的影子。小型的谈判每天都发生在我们身边，比如，我们在家里和孩子谈判要不要学钢琴，我们在单位跟老板谈判可不可以调岗，我们跟房东谈判房租的多少、租期的长短、租金的支付方式。大型的谈判每天见诸媒体。大到国与国之间的谈判，小到人与人之间的谈判，它们的性质都是一样的。

谈判如此重要，人们对谈判的研究也很深入。然而，迄今为止，尚没有一种普遍适用的谈判理论能够帮我们解释清楚谈判的行为；尚没有一个万能的谈判策略可以指导每个人的谈判活动；也没有一个广泛被接受的谈判课程教导学生如何培养谈判能力。谈判是一个实践的过程，每一场谈判都是独特的，每个人的谈判风格也是独特的。虽然没有人天生会谈判，但每个人生来就具备谈判人的资格。要想应对生活中的各种谈判，就要拥抱谈判、勇于实践，在实践中成长。

谈判究竟是什么

谈判无处不在，无时不有。谈判更是我们几乎每天都要做的事情。但是要说清楚谈判究竟是什么并不容易。谈判是一种实践、一个过程，每个“谈判人”都有自己独特的谈判经历和体会，都会把自己的感受和经历投射到谈判的定义里去。我们需要归纳和总结出一个大多数谈判人都能理解和接受的定义，以便在此基础上继续讨论谈判的要素、机理、过程、原则和策略。

谈判要双赢

前文所述“谈判”一词是站在广义的角度，最大限度地揭示了谈判的多样性和广泛性。如果从专业的定义角度来审视“谈判”一词，我们需要给谈判一个狭义的概念。广义的定义太过宽泛，狭义的、专业的定义有利于我们进一步讨论和研究谈判，尤其是商务谈判，进而聚焦本书的核心——并购谈判。

我们给谈判一个狭义的定义：谈判是指双方或多方通过沟通和讨论，做出共同决策，以解决冲突、满足需求的行为和过程。本书着重讨论双边谈判。我们假设，双边谈判的过程、规律、规则和策略在常态下基本都可以运用于多边谈判。

基于以上定义，我们把谈判看作一个合作和双赢的过程，这个双赢既可以是“里子”和“面子”的双赢，即“客观结果”和“主观感受”的双赢，也可以是“结果”和“关系”的双赢，还可以只是“主观感受”的双赢。因此，谈判是否成功常常用“双方满意与否”来衡量，这个“满意”当然是主观的。相对而言，一输一赢、一胜一负的谈判也很常见，我们常常称之为竞争性谈判。“你赢我输”的谈判忽视了双方的需求和长远利益，忽视了双方的关系，因此长远来说，这是“双输”的谈判。双方的谈判动机是寻求合作、达成协议、满足需求，谈判双方不可能期待一个会输的谈判，至少没有任何一方一开始就打算输。

本书强烈地坚持谈判的双赢性。这里也不讨论“婴儿啼哭”式的谈判，因为“婴儿啼哭”所表达的需求完全不确定。更多的时候，对婴儿的需求只能盲猜，因为婴儿无法表达明确的目的，也无法清晰地交换信息。谈判必须有明确的目的，否则谈判双方没有理由坐到一起。谈判的目的取决于双方的需求，它可以是分享或分配一项有限的资源，可以是解决双方的问题、争议和冲突，可以是共同开发某个市场或资源，可以是排除第三方对双方的冲击和威胁，可以是联合采购某种资源以便取得更大折扣，也可以是联手开发某个新产品、新技术。谈判的目的是双方谈判的原因，也是双方谈判的方向。

成功的谈判有 4 个前提条件

具体来说，谈判的成功取决于以下几点：

1. 标的必须可以谈判。通常，只要是为了满足人们的合法需要，任何标的都是可以谈判的。
2. 必须有谈判空间。任何谈判在开始时其结果都无法预见，但双方必须能够预见谈判空间，没有谈判空间就没有谈判机会。
3. 必须有利益交换。谈判双方既有取，也有舍；既有拿，也有给。谈判双方愿意进行利益交换和妥协，才能达成满足双方利益要求的最终协议。
4. 谈判双方必须互信。谈判双方必须假设对方会信守承诺，履行协议。这里的互信不是指谈判双方对彼此的绝对信任，这在多数谈判中都不太可能，而是指谈判双方都愿意秉持契约精神。

没有这一层的相互信赖，谈判的大前提就不存在了。

在某种意义上，人们只要存在需求，就有了谈判目的。双方需求的差异产生了谈判空间，双方愿意让步和妥协、不断缩小差异、达成令双方满意的协议，这就是成功的谈判。当然大前提是，双方相信谈判是满足双方需求最好的途径，并且相信对方会履行谈判协议。

学会对谈判说“不”

当然，谈判不是唯一的生存之道。有的时候我们根本不需要谈判，有的时候我们无法进行谈判，而有的时候我们要对谈判说“不”。

首先，如果“不经济”，就不需要谈判。谈判有成本，需要花费很多时间和精力。对于简单明了又紧急的事项，效率最重要，因此不需要谈判，而是直接行动。

其次，如果没有谈判空间，就不谈判。遇到明码标价和电子竞标的项目时，我们的选择只有接受或拒绝。我们想谈判也没有人理会，我们想谈判也没有讨价还价的空间。

再次，如果谈判对象不适合，就不谈判。俗话说，不跟魔鬼做交易。如果对方没有诚信，甚至是犯罪分子，我们绝对不可以跟他们谈判；如果我们要建厂房，也不可以跟没有建筑设计、施工资质的人进行谈判。

最后，如果标的不合法，就不谈判。任何时候都不能以合法的形式掩盖非法的目的。拐卖人口的事不能谈判，销售假冒伪劣产品的事也不能谈判。

谈判是一个过程、一项合作的事业。谈判双方因共同的需求、意愿和目标而共聚一堂。谈判双方以合作为前提，齐心协力找到解决方案、分享谈判成果。虽然不是每个谈判目标都对双方有同等价值，但参与的每一方或多或少都能够实现利益均沾。

为了在谈判中取得成功，无论谈判双方的诉求存在多大的鸿沟，都应保持这样一种信念——鸿沟终将被跨越，双方终会达成协议。当然，合作无须摒弃竞争。从某种意义上来说，谈判是智慧的竞争、力量的竞争，对绝大多数谈判者来说，这就是谈判的乐趣所在。

商务谈判首先要从人开始

谈判在日常生活中无处不在，商务谈判在商业活动中无处不在。商场就是没有硝烟的战场，商战就是商业谈判之战，商战的主战场就是谈判桌。进行商务谈判是商人的生活常态，它追求的是为谈判双方创造更多、更大的价值，创造双赢的局面。

商务谈判是商业领域应用广泛的一项技能。谈判的水平越高，就越能获取高额回报。在商务谈判中，外在因素、客观条件会起到制约作用，但谈判者的主观能动性、谈判风格、对谈判策略和技巧的熟稔使用，都可以发挥很大作用。面对同一个交易的谈判，一个新手只能拿到 5% 的折扣，一个老手则可能拿到 10% 的折扣。

商务谈判需要依赖精确的、量化的分析和计算，拥有其独特的规律和流程。因此，人们可以学习和培养商务谈判技能。但是，商务谈判也有其不确定性，难以完全量化、分析和预测；商务谈判能力也很难清楚地描述，有时只可意会，不可言传。谈判能力的形成需要学习，更需要实践。

商务谈判可以帮助公司赢得利润。在公司里，市场营销和销售可以增加营业额，管理可以提升效率、控制风险，但这些只能间接地为公司创造利润。只有商务谈判才能既直接又间接地创造利润。当一场商务谈判为公司某一原材料的采购拿到了 10% 的折扣时，节约下来的采购成本就是直接的利润贡献；当一场商务谈判引入了一个新的分销商时，这个新的分销商在未来为公司创造的更多价值，就是商务谈判的间接利润贡献；当一场商务谈判成功地为一家公司收购了另一家公司，收购价低于前者设定底价的 20% 时，这个商务谈判项目就既做出了直接贡献，即节省下 20% 的收购对价，又做出了间接贡献，即未来这个收购项目给前者带来的新的利润增长点。

商务谈判既要兼顾效率，也要兼顾关系，也就是人际关系。其实，商务谈判首先要从人开始，因为商务谈判的成功完全取决于人的因素：目标需要人来制定；议程需要人来统一；变量需要人来分析和整理；妥协和让步需要人来做出；僵局需要人来打破；情绪失控和冲突加剧需要人来管理。更为重要的是，谈判需要对方的配合才能进行，协议需要对方的认可才能履行。谈判如果只看结果、忽视人际关系，那么后果会非常严重。

商务谈判的每个参与者无论性格和能力如何，都已经具备了成为合格谈判者的基础条件。但是，每个人的性格、爱好、教育背景和理想追求不同，在谈判桌上呈现的谈判风格也不同。有些人天生就容易迁就和合作，另外一些人则喜欢竞争。其实，成功的谈判风格只有一种，就是要在谈判桌上展现自己积极、阳光、开放的一面。商务谈判从人开始，就是要我们认识、接纳和尊重多样化的谈判对手，同时也要用开放的态度拥抱谈判；用平和的心态冷静看待谈判中的冲突和曲折；用双赢的思想争取最好的结果。

达成某一商业目的的途径可能有很多，选择进行商务谈判，一定是因为商务谈判可能创造更多的价值，或者更有效率。商务谈判也不都是以握手签约而结束的，很多商务谈判最终都不欢而散。在商务谈判中，只有当双方都认为达成协议比无果而终更好的时候，他们才会达成协议。因此，商务谈判追求的是双赢的结局。

商务谈判的 6 大原则

商务谈判涉及谈判双方的经济利益，必须遵循商业活动及谈判活动的基本原则；商务谈判也涉及谈判双方人际关系的建立和维护，必须遵循人际交往的基本原则。商务谈判不是你赢我输的零和博弈，不能崇尚“丛林法则”斗狠比勇、霸凌欺骗那一套。

原则 1：平等互利

谈判双方的起点是不平等的，追求的最终目标可能也是不平等的。一方可能凭借其在经济实力、信息量、谈判能力等方面的优势，形成压倒性优势。但谈判双方是平等的，无论是双方的公司还是谈判代表，在人格和民事权利上都是平等的。谈判一方的优势不构成该方蔑视或侵犯另一方平等权利的理由。谈判一方可以提高价码，但不可以强买强卖；可以施加压力，但不可以威胁恐吓；可以拒绝对方的要价、无视对方的让步，但不可以不尊重对方甚至羞辱对方。谈判是谈判双方自由意志的体现。谈判不是一场比赛，也不是一场战争，谈判的目的是达成互惠互利的交易，而不是置对手于死地。

原则 2：公平公正

博弈论者可能反对商务谈判的公平公正原则，也有经济学家认为商务谈判的目的就是赚钱，通过谈判“榨取”的每一分钱都是公司的利润。持这种观点的人看到了商务谈判追求效益的本质。他们觉得打仗有胜负，谈判有输赢。但是，商务谈判追求的效益是整体性的，它可能包括金钱、技术、创新、环境的效益，可能包括对方、第三方和社会的效益，也可能包括未来的效益。单纯追求商务谈判的某一个目的而非整体目的，虽然看起来使自己的利益最大化，但会损害对方和其他人的利益。这样的谈判忽视了双方的关系和长远利益，结果是不公平、不公正的。

商务谈判的公平公正更多地体现在谈判的规则上。在谈判中允许一方行使的权利，也应该允许另一方行使；允许一方采用的策略，也应该允许另一方采用。谈判双方都可以陈述自己的主张，不能一方畅所欲言，而另一方没有发言的机会。谈判中不可以实施歧视性议题、单极化方案。要将所有议题公开透明地拿到谈判桌上，交由双方讨论和决定。

原则 3：诚信

商务谈判并不排斥诚信原则，一方出于保护商业秘密或者维持自己谈判优势的目的，可以有选择地披露和交换信息。诚信原则建立在整个社会的经济活动有效运行的大背景之下。一个社会若没有信用体系和契约精神，它的经济运行就会极端低效，人们进行商业活动的交易成本就会剧增。在这种情况下，商务谈判也就没有用武之地。人们愿意坐下来谈判，就是因为相信对方会信守承诺、履行合约。

诚信原则还表现为：在商务谈判过程中，谈判双方不提供虚假信息、不编造事实、不主动误导对方、不撒谎、不欺诈。有人担心这样做会丧失谈判优势。事实上，谈判优势绝对不是依靠对方基于错误信息做出有利于己方的决策而建立的。谈判一方一旦发现另一方违反诚信原则，则可能产生对立、反抗的行为，甚至离开谈判桌。

原则 4：合作和双赢

商务谈判不同于其他谈判，其目的就是使双方的利益最大化。本书出现次数较多的词就是“双赢”。很多人坚持商务谈判的竞争性，合理化追求单方面的利益诉求；很多人在谈判课上教学生如何建立优势心理、如何克服“不好意思”的心态、如何掏出对方口袋里的最后一枚硬币。我们始终坚定地主张商务谈判是“两个人的探戈”，需要双方的合作，以追求双方利益的最大化。一场有效的商务谈判不仅能让双方真的赢，还要让双方都满意，都“觉得”自己赢了。

所以，商务谈判不是一个你争我夺的过程，而是一个创造价值的过程、一个做大蛋糕的过程。在这个过程中，需要双方的创造性思维，需要双方一起努力，找到最理想的解决方案。

原则 5：问题导向及冲突最小化

商务谈判的一个小技巧是先易后难，而商务谈判的整个过程是由繁入简。谈判双方从各自忽隐忽现的需求中梳理出谈判目标，从纷繁复杂的待解决问题中整理出谈判议题，从杂乱无序的众多议题中制定出双方应遵循的谈判议程。接下来，谈判双方专注于议题和问题，逐步减少争议和异议，建立更多共识和承诺。这个过程就是谈判按照理想计划推进的过程。

然而，商务谈判可能开始于双方截然不同的需求，因而免不了利益的冲突；谈判中双方的感知和认知的偏差，以及可能出现的情绪失控，都会放大双方的利益冲突。商务谈判必须管控双方的冲突，专注于谈判的大目标，避免偏离谈判议程；谈判者不要激化矛盾；谈判者要针对问题来解决问题，做到对事不对人。

原则 6：遵守商业道德

商务谈判的效益导向可能会让谈判者过分看重利益，人们经年累月发展出来的各种谈判策略和技巧，也存在很多模糊地带。人们带着善意和积极的心态参加商务谈判，却害怕善意被滥用、信任被辜负，担心被欺诈。

商务谈判的策略和技巧都是契合一定的情境而设置的，这些情境都符合法律规定和商业道德。因此，无论我们采用何种谈判策略和技巧，动机都必须是良善的。困惑主要集中在一些似是而非、界限不明的谈判策略和技巧上，我们不能一概而论地拒绝使用它们，因为它们在谈判桌上始终都会出现。我们应坚决拒绝的是不合法、不道德的谈判策略和技巧，需要审慎采用的是一些伦理边缘的谈判策略。我们相信，谈判者的声誉比一场谈判的得失更重要。

商务谈判是科学和艺术的结合。熟练的谈判者看待谈判桌上发生的事情时，不仅会看到开价、议价和达成协议的举动，还会看到掩藏在交易背后的心理活动。只有学习并掌握谈判这门科学和艺术、组建和培训好企业的商务谈判团队，才能在商务谈判中挥洒自如、游刃有余，既实现企业的经营目标，又与对方携手共赢。

并购谈判工具箱

1. **谈判要双赢。**

2. **谈判的目的既是双方谈判的原因，也是双方谈判的方向。**

3. **成功的谈判需要满足 4 个前提条件：**

(1) 标的必须可以谈判；

(2) 必须有谈判空间；

(3) 必须有利益交换；

(4) 谈判双方必须互信。

4. **遇到以下 4 种情况时，我们不谈判：**

(1) 谈判“不经济”；

(2) 没有谈判空间；

(3) 谈判对象不适合；

(4) 标的不合法。

5. **商务谈判的 6 大原则：**

(1) 平等互利；

(2) 公平公正；

(3) 诚信；

(4) 合作和双赢；

(5) 问题导向及冲突最小化；

(6) 遵守商业道德。

第2章

并购谈判，商务谈判皇冠上的明珠

商务谈判存在于公司经营活动的方方面面。在公司经营活动中，业务人员需要介入各种商务谈判。这里包括采购协议的谈判、分销协议的谈判、建筑合同的谈判、劳动合同的谈判、咨询协议的谈判、租赁合同的谈判、各种中介服务合同的谈判等。有时候一个项目里甚至包含不同种类的商务谈判，例如建设一个新厂会涉及投资协议、勘测协议、设计协议、环境影响评估协议、采购协议、建筑施工协议、监理协议、竣工验收协议、劳动用工协议等，这就需要在不同阶段与不同对象，就不同目的和标的，由公司不同部门和人员出面进行谈判。因此，商务谈判的难度各有不同。

我在向学生们分享商务谈判技巧时，举例最多的是并购谈判。从教学角度讲，并购谈判的案例更有故事性、情节更曲折，更加引人入胜。从谈判技巧的角度讲，并购谈判的难度和复杂度比一般商务谈判有过之而无不及。

商务谈判是一般谈判行为追求的最高境界，对经验、素质和技巧的要求非常高；并购谈判则是商务谈判皇冠上的明珠，是商务谈判的集大成者，涵盖了商务谈判所有的要素和技能，体现了最大的综合性和复杂性。

一个优秀的并购谈判专家，一定是睿智的、心智健全的、知识丰富的、兴趣广泛的、情商很高的、久经商场的、沟通技巧上佳的，并且并购经验十分丰富。要想成为一个并购谈判专家，就必须对兼并和收购的商业行为有充分的了解和认识。**兼并和收购的知识与经验是提升并购谈判技巧的前提与基础，兼并和收购的实操是商务谈判的练兵场和主阵地，兼并和收购的独特性又决定了并购谈判与其他商务谈判的本质区别。**

并购谈判的基础

兼并和收购（Mergers & Acquisitions）简称“并购”（M&A）。并购究竟是什么样的经营活动？我在比利时鲁汶大学念法学硕士时专门研修了这门功课；在复旦大学读博期间，兼并和收购的前沿问题也是我学习和研究的对象，我的博士论文更是专注于讨论跨国公司跨境并购的相关法律问题。我一直试图回答的问题就是“并购是什么”。

除极少数国家就某一并购问题颁布了法律外，基本上没有所谓的“并购法”。并购不是完全意义上的一个法律概念。并购是一个经济学上的概念，并购首要考虑的是效率问题，法律在这里则成为工具。但是，任何并购离开法律都是不能实现和存在的。因为并购的任何环节，例如，保密协议的签订、尽职调查、估价、交易结构的设计、谈判及合同的签订、政府审批、交割以及并购后的整合等，均受到诸如公司法、合同法、证券法、反垄断法的约束，甚至劳动法、环境保护法、外汇法、税法，以及与投资政策、产业政策有关的政策法规均可能对并购行为产生决定性的影响。因此，从这个意义上说，并购又必须是一个法律上的概念。

今天的并购更多地体现在实践领域，更多地依附于英美法系。各国法律对兼并有很多规定，对收购则少有规定。兼并与收购都是广义的概念。简单而言，兼并更多地需要遵循公司法的规制，收购则主要需要遵循合同法的规制。因此，在我看来，企业的收购行为与一般的买卖行为没有本质的区别。为了将相对规范化的兼并与相对市场化、多样化、更多体现交易双方意思的自治的收购行为区分开来，西方不少法律执业人士频繁使用法律合并（legal merger）和法律分立（legal split）的概念来界定公司法意义上的兼并活动；对收购则可以灵活使用不同的概念和术语，例如合并（combination）、兼并、接管（take over）、重组（restructuring）以及整合（consolidation）等。在参与收购的双方谈判结束达成协议时，协议的名称通常是"股权转让协议"（Share Purchase Agreement，简称SPA），这也说明收购行为实质上就是一个买卖行为。在现实经济生活中，兼并和收购的交易 95% 以上都是收购交易，兼并交易的比例相对较低，而且兼并更多地被用于公司的内部重组。因为兼并发生在公司内部，所以相对也就不涉及并购谈判。**兼并和收购的区别只在法律研究和教学中存在意义，而在商务实践中，它们的含义是一样的。因此，本书中使用的兼并收购、并购、购并、收购等都代表统一的含义，即"并购"**。这样的理解也与并购研究和实践的趋势保持了一致。这个趋势就是并购的含义越来越广，包括所有的企业重组行为，如合并、分立、收购、合资、联盟等各种结构重组和业务合作的商业行为。

兼并 + 收购 = 并购

诺贝尔经济学奖得主斯蒂格勒说过，一家企业通过兼并、收购成为大企业，是现代经济史上一个突出的现象。没有兼并、收购，就没有现代企业的成长壮大，就没有跨国企业的扩张和发展，就没有经济的全球化。兼并、收购在经济活动和企业经营管理中极为重要，是企业发展的重要战略。

并购是"兼并"和"收购"的简称。由于我国民商法源于大陆法系，因此在我国现有的民商法律体系中尚无并购的概念。在并购实务中，并购概念的使用就更为混乱，比如兼并、收购、购并等，使用者因其喜好或个人理解来使用并购概念，这也是导致并购概念极不统一的重要原因之一。

“兼并”通常是指一家公司以现金、证券或其他形式购买其他公司的产权，使其他公司丧失法人资格或改变法人实体，并取得对这些公司的决策控制权的经济行为。在西方公司法中，兼并又可分成两类，即吸收兼并（consolidation merger）和创立兼并（statutory merger）。所谓吸收兼并，是指在两家或两家以上公司的合并过程中，其中一家公司因吸收（兼并）了其他公司而成为存续公司的合并形式。在这类合并中，存续公司仍然保持原有的公司名称，而且有权获得其他被吸收公司的资产和债权，同时承担其债务，被吸收公司从此不复存在。所谓创立兼并，又称新设兼并或联合兼并，是指两个或两个以上的公司通过合并同时消失，而后形成一个新的公司，即新设公司。新设公司接管原来两个或两个以上公司的全部资产和业务，并新组建董事机构和管理机构等。

在“吸收兼并”的情况下，一个或多个法律主体（转移财产的法律主体，即被兼并方）将其财产以整体的形式转移给另外一个法律主体（接受财产的法律主体，即兼并方）。交易完成后，兼并方继续存在，被兼并方灭失。作为补偿，被兼并方的股东将获得兼并方的股份。在“创立兼并”的情况下，谈判各方将设立一个新的法律主体，以便让参与合并的法律主体都将其财产以整体的形式转移过去，而所有参与合并的法律主体都将随之灭失。作为补偿，参与合并的法律主体将获得新设的法律主体的股份。公司采用“创立兼并”的形式，常常是因为参与合并的法律主体规模大致相当，并且它们基于声誉的考虑，都不愿意被对方法律主体吸收掉。

“收购”是指一家公司用现金、债权或股票购买另一家公司的部分或全部股权、资产，以获得对该公司的控制权。收购的对象一般为股权和资产。收购股权与收购资产的主要差别在于：收购股权是购买一家公司的股份，收购方将成为被收购方的股东，因此要承担被收购方的债权和债务；收购资产则仅仅是一般资产的买卖行为，由于收购方在收购目标公司的资产时并未收购其股份，因此收购方无须承担目标公司的债务。

兼并与收购的 3 个区别

如前文所述，在实务中区分兼并与收购意义不大，但从法律层面了解其不同还是十分必要的；而且，在并购谈判中，兼并与收购的谈判策略显然是不同的。兼并与收购的主要不同体现在以下 3 个方面。

第一，法律行为主体不同。兼并发生在两个平等独立的主体之间，最终只有一个主体得以存续，或产生一个新的主体；收购则发生在一个主体和另一个主体的股东之间，被收购的主体仍然得以存续。

第二，适用的法律范围不同。公司兼并属于公司重大经营行为，因此公司法对这种行为有特殊规定，即必须经过股东大会的批准；而公司收购只是收购者与目标公司的股东之间的买卖行为，不一定需要经过股东大会批准。《中华人民共和国公司法》（简称《公司法》）第九章“公司合并、分立、增资、减资”涉及公司的合并和分立，对于并购更多考虑的是公司的法律地位、权利义务的继承、法律责任的概括承受；实践中的并购考虑的则是效率和效益。因此，《公司法》的规定是原则性、指导性的，在实践中基本不会受到关注。但是，在立法层面，如何约束并购双方、保护少数股东利益、保护债权人利益、保护利益攸关方的利益，则需要认真考虑。除了个别国家之外，“并购法”作为单行法律并不存在，但是否要订立一部完整的并购法律似乎仍然值得讨论。

第三，法律后果不同。如前文所述，公司兼并的法律后果是被兼并公司的法人主体资格消亡，其财产和债权、债务等权利义务整体转移到实施兼并的公司；公司收购的法律后果是收购方取得目标公司的股权或者控制权，但目标公司的法人主体资格并不因此而必然消亡。

本书不是研究兼并与收购的法律专著，我们更多的是从企业发展战略、企业经营管理、企业投资决策等领域来讨论兼并和收购的，因此本书使用的并购概念涵盖所有兼并和收购的商业决策与行为，并对兼并和收购不做区分。

并购的基本类型

并购种类繁多，根据并购的标的、手段、方式等的不同可以划分出不同类型的并购交易，而且并购类型层出不穷，要根据并购实践的发展灵活掌握。

1. 按并购的标的划分

根据并购标的的不同，并购可分为股权并购（equity deal）和资产并购（asset deal）。

（1）股权并购即通过购买目标公司的股份取得目标公司的控制权，收购完成后，并购公司拥有目标公司，并继承其权利和义务以及债务。

（2）资产并购即通过收购目标公司的资产，实现对该公司资产和相应业务的控制。

在目标公司可能存在诸多潜在风险和责任的情况下，资产并购备受青睐。这也成为并购双方规避风险的工具。因此，对资产进行界定非常重要。资产并购中的“资产”不应该是一般意义上的财物，而是具有投资意义的不同财产权利和义务的集合。在实践中，通常把这种资产称为整体资产或运营资产。由于是整体资产，它可能涉及有形资产和无形资产、管理层和员工、市场通路和经销商网络，也可能涉及上下游供应关系，以及与资产和业务相关的其他合同、债务关系等。在此种情形下，该资产并购和股权并购在实质上是一样的，因此相关的监管部门有时会把此类资产并购等同于股权并购。

资产收购主要遵循合同法和公司法，股权收购则根据收购股份的具体表现形式，遵循公司法、证券法和合同法。

2. 按并购的支付方式划分

按并购的支付方式，并购可以分为现金并购（cash deal）、股票并购（share deal）和现金股票混合并购（mixed deal）。

（1）现金并购是指收购方以全现金的方式支付对价的并购方式。

（2）股票并购是指收购方以股票作为支付对价的并购方式。收购方可以提供本公司股票给出让方，可以增发股票给出让方，还可以按比例交换双方股票，从而实现两公司的合并。换股交易的困难主要在于换股比例的计算，以及交易后股票价格的走势可能给买卖双方带来无法预计的损失和风险。在这方面，西方国家的一些金融机构设计了很多方案来减少股票价格走势对并购双方的影响。

（3）现金和股票混合并购是指部分使用现金、部分使用股票支付对价的并购方式。现金支付和股票支付各有利弊。采取现金交易还是股票交易的方式，在很大程度上取决于各国公司法、证券法、税法等的规定，此外还受证券市场的发达程度，整体经济形势的好坏以及汇率、外汇管制等多种因素的影响。整体而言，现金交易占绝大多数；但在西方国家，由于其证券市场发达，换股交易比较常见。我国证券法和上市公司收购法也为换股交易的发展创造了条件，而允许跨境换股更是一大进步，给外国投资者，特别是红筹上市的公司提供了一个成本更低的投资方式。

3. 按并购双方行业的相互关系划分

按并购双方行业的相互关系，并购可以分为横向并购（horizontal merger）、纵向并购（vertical merger）和混合并购（conglomerate merger）三种方式。

（1）横向并购是指具有竞争关系、经营领域相同、生产产品相同或类似的同行业之间的并购。横向并购的目的在于：扩大生产规模，实现规模经济；减少竞争对手，控制或影响同类产品市场；消除重复建设，提供系列产品。但是，这种并购方式容易形成垄断，有碍市场竞争，一直是反垄断法的管制重点。

（2）纵向并购是指在生产和销售的过程中互为购买者与销售者关系的企业间的并购，即在生产和经营上互为上下游关系的企业间的并购。

（3）混合并购是指业务没有直接联系的企业间的并购。该类并购一般分为产品扩张型、市场扩张型和纯混合型三种。

4. 按并购对象划分

根据并购对象是否在公开市场上市，并购可分为上市公司并购（public deal）和非上市公司并购（private deal）。关于非上市公司并购，本书不做讲解。上市公司并购则是指投资者（收购方）为获得目标公司

（上市公司）股份控制权或将该公司收购而进行的批量股份购买行为。上市公司并购的途径是多种多样的，既有常见的要约收购、协议收购，也有通过公开市场的买卖、国有股行政划拨、收购上市公司股东的股权的间接收购，下面主要讲解两种常见类型。

（1）要约收购是指收购方向目标公司所有股东公开发出的、愿意按照要约条件购买目标公司所持有的全部或部分股份，并按照依法公告的收购要约中所规定的收购条件、收购价格、收购期限以及其他规定事项，收购目标公司股份的收购方式。要约分为全面要约和部分要约。当收购方达到一定持股比例后，就会触发强制要约，但凡符合监管机构豁免条件的，就可得到豁免。

（2）协议收购是指收购方在证券交易所之外的场所，以协商的方式与目标公司（上市公司）的股东签订股份收购协议，从而达到收购该上市公司的目的的收购方式。简言之，即以股份转让协议的方式收购上市公司，属于场外交易。协议收购的负面影响在于，小股东的股东权益可能得不到保障。因此，无论是大股东还是公司管理层（董事），在协议收购的谈判中都必须尽到注意义务、忠实义务和诚信义务。

5. 按是否与并购对象直接接触划分

按照并购公司与目标公司是否直接接触，并购可分为直接并购（direct M&A）和间接并购（indirect M&A）。

（1）直接并购是指并购方以自身的名义直接进行的并购。

（2）间接并购是指并购方虽未成为目标公司的直接股东，但已经取得目标公司控制权，而后进行的并购。由于并购方不透明，间接并购给监管和金融消费者（股票持有人）及其他利益相关方的利益保护带来极大挑战，因此受到监管机构的格外关注。通常，监管机构都会通过列举取得控制权的各种情形来尽可能多地涵盖每一种间接并购行为，并通过若干救济措施遏制欺诈行为。

6. 按并购动机划分

按照并购动机，并购可分为善意并购（friendly M&A）与恶意并购（hostile M&A）。

（1）善意并购，又称友好并购，是指双方或多方在自愿、合作、公开的前提下进行的并购行为。

（2）恶意并购，又称敌意式并购，通常指并购方在目标公司管理层不知晓并购意图或反对并购的情况下，对目标公司强行并购的行为。

善意并购和恶意并购的区别在于被并购方董事会的态度。在善意并购的情形下，并购方能够得到目标公司董事会的支持或协助，在尽职调查方面得到一些便利，当然，这仍然会受制于信息披露的一些规则。而在恶意并购的情形之下，并购方很难与目标公司合作。目标公司的董事会可能会消极对待，不提供任何尽职调查方面的便利；也可能会从维护公司利益的角度，积极应对。在这种情况下，目标公司董事会有可能采取一系列的反并购措施来阻止并购的进行。欧洲在反并购措施方面具有悠久的历史。美国也发明了名目繁多的反并购措施。如此多的反并购措施可能维护了董事会和管理层的利益，但也可能损害了股东和其他利益相关方的利益，因此监管机构针对反并购措施颁布了很多限制性规定。

总体而言，恶意并购在欧洲比较少见，因为其上市公司多为家族控股；在中国，由于上市公司多为国有控股和家族控股，因此恶意并购也比较少见。

7. 按并购融资手段的不同划分

并购资金的来源包括自有资金、银行贷款、发行股票筹集资金、发行债券筹集资金等。从融资方式来看，并购可以分为杠杆并购（leveraged buy-out）和非杠杆并购（non-leveraged buy-out）。杠杆并购是在资本市场发展后期出现的一种高明的“蛇吞象”式的并购手法。

（1）杠杆并购是指并购方通过信贷融资来获得目标公司的产权，并以目标公司未来的利润和现金流偿还负债的并购方式。杠杆并购的一个突出特点是并购方不需要投入全部的资本即可进行并购活动，因为并购方完成并购所需的大量资金都是靠借贷取得的。借贷的来源可以是银行，也可以是私募基金（Private Equity Funds），事实上很多杠杆并购的发起方或参与方都是私募基金。杠杆并购在股票市场红火时特别流行，但它很少考虑目标公司的长远规划。有些目标公司在被收购后会出现公司肢解、裁员、减少投入等短期行为。

在杠杆交易中，还可以延伸出管理层并购（management buy-out）这一形式。在杠杆并购中，当与杠杆并购基金联手的投资者包括目标公司的管理层时，该并购为管理层并购。管理层并购需要特别关注股东利益、员工利益和利益冲突问题。

（2）非杠杆并购是以公司的自有资金进行的并购，一般适用于规模比较小的并购项目。

8. 按并购涉及的国家和地区划分

按并购所在的地理位置，并购可以分为境内并购（domestic M&A）和跨境并购（cross-border M&A）。

（1）顾名思义，境内并购是指并购双方都处在同一司法管辖体系之下，并购行为受到同一法律体系监管。境外的外资公司并购国内公司，则称为外资并购，但它属于跨境并购。在中国的外资公司并购国内公司也称为外资并购，但它属于境内并购。中国境内公司并购境外公司，则称为海外并购，海外并购属于跨境并购。

（2）跨境并购涉及在不同司法管辖权下的法律主体之间发生的并购行为，该类并购受到不同法律体系的监管。

9. 按并购主体不同的性质划分

按照并购主体不同的性质，并购可以分为战略并购（strategic M&A）和财务并购（financial M&A）。

（1）战略并购又称产业并购，一般指发起于同一产业内的并购，或虽然不在同一产业，但发起于互相关联的产业内。产业并购是基于公司的发展战略及出于寻求协调效应的目的而在实体经济领域内发起的并购。

（2）财务并购是指多由投资银行、风险投资基金、私募基金等金融机构发起的并购。财务并购并不以控制和运作收购对象为目的，而是更看重短期投资回报。并购市场一个很明显的趋势就是战略并购和财务并购的融合，很多大型并购的背后既有产业巨头的参与，也有机构投资者的身影。

10. 其他形式的并购

这里主要讲一讲“借壳上市”的反向并购。非上市公司通过并购上市公司实现曲线上市，即反向并购（reverse merger）。反向并购越来越受到人们的关注。反向并购中的上市公司除了要找一个非上市公司来并购自己之外，别无他图。因为该上市公司没有资产（除了可能会有的现金），没有业务，或只有象征性的业务。鉴于此，该上市公司被称为“壳”。在实践中，反向并购常常表现为：一家非上市公司通过换股（stock exchange）的方式取得一个上市公司的控股地位。一个典型的反向并购交易是，上市公司向非上市公司的股东发行了大大超过该上市公司现有股本的股份，以获得非上市公司的资产或权益。通过这一交易，非上市公司获得了上市公司的地位。“壳”公司会继续存在，名称则可以改变，通常会改为之前非上市公司的名称。

并购谈判与其他商务谈判的 5 个本质区别

并购是企业发展战略的重要组成部分。它和企业的其他经营行为具有共通性，体现了买和卖、投资和回报、机会和风险的关系。但是它又远远高于企业的一般性经营活动，除了投资基金（特别是并购基金），对一般经营性企业来说，并购不是其日常经营（内部增长）的一部分，有的企业很多年才会碰到一次并购机会。因此，并购决策的战略层面更高，并购对企业的发展甚至生死存亡更为重要，并购工作需要极强的专业性。这些特点决定了并购行为与普通商务行为的不同，也决定了并购谈判和普通商务谈判的本质区别。

并购是企业的战略决策

企业的扩张和发展要么来源于内部增长，要么来源于外部增长，在不同阶段各有侧重。一家企业健康发展往往要两条腿走路。每当我们在各种场合被外部询问“是否有新的并购消息可以分享”时，作为上市公司的我们，当然不能披露任何并购消息，我们的标准答案从来都是：第一，我们不对市场的传言进行评论；第二，我们公司的发展战略是内部增长和外部增长并重，我们会随时评估外部增长的机会。可见，内外部增长并重是发展中企业的共同战略选择。

内部增长，也称有机增长、内延增长。它包括分销网络建设、新市场渗透、特许经营、许可、代理、代工、进出口贸易、电子商务等。外部增长，又称外延增长，包括投资并购、合资、新厂建设、控股、联盟、控制管理权等。从简单的分类可以看出，内部增长是日常经营行为，涉及的谈判是普通的商务谈判，外部增长是企业的战略投资行为，涉及的是更为复杂和专业的并购谈判。

内部增长可以由管理层甚至一线的销售团队进行决策和执行，外部增长则只能由股东大会、董事会、得到董事会授权的管理层进行决策并授权特定人员来执行。大的公司往往由战略投资部负责并购谈判。小一点的公司，并购谈判事务可能由财务总监兼管。对于很少涉及并购项目的公司，则需要临时搭建并购团队，负责某个并购项目的谈判。无论这个团队是常设的还是临时的，他们都必须获得有权决策机构的充分授权，并在授权范围内行事。被并购方通常不会跟并购方的决策机构直接进行谈判，前者的谈判对象就是代表并购方的谈判团队，该团队被当作并购方的全权谈判代表。当然，谈判团队也只能在授权范围内行事，而这个授权范围对被并购方而言是未知的，需要被并购方在谈判过程中不断探寻。当然，被并购方的谈判代表也有授权范围的限制（大小不同），对双方谈判代表授权范围的确认是谈判中高手过招的重要部分。另外，双方虽然都得到授权，但谈判往往是在隐秘地点秘密进行的。

普通商务谈判只是公司的管理和业务人员在自己的职责范围内行事，通常无须特别授权。由于围绕的是日常的经营活动，因此谈判双方彼此都对此比较熟悉，双方无须事先确认授权就能进行商务谈判。例如，销售代表和经销商洽谈促销活动事宜，采购人员和供应商洽谈下单事宜，这些都是普通的商务谈判，公司的员工只需要按照公司的内部审批权限（Designated Authorization Grids，简称 DAG）执行即可。并购在公司的战略高度则决定了并购谈判的高度权威性，其授权事宜是由公司的章程决定的。这是并购谈判和普通商务谈判的首要区别。

并购的目的是双赢

并购是企业的发展战略，是企业发展所采取的高端工具和手段，并购行为本身不是目的。总体来看，并购就是为了实现以下战略目标。

1. 拓展市场，增加消费场景（例如进入电商、O2O、家庭消费、社区消费等领域），掌控渠道和终端，提高市场占有率，提高渠道投入效率，这些都体现了横向的市场扩张，通常并购的是同行企业。
2. 延伸供应链，往上进入供应链上游，即并购供应商，往下进入供应链下游，即并购经销商或终端客户，体现了纵向的市场扩张。
3. 追求协同效应，包括营运协同和财务协同，营运协同包括渠道共享和集中采购等，财务协同包括税务规划和现金池管理等。
4. 进行市场整合，巩固自己在核心市场的优势地位，进一步提升盈利水平，减少竞争压力。
5. 提升经营效率，降低运作成本。
6. 实现规模经济。某些行业达不到一定的规模，很难生存和盈利。
7. 获得机会经济效益，进入蓝海领域，推出新产品、新服务。

8. 进行多元化经营，实现跨界经营，不把鸡蛋放在同一个篮子里。
9. 进行业务扩张，进入国内空白市场或新的国家和地区的市场。
10. 抑制竞争，消灭竞争对手。当然，这样的目的可能招致反垄断审查。
11. 弥补自身不足，克服发展瓶颈，补上木桶的短板。
12. 获得新技术、新产品、新专利、新配方、新业态和新业务模式。
13. 获取优秀管理和技术人才。
14. 提升管理水平。
15. 考虑集团的税务安排等。

这些目标的核心是什么？是经济收益，是效益，是效率，是投资回报，是实实在在的经济利益。目前在大学里，开设“兼并与收购”课程的主要有法学院和经管学院（包括经济学院、管理学院和金融学院），因此一个老生常谈的问题就是，“兼并与收购”究竟是法律问题还是经济问题。

针对这个问题，在一次给复旦大学管理学院的学生进行有关兼并与收购的讲座时，我有些极端地提出，一切商业性并购（除去政策性并购）最终都要落实到效率提升上，没有效率提升的并购都是空谈，最终都不可能成功。这是我从事并购实践 20 多年得出的最简单的结论。在实践中，所有能够进行的并购都是最好的选择，都是必须的选择，否则老板、董事、股东就不会批准这一并购项目，因为并购决策者一定要看到自身以及被兼并的企业都能够从该并购项目中实现效率提升。从这一点看，兼并与收购本质上是一个经济问题。

因此，并购谈判必然是围绕并购项目是否能够带来效益和效率提升的谈判。要达到这一目的，谈判双方就必须秉持双赢的理念。在普通商务谈判中，可能出现欺凌的现象：一方利用优势地位，店大欺客，或者客大欺店。这在谈判策略上称作“竞争式谈判策略”，它是零和博弈的一种策略，是一种"我赢你输"或者"你赢我输"式的谈判。这样的谈判要么适用于"一锤子买卖"，不在意后果或后续合作，要么是一方的优势地位太过明显，完全没有设身处地为弱势一方着想。尽管在普通的商务谈判中不应该追求竞争性谈判的结果，但如果偶尔为之，其负面效果也不会特别大。

并购谈判则与上述情况不同，即使一方的优势地位很明显，追求零和博弈式的谈判也仍然是非常危险的，因为并购不是"一锤子买卖"，并购的回报和收益要在若干年后才能体现出来，并购的顺利推进、成功交割、成功整合是一个持续的过程，这个过程需要得到被并购方及其利益相关方的配合和支持，就算被并购方的股东卖出公司后选择离开，管理层、员工和合作伙伴也还在，并购方仍然需要得到这些利益相关方的支持，这样并购项目的预期回报才能实现。因此，并购谈判必须尽最大可能追求双赢，应该采取"合作式谈判策略"或"双赢式谈判策略"。

并购谈判要有节奏感

并购是一个持续的过程，并购谈判也是一个持续的过程，这个过程少则两三个月，多则半年至一年，更有甚者可能持续若干年。我和我的同事曾经花了 10 年的时间完成了一个合资公司中方国有股权买断的谈判项目。为了提高谈判效率，减少并购谈判对被并购公司日常经营活动的干扰，或者避免被并购公司另起炉灶，和其他潜在买家谈判，并购谈判的双方有时会事先约定一个谈判期限，当然在双方同意的情况下，这个谈判期限可以延长一次或数次。

无论是时间相对紧凑的并购谈判，还是约定了谈判期限的并购谈判，都有一个过程：从并购谈判准备阶段到双方首次接触，再到尽职调查期间的谈判，然后到估值、合同条款、签约等细节的谈判，再到审批、交割的谈判，最后在整合期间就后续事项，如共管账户（escrow account）、价格调整、风险责任的确认和承担等进行的谈判。这个过程和前文介绍的并购过程是一一对应的，是动态的、层层递进的，每一个流程的推进都需要以上一个流程的完结为基础，当然偶尔也会有为了打破僵局而跳过某些流程，或颠倒某些流程的情况，但这都属于特殊情况。普通商务谈判的目的和任务则较为单一，一般不会持续很长时间，因此双方的谈判回合也不会很多，谈判通常会直奔主题，没有多少层次和递进。

并购谈判就像一首交响曲，有自己的节奏，有序曲、有过渡、有高潮、有尾声，层层叠叠，百转千回。真正的谈判高手就是这首交响曲演奏团队的总指挥。

并购谈判对象具有广泛性和不确定性

参与并购谈判的双方代表是相对稳定的，只是在不同阶段可能会有双方公司不同部门的人临时加入。如果你认为参与谈判的团队就只是坐在桌子对面的那几个人，就只是对方提交的谈判代表名单上的人，进而就只关注这几个谈判代表，那就大错特错了。

要想确保一场并购谈判取得成功，就必须描绘出这个并购项目涉及的所有利益相关方。我们当然要了解谈判代表名单上的每一个人：谁主谈，谁辅助，谁“唱白脸”，谁“唱红脸”，他们每个人在公司的职责以及在谈判团队里的角色，他们的爱好和性格特点。还要知道这个谈判项目的决策人和决策流程。要知道谁有说“是”的权力，谁有说“不”的权力。往往在一个并购项目里，能说“是”的人不多，这类人要么是公司大股东、公司创始人、董事长、首席执行官，要么是国有企业所在地的政府人员；而能说“不”的人就多了，能说“是”的人自然能够说“不”，其他能说“不”的包括小股东、管理层、员工、重要合作伙伴、地方政府部门、公司附近的社区及其居民，甚至媒体和“吃瓜群众”。我司当年收购美国百威的时候，密苏里州州长、圣路易斯市市长和当地民众都表示反对，美国的百威“粉丝”甚至专门建立一个网站来反对。这样的事情在国内也有发生，例如，可口可乐收购汇源时，也激起了一些民族情绪。

一个并购项目是否成功牵扯到太多人的利益，绝不只与并购公司的股东有关。因此，一场并购谈判涉及的对象相当广泛，也相当不确定，他们可能会来到谈判桌旁，也可能永远都不会露面，但他们是真实存在的，他们可能成为障碍，甚至可能成为交易的“死结”，因此我们必须将他们纳入我们的谈判对象范畴，及时跟踪，应对他们的诉求。

普通商务谈判的对象基本上是已知的和确定的，一般不会涉及太多未知的对象，也不会有不同的公司人员临时性地加入谈判队伍，充其量后期会有几个更高层级的汇报、审批人员。并购谈判却不是“一手交钱、一手交货”那么简单。并购谈判涉及太多的利益面，台面上的、台面下的，过往的、眼前的、未来的。不同的利益背后站着不同的利益相关方，专业的并购谈判专家总是努力挖掘出所有可能的利益相关方，争取使他们成为积极力量，确保他们不成为消极力量。

并购的成功取决于整合的成功

并购谈判的成败在很大程度上取决于并购协议是否签署，双方的内部、外部审批流程是否完成，交割是否完成，以及整合期间并购协议是否持续履行。那种“以为并购协议一签署，并购谈判就大功告成”的想法是危险和错误的。我本人就亲身经历过并购协议签署完成，但并购交易并未完成的极端情况，这样的意外给被并购方带来了非常严重的后果。当然，并购方在该区域市场的战略部署也就无法实现。因此，并购谈判的终点应该是整合的顺利完成，也就是并购协议中约定的附加条件及所有权利、义务和责任的最终完成与履行。

并购谈判的整体流程：确定战略和目标—筛选并购对象—签订保密协议—尽职调查—估值和报价—制作备忘录、拟定股权转让协议—内、外部审批和交割—整合。

有些不够负责或专业度不够的并购团队，往往在并购协议签订后就变成甩手掌柜，把协议的具体落实完全交给管理和运作团队。实际上无论并购团队沟通得多么到位，管理和运作团队都不可能了解谈判过程中的所有细节（包括一些君子协定）。很多公司的并购团队和运作团队的矛盾就是因为并购团队过早撤出项目造成的。例如，曾经一个项目的并购协议约定：在整合期间内（交割后一年内），企业的“国有”身份员工必须完成买断。如果这项工作由并购团队负责会更加合理和有效，但他们直接把这项工作交给了运作团队，而运作团队刚接手，对各方面情况都不熟悉，因此处置失当，导致员工罢工，而被并购方管理层又暗地里支持员工罢工。最后该并购项目彻底失败，工厂最终以关门倒闭的结果收场。

普通的商务谈判在协议签订后，即宣告谈判结束。后续的合同履行工作相对比较清晰，相当于例行公事；履行合同的主体往往就是参与谈判的双方，不会出现信息不对称的情况，因此普通的商务谈判在签订合同后就画上了句号。并购谈判则必须在并购协议的主要条款得到履行后才算结束，这个时间点可能在整合结束后，也可能在更远的将来。例如，共管账户可能会约定：若某些风险在交割完成后若干年内没有发生，则可以释放账户中的资金。这一账户的共管周期可能是 1 年（普通的法律风险），也可能是 3 ～ 5 年（涉及税务方面的风险）。我经历过一个最为极端的案例是：谈判方在 1997 年设立的共管账户的资金到 2022 年还没有释放给对方，双方仍在就某些未决事项进行交涉和谈判。

并购谈判工具箱

1. **并购是“兼并”与“收购”的简称。兼并与收购的 3 个区别：**

    （1）法律行为主体不同；

    （2）适用的法律范围不同；

    （3）法律后果不同。

2. **并购谈判与其他商务谈判有 5 个本质区别：**

    （1）并购是企业的战略决策；

    （2）并购的目的是双赢；

    （3）并购谈判要有节奏感；

    （4）并购谈判对象具有广泛性和不确定性；

    （5）并购的成功取决于整合的成功。

第二部分

并购谈判的基石

第3章

并购谈判的基本功

每个人都会面临谈判，每个人都应会谈判。但不是每个人都能胜任并购谈判工作。并购谈判是一门科学，它有规律可循，有流程可依，谈判者可以通过持续的学习、训练和实践来提高自己的谈判水平。并购谈判也是一门艺术，它充满偶然性、戏剧性，结果难料。这要求并购谈判者有一定的禀赋、心理素质和综合能力。

并购谈判者的4个基本素质

我的谈判课程的学生问我："并购谈判者需要具备什么样的能力？"我一时语塞。这个问题比较大，三言两语难以讲清。我一边夸赞"这是一个非常好的问题"，一边思索如何简明扼要地回答这个问题。然后，我分享了3点个人体会。首先，作为一个"上班族"、职业经理人、商人，了解常识很重要，无论你学什么、做什么，都要学出感觉、做出感觉，有常识的人就具备了做并购谈判的基础。其次，态度很重要，态度跟个性有关，跟智商也有关，进行并购谈判需要积极的态度、进取的精神，没有获胜欲望的人不宜从事并购谈判工作。最后，综合素质与能力也很重要，常识和态度奠定了基础，而诸如领导力、判断力、分析能力、沟通能力、亲和力等综合素质与能力如何，可以决定一个人能不能成为真正的并购谈判高手。

常识，用商人思维谈判

常识对每个人都很重要，它让你的生活简单、幸福、不纠结。每个人似乎都知道常识，却往往事到眼前不淡定、胡思乱想、钻牛角尖。在生意场上也是一样，跟着常识走，逢山开路、遇水搭桥，但没有一家公司，没有一个生意人走过的路不是坎坎坷坷、曲曲折折的。回过头去，他们会发现，那些错误和失败，都是因违背了生意的常识而造成的。

举个例子，在疫情之下,“危”与“机”共存是一个常识。面对“危”，公司需要瘦身强体、节约开支，确保“公司的脖子继续浮在水面上”。这个时候管理层要与员工同甘共苦，而非管理层打赏自己，比如坐飞机头等舱、住五星级酒店，否则就会给员工发出错误信号。面对“机”，要看到竞争的加剧、疫情的打击会让很多公司生存困难，市场会出现结构调整和重组的机会，这个时候有实力的公司不应一味保守、收缩阵线，而要采用逆向思维，敢于投资，寻求新的并购机会，况且这个阶段的资产估值普遍偏低，恰恰是捡到“便宜货”的好时机。

再举一个公司日常经营过程中的例子。每家公司的考核指标中都同时包含销量和营业利润。众所周知，在市场充分竞争的大背景下，这两者是矛盾的，这是常识。想要多卖产品、增加市场占有率，公司就必然需要加大市场投入，而市场投入增加了，就必然会影响营业利润；要保利润，自然就需要削减市场投入，最后会导致销量下降、市场丢失。如果希望不投入还能增加市场占有率，那就违背了常识，因为公司的竞争对手一直在伺机而动，你减少投入，他们反而会增加投入，在你的伤口上撒盐。但人们经常看到的是，很多公司在限定市场投入的同时，依然要求销量和利润双增长。这样制定相互冲突目标的情况在很多公司中都很常见。例如，给工厂制定节约成本的目标，导致工人不再生产市场需要的产品，因为这会增加他们的成本；给采购部门制定大幅砍价、延长付款期的目标，导致产品质量受到影响。公司部门各自为政，常常是因为目标不一致造成的。因此，制定合理的、协调一致的目标是企业管理中应该注意的常识。

并购的常识是什么？是效率和双赢兼得！并购谈判就是围绕这两个并购常识来进行的。无论我们选择怎样的并购谈判目标，最终都是为了创造更大的价值，为了效益和效率的提升，为了预期的投资回报，这是常识。任何其他的目的和动机，诸如慈善公益、公用事业、履行上级指示或强买强卖，都不在本书讨论的范畴内，算不上真正意义上的并购谈判。了解了这个常识后，当管理层意气用事、好高骛远、盲目追求做大做强，以至于做出一些不理智的并购决策时，我们对照“效益和效率”的提升这个常识，马上就会看到这个决策的后患。

并购谈判的策略非常多，很多并购谈判专家都在传授一些高效谈判技巧。他们说，谈判是最简单的赚钱方法，不要害羞，绝对不要先报价，一定要开天价，绝对不要说“是”，绝对不要让步，一定要榨干对方，把对方逼到墙角里。殊不知，这些技巧都是基于零和博弈而来的，在普通商务谈判中也许能派上用场，对提高谈判者的水平也确实有帮助，但在并购谈判中有百害而无一利。并购谈判的策略，无论是基于双赢性、竞争性、渐进性，还是整合性，都是基于“并购谈判追求双赢”这一常识的。并购谈判是一个过程，在其中，赢得一场战斗但是输掉一场战役的事情常常发生，一赢一输的并购短期内可能看不出什么问题，但长期来看一定会后患无穷。因为并购的成效需要 5 年、10 年来考核，很多项目在交割和整合阶段就已经举步维艰，因为一方或双方都觉得在谈判桌上输给了对方，所以对于并购谈判，讲求双赢才是常识，或者说，让双方都“觉得”赢了，才是真的赢。

谈判过程中也有各种常识，前面的章节中已经做了充分的阐述。并购谈判的新手要多学习这些常识，要用生意人的头脑来进行并购谈判，这样就可以少走弯路。

态度，谈判者要有 8 种素养

很多人误以为并购谈判的过程充斥着尔虞我诈、阴谋诡计。很多“谈判专家”开设的谈判课也是以传授各种技巧、计谋为主，以至于很多刚入行的谈判新人以为谈判就是“宫斗戏”，需要表现得工于心计、老谋深算、诡计多端。在我的谈判生涯中，也确实遇到过一些不诚实、狡猾、喜欢出阴招的谈判者，但事实上，绝大多数谈判者的“三观”还是很正的。

我们常说，谈判者的形象很重要。这个形象不仅是能力的体现，还是态度的体现。谈判者需要具备积极、健康、阳光的心理，需要有进取和团队合作的精神，需要有高情商、同理心。谈判者要有以下 8 种素养。

1. 勇于挑战自我、跳出自己的舒适区，不断寻找自身的短板并提升自己的谈判能力。
2. 要积极、友善，愿意和各种人打交道，发展自己的人际关系网。
3. 要克服封闭、害羞的心理，拥抱谈判，敢于面对拒绝。
4. 要开放、包容，接纳不同的看法和建议。
5. 要秉持目标远大、任务导向、结果导向、问题导向的原则；遇事积极寻求解决问题的方案，而不是把问题复杂化。
6. 要谦虚、诚实、勤勉，发扬中华民族的传统美德。
7. 要正直、无私、敢于担当，敢于抵御各种歪风邪气的侵扰。
8. 要具备职业精神，维护公司利益，努力实现谈判双方追求双赢的结局。

从态度和能力两方面来看，公司总是希望找到态度好、能力又好的新人，都不喜欢态度不好、能力又不好的新人。但在公司里，态度好、能力又好的人是少数，大多数人都属于态度或能力中的一项稍有欠缺这一类。于我个人而言，我更愿意聘用态度好、能力尚不足的新人。我相信，有了好的态度，通过努力就可以提高能力。并购谈判的新人当然缺乏谈判经验，但是只要他们克服对并购谈判的畏惧心理，拥抱谈判，多实践、多积累，他们的并购谈判能力就一定会大有长进。

谈判力，并购谈判者的软实力

并购谈判的硬实力更多地体现在并购公司的市场营销能力、管理能力、盈利能力以及并购的融资能力方面，这些都是谈判者自带的“原装标配”。谈判者无法改变和影响“原装标配”，但谈判者可以最大限度地利用这些条件，利用自己掌握的资源和信息，达成并购谈判的目标。并购谈判的软实力，则更多地体现在谈判者的素质和综合能力上，我们称之为“谈判力”。

谈判力不是一种力量或一种能力，而是若干力量和能力的集合。这些能力对谈判者参与、管理和执行一项并购谈判任务来说是不可缺少的。这些能力包括谈判者的领导力、项目管理能力、理解力、分析能力、判断能力、沟通能力、说服能力、决策能力以及执行能力。这些能力既可以从并购谈判的培训中获得，也可以从谈判者的日常实践中练就。

知识，并购谈判者的力量之源

我在这里没有过多地强调知识，不是因为它不重要，而是因为它是后天获得的，在互联网如此发达的年代，知识的获取相对容易。我不断强调信息在并购谈判中的作用和力量，以及知识和信息的共通之处，说明知识在谈判进程以及谈判能力建设方面非常重要。

谈判者的知识越丰富，对谈判就越有帮助。即使做不到才高八斗、学富五车，谈判者也必须有一定程度的知识储备，才能在谈判桌上受人尊敬。谈判者必须了解所在行业产品和服务的性质与特点，才能跟对方使用共同的语言进行对话；谈判者必须了解整个行业的竞争态势，才能跟对方讲清楚并购合作为何利大于弊；谈判者必须了解自己公司的发展战略、优势劣势、企业文化，以及对方公司的运作模式和企业文化，才能在谈判时言之有物；谈判者必须熟知谈判的目标、议题、日程，才能确保谈判不离题、不脱轨；谈判者必须掌握国内外的政治、经济形势，才能利用宏观背景知识影响谈判的让步和承诺事宜；谈判者必须广闻博见，对时政要闻、天文地理、风土人情、流行风潮、热点话题、美酒美食、健身旅游等都要有所涉猎，才能在茶歇的时候把谈判双方聚拢在一起；谈判者要有专属个人的一些爱好和研究，诸如红酒、茶叶、瓷器、字画、高尔夫、马拉松等，这样才有可能和谈判对手有更多话题可聊，以建立更亲近的人际关系。

一个善于学习的并购谈判新人总是能够在结束一场并购谈判后学到新的知识，积累新的经验。

并购谈判者领导力的 5 种表现

这一小节会介绍并购谈判者需要具备的几种基本能力。并购谈判不是日常性的工作，而是项目性的工作，因此要按照项目管理的方式来运作。项目管理最重要的就是项目负责人的领导力，因此我们先从并购谈判者的领导力说起，领导力主要有以下 5 种表现。

战略思维能力

并购谈判负责人的领导力首先表现在其战略思维能力上。并购是企业的战略性举措，是企业的管理层在分析、研判企业的发展战略，搜寻到潜在的并购目标，并得到企业的决策机构批准后，才开始实施的战略行动。管理层在得到并购谈判授权后，会任命并购谈判负责人，作为整个并购项目的总指挥，有权组织团队参与谈判，有权调动公司内外部资源，支援谈判工作。负责人需要制定正确的谈判策略；他有权和对方展开谈判，并负责谈判的整个过程；他有权在授权范围内报价、还价、做出承诺并达成交易。可见，只有具备一定的战略思维能力、战略分析能力，并购谈判负责人才能在实践过程中统揽全局、指挥得当。

组织能力

路线方针确定后，并购谈判负责人需要组织自己的谈判团队，分配谈判成员的角色。团队中必须有财务专家、法律专家、业务专家、沟通专家等，还需要有后勤人员。这些团队成员不一定要同时加盟谈判团队，他们可以在不同的阶段介入谈判事务，但他们一开始就要被通报谈判的具体进展。并购谈判负责人还可以根据不同的任务和目的，给谈判团队成员分配不同的角色，例如负责谈判的主谈和副主谈，负责维护谈判双方友好关系的人员，以及负责联络和沟通的人员。

在必要时，例如谈判僵局形成时，如果双方针对某一具体的技术问题各执一词，那么并购谈判负责人还可以在保密的前提下邀请第三方参与谈判。当然，这样做需要事先得到对方的同意。

并购谈判负责人还要调动谈判团队成员的合作精神，随时观察谈判团队成员的工作状态与情绪变化，协调谈判团队成员之间的关系。如果说谈判团队是一个交响乐团，那么并购谈判负责人就是乐团的指挥，他要确保每个人都扮演好自己的角色，同时不允许个别人自行其是。如果某个成员的个人行为对团队谈判工作造成阻碍，那么并购谈判负责人就要及时指正，必要时果断换人。

决策能力

并购谈判负责人的决策能力不仅体现在协议达成前的一锤定音上，也体现在就谈判的议题和议程做出决定和决断等方面。并购谈判负责人需要制订和批准最好的谈判方案、最切实可行的行动计划，需要决定初始报价、决定是否接受还价、是否做出让步、是否做出最终承诺。并购谈判负责人的决策能力应该包含其创造力和主观能动性，但决策的区间不能超出并购谈判负责人被授权的范围，以及事先确定的可替代方案的范围等。

并购谈判负责人也应该听取团队成员的意见，并随时向管理层、决策层报告谈判的进展。如果出现意外情况，那么并购谈判负责人需要重新请示决策层是否要变更谈判的条件。谈判的决策过程不是民主的，不可能由谈判成员民主决定。谈判的决策只能由得到授权的并购谈判负责人做出，并由公司承担后果。如果这个负责人越权决策并产生法律效力，那么公司也只得承担后果，但会追究该负责人的个人责任。

管理流程及控制冲突的能力

并购谈判负责人最主要的任务就是有效地管理整个并购谈判工作。为了更好地管理和控制谈判流程，并购谈判负责人必须提出议事日程，确保大家认同议事日程，并时时刻刻遵守；并购谈判负责人必须制定谈判的基调，分配成员的角色，合理布局谈判的进程；并购谈判负责人必须约法三章，提出谈判的基本规则，并确保规则得到双方的尊重和履行；并购谈判负责人必须确保成员都有平等的机会陈述自己的观点，提出自己的问题；并购谈判负责人必须在谈判出现混乱、僵局或冲突等意外情况时，果断暂停谈判，重申谈判的规则，最后让大家心平气和地回到谈判桌前。

冲突是并购谈判的一部分，即使是友好的、合作型的谈判也不能保证没有冲突出现。冲突意味着谈判的推进，解决好冲突，就可以向谈判的下一个目标迈进；解决不好冲突，就会破坏谈判的进程。

并购谈判中的冲突不外乎三种情况：谈判双方或谈判一方成员之间因为人际关系紧张导致的关系冲突；谈判双方或谈判一方成员之间因为对具体的谈判议题有不同的理解，造成的议题冲突；谈判双方或谈判一方成员之间因为对如何进行谈判有分歧而导致的过程冲突。发现这些冲突后，并购谈判负责人要及时做出反应，要强调大家走到一起的共同目标；要拿出预案，及时平息纠纷；要未雨绸缪，减少潜在冲突点；要控制双方情绪，将大家的注意力引回谈判正题。

承担责任的能力

并购谈判负责人既是谈判项目的经理，又是谈判团队的精神领袖。并购谈判压力巨大，谈判人员夜以继日地工作，情绪容易波动，并购谈判负责人必须关心、爱护团队成员，出了问题要勇于担当，像一把大伞一样为谈判团队遮风挡雨。很多时候，并购谈判会在公司以外的地点进行，有些决定需要谈判团队临场做出，来不及请示。当公司追究起来时，并购谈判负责人不能逃避责任，而要自己先承担起责任，再和团队的成员一起分析出错的原因，商量如何避免此类情况再次发生。并购谈判负责人尤其不可以在谈判对手面前指责、抱怨自己的团队成员，当然，“周瑜打黄盖”的情况除外。并购谈判负责人是谈判团队的主心骨，必须做勇于承担责任的团队领袖。

如何提高并购谈判者的沟通能力

沟通无处不在。我常常讲，企业中存在的一切问题，最后都归结为沟通问题。沟通再多也不嫌多。并购谈判的过程更是沟通的过程。并购策略和方案再好，假如沟通不好，并购交易也谈不成。在并购谈判中，如果人们能善于提问、用心倾听，设身处地思考问题，同时能适当保持沉默，那么人们就可以有效地提高沟通能力。

提问：一个好问题，可以打开新机会

在并购谈判中，提出问题是获取信息和传达信息的重要途径。一个好的问题可以使谈判者了解对方的立场，了解对方的“痛点”和需求，也可以引导对方融入谈判者自己的观点和立场，给并购谈判双方带来新的机会。

问题的质量很重要。提出聪明的问题会让人佩服，提出愚蠢的问题则会激怒对方。在并购谈判中，可以提出开放性问题，也可以提出封闭性问题。开放性问题就像新闻写作的“5W1H”一样，给予对方巨大的描述空间，对方可以充分传递开放性问题可能带来的大量信息，谈判者可以从这些分散的信息里大浪淘沙，找到有用信息。但开放性问题的不足是，对方的答案可能洋洋洒洒、离题万里。封闭性问题，其答案只有“是”或者“否”。这些问题更多地运用于确认对方的态度、立场、决定、信息的真伪、事实存在与否等情况。封闭性问题的缺点是，没有给对方解释和发挥的空间，很多问题存在中间地带，很难用“是”或“否”来回答；有些封闭性问题可能过于咄咄逼人，会导致对方感到不快和反感。

谈判者也可以问一些容易控制的问题，这些问题只是为了提醒对方注意某个事项、关注下一个问题，或者获取对方的信息，让对方对某个议题进行思考。容易控制的问题不会引起对方过度的关注和反应。谈判者还可以问一些不容易控制的问题，这些问题可能具有挑衅性，可能会迫使对方做出选择，也可能会击中对方要害，令对方难堪，使对方产生防御、抵触和愤怒的情绪。总之，容易控制的问题可以引导话题的继续；不容易控制的问题可能激发更多的讨论，也可能导致谈判戛然而止。

倾听：不仅要用耳、用心，还要用眼

在并购谈判中，提出问题就是为了倾听。倾听是谈判中良好沟通的开始，不耐心听对方发言是谈判的大忌。在并购谈判中，谈判者要鼓励对方多说，从而获得更多的信息。

1. 倾听的方式

在并购谈判中，倾听有不同的方式：一是消极的倾听，谈判者听到对方的发言，收到对方传达的信息，却没有给予对方任何反馈；二是中性的倾听，谈判者听到对方的发言，做出了反馈，认可已经收到的相关信息，但对信息的内容不置可否；三是积极的倾听，谈判者听到了对方的发言和信息，给予对方积极的回应，鼓励对方继续陈述下去。

在并购谈判中，很难说哪种倾听方式是正确的，哪种是错误的。我们通常以为积极的倾听是可取的。但事实上，积极的倾听很容易“出卖”谈判者的倾向和立场，因为积极的倾听暗示谈判者认可和附和对方的立场。很多谈判高手即使真的认可对方的发言，也不愿意显露出来。当然，积极的倾听也有好处，在双方谈判顺畅的情况下，积极的倾听会鼓励对方更全面地说出其感受、期待、意向。

2. “听力障碍”

很多谈判者不会倾听，他们在谈判中出现了“听力障碍”，这妨碍了他们听取别人的陈述和意见，从而失去捕捉信息的大好机会。这里的“听力障碍”不是生理问题，而是心理和心态问题。这些谈判者往往只关心和自己有关的话题。他们精力分散，注意力不集中，忽略了对方发言中的很多关键信息；他们一心多用，一边听讲，一边处理邮件、回复消息；他们只凭自己的兴趣听取对方的发言；他们知识面狭窄，或不愿意钻研，不了解相关话题的技术背景，听不懂对方的发言；他们因谈判的环境受到干扰，无法专心听讲；他们对某些特定对象心怀不满，轮到对方发言时，故意不听，甚至离席。当然，这些不良习惯和问题一般不会出现在专业的并购谈判人员身上。

3. 倾听的技巧

倾听可以帮助谈判者了解和把握对方的观点和立场。所谓“耳聪目明”，“耳聪”就是善于倾听，“目明”就是善于观察。善于倾听的谈判者能够“听出”弦外之音，能够“读出”面部表情背后的含义。

谈判者要学会认真倾听。谈判者要尊重对方，相信“对话”的力量，相信双向的交流才能“来电”；谈判者要能够积极看待倾听的价值，相信关键信息来源于倾听；在对方发言时，谈判者要身体前倾、目光专注，要专心致志、集中精力，要做笔记；谈判者要在专心倾听的基础上，仔细甄别，去粗取精、去伪存真，抓住重点，找到蛛丝马迹，听出弦外之音；谈判者要有耐心，不要过早下结论，不要带有偏见，不要打断对方的发言，不要急于反驳对方的观点，因为真正有价值的信息可能还在后面；谈判者不但要听内容，还要听语调、听节奏，听出言外之意、听出对方的心理活动；倾听需要安静的、舒适的环境，谈判者需要创造良好的谈判环境，帮助对方畅所欲言。

倾听时不仅要用耳、用心，还要用眼。谈判者要仔细观察对方发言时的面部表情、情绪变化、姿势动作，这些身体语言常常隐含重要信息。谈判者想要把握对方发言的真实意图，就不要放过发言者的这些“无声语言”。

角色互换，找到双方的兼容之处

如果并购谈判中双方各执一词、互不相让，那么这样的争执持续越久，双方越不愿意向对方妥协：一来是因为不想让对方觉得自己在惧怕和压力下退让；二来是因为觉得对方不可理喻，自己解释了这么久，简直是对牛弹琴，既然是对牛弹琴，当然就懒得再“弹”。这样并购的僵局就出现了。这时，只有把对方也当作和自己一样有血有肉的人，才能把琴继续弹下去。这种设身处地、换位思考的思维方式在谈判中非常有用。在双方谈判胶着的时候，谈判者不妨组织团队开展一次头脑风暴，找几个成员扮演对方的谈判代表，双方自由辩论。这样的角色互换能够让谈判者站在对方的立场，理解他们对某一议题的看法。角色互换可以促进谈判双方的沟通，提高谈判双方理解问题的准确度，求同存异，找到双方立场的兼容之处。

沉默，此时无声胜有声

沉默，也是一种语言；沉默，更是一种艺术。“此时无声胜有声”就彰显了沉默的力量。在并购谈判中，当我们面对对方不合理的要求或挑衅时，我们最好的反应就是静坐不语。

在并购谈判的不同情境中，沉默表达的含义非常丰富。当你认可对方的观点，却又不想激起对方更大的欲望时，你可以含笑不语、微微点头；当你愤怒难当时，你可以面色凝重地用沉默表达无声的抗议；当你有不同意见，又不想立即反驳时，你可以轻轻摇头，并伴以一声叹息；当你方寸已失，不知如何应对时，你可以故作镇静，陷入沉思；当你倾听对方的发言意犹未尽时，你的沉默会鼓励对方继续慷慨陈词。

谈判中的沉默并非必须，如果对方口若悬河、滔滔不绝，那么礼貌的打断也是必要的。谈判者需要根据谈判场景的变化以及谈判的进展，灵活运用沉默的技巧。在一般谈判中，大家都惧怕冷场和沉默时的尴尬，并购谈判高手却对此习以为常，并善于利用沉默。

并购谈判者的说服力

人们往往用“把死人说活了”来形容一个人的说服力强。但能言善辩并不是成为一个好的谈判者的充分条件，就像辩论赛冠军不一定能成为说服力很强的谈判者一样。辩论讲的是逻辑，谈判讲的是情、理、利。在并购谈判的江湖中，不同的谈判者就像身怀绝技的各路大侠，大家门派不一、理念不同、性格迥异，但是大家为了同一个目标，不远万里走到了一起，凭借三寸不烂之舌，而不是刀枪剑戟，互相争锋而又互相合作，最后皆大欢喜。

切勿“叫卖”你的方案

柏拉图说，哲学家就是助产士，知识就在你的肚子里，哲学家不是灌输给你知识，而是帮你生下你已经孕育好的知识。同理，谈判中的说服力不表现为把自己的意志强加给对方，相反，谈判中的说服力是帮助对方看到合作的价值，看到他们自身的优势，从而做出双赢的决定。刘备三顾茅庐，说服诸葛亮出山，不是因为刘备承诺让诸葛亮为官为相，而是因为双方志同道合，日后可以共谋大业。

我们每个人都认为自己很重要，每个人都需要被尊重。在说服对方的过程中，最重要的一点就是在最终决策时与对方产生心理共振。公司之间也是一样，公司都是利益至上、效率至上的。任何并购方案，如果不能既满足己方的利益，又满足对方的利益，那么无论谈判者多么能言善辩，并购都无法成功。

如果你在并购谈判中喋喋不休地“叫卖”你的并购方案，而不顾对方的反应，那么你就会令人生厌，甚至给人“你在逼我”的感觉。

谈判者只是公司的“喉舌”

谈判时，想要说服对方，就要采取对方喜欢的方式，至少是对方可以接受的方式。如果对方已经坐到了谈判桌前，那么说明我们的说服工作已经有了坚实的基础，我们要做的就是说服对方留在谈判桌前，共同探讨既定的谈判议题，最终说服对方接受并购方案。

对方是否接受我们的观点，则取决于我们个人以及我们身后的公司。谈判是人与人之间的交流和较量，如果谈判双方“互不入眼”，谈判根本无法继续。谈判者的个人形象、个性、风格和心态都非常重要。这些外在表现要能够让对方感觉舒服，让对方感受到你的自信、可靠以及影响力，让对方相信跟你谈判将收获一段愉快的经历，至少不会感到厌恶。如果谈判者给对方的第一印象不好，随后又不能发生转变，那么这样的刻板印象会成为谈判的巨大障碍。如果你能悉心倾听、感同身受、换位思考，对方就会感到谈判在积极的轨道上进行，就会相信他们的利益最终也会受到照顾。

并购谈判的说服力还取决于公司的实力、项目的可行性、利益的分配情况、谈判空间的大小，以及公司做成并购项目的决心。要记住，谈判者只是公司的喉舌，谈判者在公司利益之外、在公司授权之外的说服力是危险的。

说服的 10 个技巧

在并购谈判中要说服对方，有 10 个技巧。

1. 先易后难，让谈判有个好的开端。
2. 把大的诉求分解成若干个小的诉求来陈述。
3. 优先选择传递对方感兴趣的信息，并随之附上对方可能不喜欢的信息。
4. 选择提议的时机，对方心情舒畅、放松时是提出要求的好时机。
5. 经常总结回顾已经取得的进展，感谢对方的合作和贡献，然后再聚焦于尚未解决的问题。
6. 强调双方的共同利益，多用诸如恋爱、婚姻、夫妻、交友这些话题做类比。
7. 既要讲合作的好处，也要讲单干的坏处，一体两面，以求客观。
8. 打感情牌，分享自己的困难和压力，博得对方的同情。
9. 大量使用影像、图片、报表、数字等直观资料，用数据和事实说服对方。
10. 寻找盟友，比如对方团队中比较温和、友好的谈判成员，双方都熟悉、尊敬的第三方，独立又权威的专家，等等，他们都可以帮助谈判者说服谈判对手。

并购谈判中要说服对方必须切中要害。谈判者只有把握住关键环节、运筹帷幄，才能促进说服工作又好又快地完成。在说服别人时，谈判者如果一味地讲大道理，对方就会觉得他啰唆，也不会听从他的建议。但是，如果谈判者能够抓住问题的关键，把话说得在情在理，让对方明白自己所说、所做的其实是为了对方着想，对方就会认真考虑谈判者的建议，并最终被打动。

在并购谈判中要说服对方，谈判者就不能给予对方太多选项，而要非此即彼，让对方二选一，或者优中选最优、坏中选次坏。这个谈判策略在谈判后期尤为有效。假如谈判者只给一个选项，就可能让对方觉得像在下最后通牒；而给出两个选项，如果其中一个选项对方肯定不会接受，那么这样做其实跟只给一个选项的效果是一样的，对方的感受却大不相同。使用非此即彼的说服方式时要注意，不要两个选项都没有可行性，不要超越对方的接受范围，不要让对方没有任何回旋余地。非此即彼的说服方式也不要太生硬和强势，否则可能会导致对方出现过激反应。

解密并购谈判高手

上面介绍了并购谈判新人需要具备的能力。新人想要进阶为高手，就要分析他们的特点，并向他们学习。

并购谈判高手的个人特点

并购谈判高手一般都比较积极、强势，同时又足够灵活和包容。并购谈判高手总是不满足于已经掌握的信息，他们总是不停地问："还有呢？还有呢？"并购谈判高手总是敢于向对手狮子大开口；并购谈判高手对拒绝习以为常；并购谈判高手对对手的施压和最后通牒不为所动；并购谈判高手有足够的耐心和定力与对手展开持久战；并购谈判高手出言谨慎，但言而有信；并购谈判高手愿意倾听；并购谈判高手总是提出刁钻的、难以回避的问题；并购谈判高手坚守自己的立场，但追求达成双赢的解决方案。并购谈判高手在谈判结束后，会问候、认可并祝贺谈判对手。

并购谈判高手具有非常积极和建设性的谈判态度。他们愿意接受不确定性，并用更多的信息和备选方案来对付谈判变量带来的不确定性；他们不服输、不放弃，具有极强的竞争意识；他们行事专业、道德高尚，愿意为了交易成功而交际，但并不刻意讨好谈判对手。

并购谈判高手具有坚强的意志。他们理解谈判是个艰难的过程，知道谈判是个双向的过程，相信谈判是个有章可循的过程。因此，他们重视谈判的日程，坚守谈判的议题，牢牢掌握谈判的控制权。他们像火车司机，时时刻刻确保火车不偏离轨道。

并购谈判高手的优势秘籍

并购谈判高手的优势谈判力来源于哪里？首先，当然来源于他获得的授权。这不仅体现在他的头衔上，而且体现在他获得的授权是充分到位的这一点上。其次，最重要的是，还来源于他自身强大的气场。俗话说："将在外，君命有所不受。"在授权范围内，作为并购谈判负责人的谈判高手就是并购方的全权代表，需要展示坚定、自信和不容置疑的气场。当然这不代表并购谈判负责人凡事都可以当即拍板，因为他也要使用"请示"战术，也要留有余地，也要懂得拒绝和反驳。并购谈判高手的强势应该发挥在他对谈判进程和谈判议题的绝对掌控上。

再次，并购谈判高手的优势谈判力还来源于他的谈判经验、他在行业内的名声、他的谈判团队和谈判对手对他的敬畏、他的号召力和影响力、他的专业精神、他强大的人际交往能力、他宽厚和包容的品质。还有一点，就是每到危急关头，他总是能力挽狂澜，找到解决问题的新方案。

并购谈判高手总是依托背后公司的力量。真正的谈判高手善于把自己的能量和公司的实力相叠加。对手愿意跟你谈判，不是因为你是谈判高手，也不是因为他喜欢你，而是因为他必须跟你谈。脱离公司的力量搞个人英雄主义，要么会偏离谈判的大目标，损害公司的利益，要么会被谈判对手诓骗，赢了"面子"，输了"里子"。

并购谈判工具箱

1. 并购谈判者的 4 个基本素质：

   （1）有常识，能够用商人思维谈判；

   （2）有态度，具备基本素养；

   （3）有谈判力；

   （4）有知识。

2. 并购谈判负责人的领导力主要体现在 5 方面：战略思维能力；组织能力；决策能力；管理流程及控制冲突的能力；承担责任的能力。

3. 提高并购谈判者的沟通能力有 4 种方式：提出好问题；倾听；进行角色互换；知道何时该沉默。

第 4 章

并购谈判的风格

一个人的谈判风格和他的性格、沟通方式、爱好、心态密切相关。即使没有经历过专业的谈判训练，也可以大概总结出一个人的谈判风格。比如：有的人小心翼翼、害羞内向，跟别人提条件比登天还难；有的人大大咧咧，想要什么张口就来，被拒绝了也不介意；有的人容易得寸进尺，并且一副天经地义的样子；有的人干脆利落，要么痛快答应，要么拦腰砍价；有的人扭扭捏捏，不好意思还价。对专业的并购谈判者来说，了解、形成并改进自己的谈判风格，并且能够游刃有余地跟谈判风格各异的高手过招儿，还是非常有必要的。

在我看来，谈判者在谈判交锋中表现出来的谈判风格是相对稳定的，这主要由个性驱动。这些谈判风格重复出现，是因为人们长期受到家庭、文化、性别和早期职业经历的影响，因此在谈判中，就会自然而然地表现出某种特定的行为模式。由于个体的复杂性，加之每个人的成长环境不同，因此人们所表现出来的行为模式也不是单一的。有些人在谈判中能够轻而易举地表现出多种风格，如果这些风格能够被谈判者适当且协调地加以应用，那么它们对解决谈判中的困难会有很大帮助。在谈判中，谈判者对某些谈判行为和风格的感受是轻松自在的，对另一些行为和风格的感受却很糟糕，这是因为每个谈判者对不同的谈判风格有自己的偏好和倾向性。因此，要想判断自己的谈判风格，最好的方法是观察自己在采取各种谈判策略时的情绪反应，是感到舒服、满意，还是感到焦虑、烦躁或恼怒。同样，你也可以观察自己对谈判对手使用各种谈判策略时的情绪反应，是很习惯、适应，还是不安、抵触。

不同谈判风格的人在一起谈判，形成了一道风景。不过，很多谈判者都期待与拥有相同或相似谈判风格的人谈判。但是谈判者无法决定谈判对象，也无法决定对方的谈判风格。2020 年，在一场全球瞩目的电视辩论赛上，我们看到了辩论双方迥异的风格。一方咄咄逼人，一方一板一眼。辩论不是谈判，但辩论风格和谈判风格是一个道理。如果一方谈判风格相对强势，坚持自己的核心目标、绝不妥协，不断地给对方施加压力，迷信自己个人的力量，不注重团队和盟友的协调行动；而另一方的谈判风格相对传统，考虑问题比较谨慎、全面、系统，比较关注盟友的反应，那么两种风格的碰撞肯定火花四溅，谈判的成果恐怕很有限。除非他们愿意明智地考虑自己和对方的谈判风格，并在谈判过程中对自己的谈判风格做出适当调整。

并购谈判者的 5 种谈判风格

我跟成百上千的并购谈判对手打过交道，他们当中的绝大多数都给我留下了深刻的印象。他们有的强势、坚定，喜欢竞争和挑战；有的愿意合作，希望通过双方共同努力找到解决问题的方案；有的倾向于妥协，希望通过自己的妥协得到对方的认可，尽快结束谈判；有的选择规避，看到困难和矛盾绕着走；有的则选择迁就别人，愿意设身处地为对方着想。不同类型的谈判者对不同谈判策略表现出不同程度的偏好，他们对特定谈判情境的感受完全不同，因而他们参与谈判和控制谈判的方法也有所不同。我把这些不同类型的谈判者归类，概括出 5 种主要的谈判风格。

迁就型风格

在并购谈判中，迁就型风格包括强迁就型和弱迁就型两种。强迁就型谈判者就像体贴的男朋友，对女朋友特别关爱。有强迁就倾向的谈判者十分乐于解决对方的困难。他们通常善于建立人际关系，对他人的情绪状态、肢体语言和言辞上的暗示比较敏感。并购谈判中关系的建立很重要，因此迁就型谈判者总是能够得到对方的偏爱，比较容易快速地和对方的谈判人员相处融洽，这对建立和维护双方谈判团队的关系很有帮助。但是，一个谈判团队有一两个强迁就型谈判者足矣，千万不能整个谈判团队都是强迁就型谈判者。就强迁就型谈判者的弱点而言，有时他们过多地关注谈判双方的关系，而忽视了理应关注的其他事项，如并购谈判的大目标、议题、日程等。这样的话，他们在竞争型谈判者面前就显得不堪一击。当强迁就型谈判者感到自己的善意被对方忽视或滥用时，他们可能会灰心失望，也可能会心怀怨恨，这样的情绪会进一步削弱他们的谈判能力。

强迁就型谈判者主要是迁就对方，弱迁就型谈判者则更像是迁就自己。弱迁就型谈判者认为，谈判中出现的问题都能找到正确的解决办法，且他们认为答案就在自己手上，只有自己的解决方案才是正确的。弱迁就型谈判者比较在乎自己方案的正确性，而不在意别人是否也这么认为。很多专家型谈判者就是弱迁就型谈判者，他们对谈判中出现的问题比其他谈判者了解得更加透彻，因而可能更自信，也可能更自负。弱迁就型谈判者会让对手觉得非常吃力，因为对手会觉得弱迁就型谈判者顽固不化、不可理喻，跟他们谈判好像对牛弹琴，别人的感受和情绪丝毫不能引起他们的注意，别人的建议也常常会被他们忽视。弱迁就型谈判者可能比较关注自己一方的目标和议题，而不太会关注与对方的关系。这种谈判风格在优势明显的谈判中尚能取得成效，但在双方实力旗鼓相当的谈判中就会非常不受待见。任何情况下，合作都是双向的，面对弱迁就型谈判者，对手的合作意愿会受到很大的抑制。

妥协型风格

妥协型风格也分为两种，即强妥协型和弱妥协型。在谈判中，强妥协型风格的谈判者通常急于弥合差距、达成协议。他们会分析谈判情境，寻找能帮助他们尽快完成谈判的公平标准和方案。如果时间仓促，或者议题不是特别重大，那么其强妥协倾向可能是优点，因为其他人会认为强妥协型谈判者是通情达理的人，很好相处。但是，强妥协型谈判者常会不必要地加快谈判进程，过快地让步。他们毫不怀疑自己的假设存在问题，也很少向对方提出足够的问题以获取充分的信息。他们也许会满足于最初的解决方案，而不考虑可能的、更好的解决方案。

弱妥协型谈判者则走向另一个极端。弱妥协型谈判者原则性非常强，他们往往不愿意妥协，不轻易让步。当谈判中某些严肃的原则和惯例面临被破坏的风险时，弱妥协型谈判者能够投入热情，坚守这些原则和惯例，这就是他们巨大的力量来源。他们的主要缺点是，喜欢对任何事情“上纲上线”，认为这些问题涉及原则。他们经常在别人认为次要的事情上争论不休，更关心是否赢得争论，而不是是否完成交易。因此，弱妥协型谈判者很可能被别人视为顽固分子。弱妥协型谈判者厌恶平分差距这样随意的分配规则，这也使得他们难以在时间有限的情况下达成协议。

将弱迁就型谈判者和弱妥协型谈判者进行比较，可以给我们一些启示。强迁就型谈判者会比大多数人更快陷入自己偏好的正确解决方法；弱妥协型谈判者则是沉迷于自己偏好的正确原则和公平问题的争论。他们的共同之处是，都可能激怒别人，招来顽固不化的名声。

规避型风格

规避型风格分为强规避型和弱规避型两种。强规避型谈判者善于拖延和避开谈判的矛盾。当谈判各方面对导致组织内部混乱的、难以解决的分歧时，持规避倾向有助于组织内部更好地运作。强规避型谈判者能够熟练运用一些减少冲突的方法来代替谈判，如制定明确无误的规则、确定决策权归属和划分决策层次。强规避型谈判者还擅长通过电子邮件、备忘录，及雇用代理人和其他中间人的方式，使面对面交锋的必要性降至最低。当冲突在组织或群体生活中不可避免时，强规避型谈判者便成为一种障碍，容易限制关于个人偏好强烈程度的重要信息的传递。当冲突加深时，强规避型谈判者有时会使形势加剧恶化，导致出现各种问题。当别人非常愿意满足强规避型谈判者的需求时，后者会错过许多提出请求的机会，这些机会本可以让他们获得更好的收益。其实在这些情境中，他们只要提出要求，对方就可以满足。

弱规避型谈判者几乎不惧怕冲突，有时，他们还乐于见到这样的冲突。作为谈判者，他们完全能承受各种坦率的讨价还价。但要注意，弱规避型谈判者有时缺乏策略，显得对抗性过强。在某些体系中，弱规避型谈判者可能被视为惹是生非者；弱规避型谈判者对这类体系也极为反感，与那样的环境格格不入。

合作型风格

合作型风格可以分为强合作型和弱合作型两种。强合作型谈判者比较享受谈判的过程，他们喜欢以融合不同利益的互动方式来解决难题。他们天生擅长通过谈判发现冲突表象后面隐藏的基本利益、认知和新的解决方案。他们希望谈判过程保持连续性，鼓励所有人参与。他们过于自信，真诚地致力于为所有人找到最佳解决方案。出于同样的原因，强合作型谈判者有时为了表现他们的能力，会制造不必要的麻烦，使相对简单的形势变得复杂，也更加有趣。但这可能会激怒其他人，这些人中有些想结束谈判，有些没有时间解决新的问题，有些不希望冒险、为了一个小而烦人的问题引发冲突。强合作型谈判者往往假设谈判对手和自己一样具有合作的意愿，因此面对竞争意识很强的对手时，缺乏竞争意识的强合作型谈判者简直是羊入虎口。

在并购谈判中出现弱合作型谈判者会非常麻烦，并购谈判的紧迫感和节奏感在他们眼中会变得无足轻重。弱合作型谈判者对谈判没有太大的激情，他们更多地把谈判当成一份工作、一个项目而已。他们没有太多的想象力、创造力，也不愿意发挥太多的主观能动性。他们愿意详细研究需要谈判的问题，制订详细的谈判方案和日程，一旦谈判开始，他们就会坚持按议程进行，抓住既定目标不放。他们行事常常有条不紊、有周密计划，每一步行动都清晰明了。当谈判中出现新的问题时，临场应变是推动谈判的最佳方法，但此时弱合作型谈判者可能会坚持原先的议题和方案，拒绝探讨新变量、新方案，由此成为谈判的阻碍。

竞争型风格

竞争型风格也可以归为两类，一类是强竞争型，一类是弱竞争型。与强合作型谈判者一样，强竞争型谈判者也视谈判为一种享受，但两者的动因不同。强竞争型谈判者认为谈判提供了赢和输的可能，而他们喜欢赢。出于这个动因，强竞争型谈判者更喜欢将谈判当作一场游戏，他们在游戏中的行动有得有失、结果有输有赢，这完全有赖于双方的实力和能力的对比状况。强竞争型谈判者对优势、最后期限、如何开局、如何提出最后方案以及传统谈判中的其他类似战术有很强的直觉。强竞争型谈判者在利益攸关的交易型谈判中显得精力充沛、动力十足。不过，因强竞争型谈判者可能会操控谈判过程，故难以同对手建立关系。强竞争型谈判者的对手可能会觉得自己是博弈的失败者，可能会觉得自己被剥夺了利益、受到了胁迫或侮辱，这会严重影响后续谈判的进程和交易的达成。此外，因为强竞争型谈判者本能地将注意力集中在最容易确定输赢的问题上，比如价格，所以他们可能会忽视其他重要的谈判议题，而这些议题虽然不是定量的，但也可以产生巨大的价值。

弱竞争型谈判者认为谈判不只与输赢有关。他们并不将谈判视为博弈，而是将谈判看作双人舞。在双人共舞的过程中，双方的目标是一致的，步调也是一致的。因此，他们认为谈判双方需要公平对待彼此，避免无谓的冲突，共同解决面临的困难，建立互信合作的关系。人们通常认为，与弱竞争型谈判者谈判会很轻松、很愉快。在普通的人际交往和商务谈判中确实如此，毕竟获取对手的信任是一种关键的能力。但在事关重大、竞争激烈的并购谈判中，弱竞争型谈判者带来的不一定都是积极因素。第一，如果涉及重大利益，弱竞争型谈判者将处于劣势。第二，不是所有的议题都能取得一致意见，如果寻求合作的成本过高，那么跳过、放弃或者推翻一些议题可能更有必要。在这个时候，快刀斩乱麻的强势姿态对谈判进程的推进可能更有帮助。

关于谈判风格的 5 个常见问题

谈判风格因人而异，谈判者的谈判风格并非一成不变。一个谈判者在不同的场景里，其谈判风格可能会出现令人诧异的反转。谈判者谈判风格的复杂多变给谈判风格的学习者带来很多困惑和疑问。

对谈判者而言，存在“最佳”风格吗

对谈判者而言，存在“最佳”风格吗？答案是否定的，而且不存在保持谈判有效性的“正确”的风格偏好。事实上，无论是天生偏好还是厌恶某一类风格的人，对于 5 种风格中的任何一种，都会出现一定的强弱变化。这种强和弱，无论有益还是有害，都会因谈判情境和对手的变化而变化。对并购谈判者而言，竞争型风格和合作型风格会更加有利于他们完成

自己的并购谈判目标，他们也会从谈判中获得更多的成就感和乐趣。这是不是意味着迁就型风格和妥协型风格在并购谈判中就一无是处呢？答案是否定的。我们都知道，并购谈判需要以关系为基础，需要在谈判并购目标和条件的同时，建立和维护与对方的互信和合作关系，迁就型风格和妥协型风格在建立关系这方面具有优势。同样，并购谈判的过程不等同于战场上的“冲锋陷阵”，很多时候需要“迂回包抄”，需要避其锋芒，从而避免直接冲突，这时候规避型风格就会有其用武之地。

前面的分析清楚地说明，每一种谈判风格都有其应用场景，都有其价值，但也都有其不足之处。复杂多样的并购谈判项目给谈判风格各异的谈判者提供了最好的舞台。作为并购谈判者，除非自己能够游刃有余、随机应变地在不同谈判风格间自由穿行（这种神通广大的谈判者多半不存在），否则都需要一个风格多样化的谈判团队来实现互补，这里面不同背景的谈判者可以各展所长，发挥各自的优势。这也进一步解释了为什么商务谈判可以单枪匹马，而并购谈判必须“多兵种作战”。

偏好多种风格会产生什么后果

没有一个人的谈判风格是单一的、一成不变的。每个人的谈判风格都是一定风格的组合，每个人也都有自己独一无二的偏好组合。但是，并购谈判瞬息万变，几乎没有人可以一以贯之地展示自己的风格。无论将自己的谈判风格组合得有多好，只要对方不接受、不喜欢，这样的谈判风格就很难发挥作用。因此，谈判者需要观察谈判对手，分析自己面对的谈判情境，了解对手偏好的谈判风格，再看自己的风格和风格组合是否合适。如果对方是弱妥协型和强竞争型风格，而谈判者又坚持竞争型和合作型风格时，谈判者就可能会遇到巨大的挑战，需要在谈判中适时地展现一些回避、迁就的姿态，在维持谈判的前提下，找好竞争型和合作型两种风格的平衡点。总之，如果谈判者所偏好的风格无助于推动谈判进程，就需要考虑改变自己的谈判风格。

我们在并购谈判中也看到，某些谈判风格的组合会产生显著效果，另一些谈判风格的组合则可能带来消极影响。举例来说，兼具竞争型风格和合作型风格的谈判者往往在并购谈判中游刃有余；而同时具备竞争型风格和规避型风格的谈判者，在并购谈判中可能就有问题了。他们会比较强势，坚持自己的立场，但他们对对方的立场缺乏重视，也不愿意面对困难和僵局，一旦出现僵局，他们要么固执己见，要么逃避走人。如果是迁就型风格和妥协型风格结合在一起，如前文所述，因为他们都很重视关系，所以他们和谈判对手相处得会很融洽。如果谈判双方只是需要解决一些简单的问题，那么这个组合能够发挥明显的作用。但是，如果碰到利益多元、问题复杂的并购谈判，光靠妥协和迁就就解决不了问题了。

综上所述，我们都会有自己偏好的谈判风格组合，客观上这些组合都没有好坏之分。优秀的谈判者知道自己的谈判风格和组合，知道自己偏好的谈判风格和组合的利弊，知道如何韬光养晦、光而不耀，在合适的时间和场合，在不知不觉中调整和运用不同的谈判风格及组合。

没有明显的谈判风格偏好是不是会有问题

人有五指，长短不一。每个谈判者或多或少都有前面所说的 5 种谈判风格。但是，如果一个人身上这 5 种风格都不是太强烈、太明显，那这是不是一个问题？答案当然是否定的。如果各种谈判风格都不是自己的强烈偏好，自己在应用和变换这些谈判风格的时候，也就没有太大的纠结之处。因此，谈判风格没有明显偏好的好处可能是，这 5 种风格在谈判中都比较容易被采纳，比较容易根据谈判情境的需要而变化。这种相对平均的谈判风格，针对普通的单一议题的商务谈判，应该是没有问题的，而要应对复杂的并购谈判项目以及并购谈判高手，就会让谈判者完全力不从心。这就好比缺乏个性的一个人和个性鲜明的一个人在一起，缺乏个性的这个人常常要吃很多闷亏。在并购谈判中，假设一个弱竞争型谈判者采用竞争式谈判策略来面对强竞争型谈判对手，那么无论前者怎么腾挪，都难以和对方抗衡。

我的谈判风格会影响我对其他谈判者的认知吗

毫无疑问，你自己的谈判风格会影响你对其他谈判者的认知。人的共性当然大于个性。推己及人，大多数人也都相信他人和自己一样。合作型谈判者往往假设别人也乐于合作，迁就型谈判者也期待对方在谈判中会迁就自己。这种愿望和期待使得并购谈判者都抱着非常乐观和积极的心态坐到并购谈判桌前。然而，落差很快就出现了。谈判目标的差距是产生落差的一个原因，双方谈判风格的差异则是产生落差的另一个原因。

当合作型谈判者在谈判桌上遇到竞争型谈判者时，双方一开始都会对对方抱有期待，希望对方和自己是一样的风格，然而，一旦谈判进入正题，他们很快就会发现他们误判了对方的谈判风格，接下来，误会、冲突等一系列谈判问题可能就会出现。例如，谈判启动后，合作型谈判者也许会说明来意，表达善意，渴望合作，然后交换信息，接着提出自认为公平的初始报价。合作型谈判者会尽可能理性、克制、开放，希望自己的诚意能够打动对方，期望对方投桃报李。竞争型谈判者则很可能在谈判之前就已经将这次谈判定义为一场竞争型谈判，他们可能相信自己才是有优势的一方，应该主导谈判的方向，他们对价格的期望值也很高。因此，在对方表达完合作的意愿和初始报价后，竞争型谈判者可能会挑战对方发起并购谈判的动机和目的，可能会拒绝或反驳信息交换中的关键信息和事实，也可能会把对方的初始报价批得体无完肤，还可能会给出对方完全不能接受的初始还价，等等。此外，竞争型谈判者还可能通过语气、表情、身体语言、情绪等综合反应强化自己的观点和立场，给对方施加压力。可以想象，这样的回应一定会给合作型谈判者当头一棒，后者一定会觉得自己的好意被辜负了。如果合作型谈判者这时候意识到自己对对方的谈判风格产生了误判，或许还有救；否则，接下来的谈判只会产生更多的误会和对抗。

毫无疑问，并购谈判风格相近的双方对阵时，会立即形成继续谈判的“化学反应”。在实践中，我看到过合作型的谈判双方在愉快的谈判进程中顺利完成了谈判；也看到过竞争型的谈判双方，虽然争来争去、各不相让，但最后也高效、顺利地完成了谈判。前者容易理解，后者好像不符合常理。但这种情况还是会发生的，这是因为：第一，作为专业的谈判者，他们的专注点不是谈判风格，而是谈判目标；第二，作为专业的谈判者，他们了解自己的谈判风格，当他们看到对手的谈判风格与己一致时，他们当然也就熟知了对方的谈判风格。这就好比两支比赛风格一致的球队，大家都不需要谨慎试探，比赛一开始就直接进入高潮状态了。

总而言之，我们建议在谈判开始前，花一点时间揣摩你的对手，判断他属于哪种谈判风格，而不要等谈判开始后，才去体会、观察、判断对手的风格。此外，到了谈判桌上，需要进一步关注对方谈判风格的变化和调整，还要关注对方不同谈判代表的不同风格倾向。通常情况下，谈判双方都不会墨守成规，双方都会灵活运用不同的谈判风格和谈判策略。但是，千万不要期待对方会配合你的风格，千万不要以为对方会随时调整你不喜欢的风格。我经常挂在嘴边的一句话就是：“不要操心你不能影响的事情。”你要做的就是做好自己，用自己最得心应手的谈判风格，用最适合本次谈判的谈判风格，完成公司交给你的并购谈判任务。

谈判风格会随时间变化吗

谈判风格是谈判者在特定阶段的风格选择和偏好。谈判风格是会变化的。谈判实践可以影响谈判风格的形成和变化。如果一个谈判者和对方发生了激烈的冲突，导致双方关系破裂，他可能会反思自己，可能会在今后的并购谈判中适当做出更迁就对方的举动。如果一个谈判者在一场艰巨的并购谈判中始终保持合作的态度，最后却被谈判对手利用，给公司带来一定的损失，那么他也会反思，在后面的并购谈判中，他可能会更多地倾向于竞争型或弱迁就型、弱妥协型的谈判风格。

当然，凡事不能走极端。如果在一次并购谈判中采用的谈判风格没有取得好的效果就要放弃，就要走向对立面，那是不对的。我们还是要就事论事，毕竟跟自己所肩负的公司并购战略任务相比，谈判的风格、策略、技巧，甚至个人的得失都不重要，风格和策略永远都是手段，不是目的，风格和策略的变化必须服务于并购大目标的实现！

形成你的并购谈判风格

无论你是否愿意，在并购谈判的大染缸里浸染多年后，你都会形成自己的谈判风格。你的谈判风格是你在并购领域驰骋的名片，是你在并购江湖闯荡的“侠号”。无论你是在目前的公司继续服务，还是更换跑道，加盟新的行业、新的公司，你的并购谈判风格都会伴随着你。

你的并购谈判风格有你公司的烙印

并购谈判不是你的个人舞台，你代表的是你的公司；并购谈判也不是你的个人专场，你还有谈判团队的队友。当你代表一家公司长期征战在并购谈判一线时，你的谈判风格里必然带有这家公司的鲜明色彩。

并购是公司发展战略的一个重要组成部分，公司的发展战略体现了公司的梦想、文化和使命。并购谈判是实现这一战略的途径和方式，也必然承载公司的梦想、文化和使命，因而并购谈判的策略、战术和风格也必须反映公司的战略和文化。我所在公司的文化强调梦想远大，因此我们相信一切都是可能的，相信我们的并购交易是能够达成的；我所在公司的文化强调主人翁精神，因此我们会承担起责任，不推诿、不“甩锅”，尽心尽力地推动谈判进程；我所在公司的文化倡导简单化、高效率、控制成本，因此我们会尽可能透明、高效、直接地和对方进行谈判与交流，专注于目标，不搞形式，不绕圈子；我所在公司的文化还提倡公司要对社会负责，反对走捷径，因此我们会综合考虑各方利益，追求双赢，杜绝谈判中的不正之风。

以我们的并购团队为例。我们的谈判风格具有进攻性、竞争性。这种风格的好处是，有战略高度、快速高效；不足的地方是，对有些项目处理得比较粗糙，论证不足、仓促推进、整合不利，导致项目失败。当然，作为这么大的集团，拥有这么多的并购项目，瑕不掩瑜，总体来说这种风格在中国市场高速发展的大时代，还是十分有效的。

近 20 年来，有不同的谈判人员加盟我们的并购团队，他们性格迥异，各展风姿，但当他们代表公司走出去时，他们留给谈判对手的印象是一致的。他们说着公司的语言，展示着公司的文化，凸显着公司的发展思路和战略。他们的谈判风格被深刻地打上了公司文化的烙印。

你的并购谈判风格有你性格的成分

每个人的并购谈判风格都有自己性格的成分。如果一个谈判者是商人出身，且他在商场上经历了几次大起大落，那么他的商业信条大概率是零和博弈。他相信恐惧是力量，因而喜欢极限施压，不断制造谈判僵局；他看重自身利益，认为自己可以翻手为云、覆手为雨。可以说，一个人的谈判风格是这个人性格的一面镜子。

不同行业的企业家、管理者都有自己的特点和诉求，大家都要谋求发展，只有形成利益共同体，才能做大蛋糕、共同进步。以我自己为例，我比较中庸、传统、温和，共情力强，相信和气生财，相信“一个好汉三个帮”，相信“三人行必有我师”。这样的经历和个性练就了我注重双赢的谈判风格。在谈判中，我更加注重倾听，相信办法总比困难多，愿意和对方一起排除万难完成交易。

你不必先入为主地认定什么样的人可以成为并购谈判者，什么样的人不可以成为并购谈判者。我在谈判中跟形形色色的谈判对手打过交道，其中的性格因素都没有成为谈判的障碍。况且谈判团队有角色分配的需要，本来就需要不同性格的人，有人唱“红脸”，也有人唱“白脸”。没有人天生注定就是要做职业谈判者的。很多人被拉进谈判团队时，还不明白状况；很多人在负责公司的其他工作时，突然就被赋予使命，承担并购谈判的任务。因此，每个人都是在谈判过程中学习和成长的。

我们也不要认为并购谈判的风格完全等同于谈判者的性格。个人的谈判风格必须配合整个并购谈判的战略目标和谈判策略，也就是该并购谈判的整体风格。两种风格必须兼容。如果只顾展示自己的个人风格，而不顾公司并购谈判的大目标，那就是自我膨胀的“个人秀”，对谈判有百害而无一利。同样就上面的“白脸”和“红脸”的例子来说，我们也常常看到，一向斯文内敛、温和安静的某个谈判者，会突然在谈判中怒发冲冠、拍案而去，让大家惊诧无比。其实，他只是扮演了“白脸”的角色而已。我们常常在谈判的准备阶段，通过各种渠道了解对方谈判者的性格特征，这很重要；但如果以为他在谈判中的表现将和他的性格特征完全一致，那就是“挖了个大坑给自己跳”。

谈判者要利用性格的长处，打造积极、开放、进取的谈判风格，也要克服性格中的弱点，避免它们成为自己形成良好谈判风格的障碍，避免它们成为谈判对手攻击自己的武器。

你的并购谈判风格形成于你的并购实践

并购谈判风格形成于并购实践，真正在课堂上、书本上学到的东西极少，因为并购谈判的技巧本身就是实践性的。你所经历的并购谈判越多，你可以学到的技巧就越多，就越容易形成自己独特的谈判风格。因为并购项目不可能千篇一律，所以并购谈判相应采取的策略和技巧也就百花齐放。并购谈判的风格不是一元的、单向度的，而是多元的、立体的。并购谈判的风格也不都是和谐一致的，有时甚至是矛盾、冲突的。这些复杂多元的特点，跟一个人经历的五花八门的并购谈判实践是相对应的。并购谈判者不需要追求绝对完美和高级的谈判风格，而是要保持谈判风格的韧性和弹性，以便在遇到新的并购谈判项目时，可以从容应对。

你的并购谈判风格的形成有你对手的功劳

在生意场上，我们需要向我们的竞争对手学习。例如，我们在高端产品领域做得好，而我们的竞争对手在中端产品、渠道管理、终端控制方面做得比我们好，我们就应该向其学习。在并购谈判领域，向对手学习会更直接、更容易。并购谈判高度依赖双方面对面的交流与合作，双方代表朝夕相处，将彼此的言谈举止、情绪变化尽收眼底。你会潜移默化地受到对方谈判风格的影响，你会观察、学习到对方的谈判策略，并加以应用；你也会看到对方所犯的错误，从而提醒自己不要重蹈覆辙。

通常来说，并购谈判双方的策略和风格可能会相似，也可能会相冲。如果双方都想尽快结束谈判、达成交易，那么双方可能采取近似或互补的谈判风格。例如，双方的报价和还价都在合理的区间内，就要给对方留下让步的空间。如果双方互相摸不清来意，或者双方的目标不一致，那么双方可能采取完全一致或截然相反的谈判风格。例如，一方可能报出极端高价，然后寸步不让；另一方可能觉得受到了侮辱，要么不予理睬，要么报出极端低价。又如，如果一方在每次做出让步后，总是要求另一方再做出相应的让步，那么对方很快就会效仿，否则就会觉得自己吃亏了。

在谈判桌上，你一定要进行角色互换，这样才能知己知彼。所以，从谈判对手那里学习谈判技巧来完善自己的谈判风格是最直接、最有效的。

你的并购谈判风格需要不断改进

无论是自觉的还是不自觉的，你的并购谈判风格都会随着自己经验的增加而改变，你之前的一些信念，可能会被新的并购谈判实践打破。例如，过去你可能觉得，强大的谈判者在追逐目标时应该寸步不让，因而你坚信，自己强势的谈判风格是正确的；你可能觉得强者总是把自己隐藏得很深，总是后发制人，因而你坚信防御型风格更有威力；你可能觉得言多必失，沉默是金，谁先打破沉默，谁就会落得下风；等等。经历了更多的并购谈判后，你会发现，真正的强者反而更有大局观，他们在该让步的时候让步，他们以项目成交为己任；真正的强者更愿意积极、主动地掌控并购谈判的议题，管理并购谈判的进程；真正的强者既有耐心、愿意聆听，也善于提问、敢于报价。看到各种不同的谈判风格后，你的谈判风格也会变得更加包容、平衡和积极。

并购谈判者的风格也需要随着不同的并购项目、不同的谈判对象而调整，绝对不要僵化、一成不变。如果你的谈判风格偏向温和、合作、共赢，而你面对的谈判对手强硬、自私、以自我为中心、诡计多端，那么你的风格就会把你置于不利地位。谈判者一定要因势利导，及时调整自己的谈判风格和谈判策略。无论你偏好什么风格，能赢得并购谈判的才是最好的风格。

并购谈判工具箱

1. 要想判断你的谈判风格，最好的方法是观察你在采取各种谈判策略时的情绪反应。
2. 5 种主要的谈判风格：

并购谈判风格	强	弱
迁就型	特点：迁就对方，善于建立人际关系 注意事项：过于关注双方关系，对目标和议题关注较少	特点：更在乎自己方案的正确性，更关注己方的谈判目标和议题 注意事项：有时不太关注人际关系，会抑制对方的合作意愿
妥协型	特点：过快让步，急于弥合差距、达成协议 注意事项：满足于最初的解决方案，没有考虑到更好的解决方案	特点：原则性非常强，不愿意妥协，不轻易让步 注意事项：有时会在次要问题上争论不休，被视为顽固不化
规避型	特点：善于拖延和避开谈判的矛盾 注意事项：会限制重要信息的传递，导致错过提出请求的机会	特点：不惧怕个人冲突 注意事项：有时缺乏策略，常被认为对抗性过强
合作型	特点: 鼓励所有人参与，致力于为所有人找到最佳解决方案 注意事项：有时会使相对简单的形势变得更加复杂，如果缺乏竞争意识，往往就会羊入虎口	特点：对谈判没有太大的激情，认为每一步行动必须清晰明了 注意事项：拒绝探讨新变量、新方案，可能会成为谈判的阻碍

续表

并购谈判风格	强	弱
竞争型	特点：享受谈判，精力充沛，动力十足 注意事项：可能会操控谈判过程，因此难以同对方建立关系	特点：将谈判视为双人舞，力图建立互信合作的关系 注意事项：涉及重大利益时处于劣势；一味寻求合作而导致相应成本过高

第三部分

—

并购谈判实战

第 5 章 战略定位

成都武侯祠里有一副很有名的对联：能攻心则反侧自消，从古知兵非好战；不审势即宽严皆误，后来治蜀要深思。并购行当里有一个说法，“打得过就打，打不过就买”。能够从谈判桌上取得胜利，就不要通过你死我活、代价惨重的血腥商战来解决问题，况且这样的商战很可能以“双输”收场。因此，兵不血刃的并购谈判，就是《孙子兵法》所说的“不战而屈人之兵”，是企业发展和扩张的最佳选项之一。要成功实施一个并购项目，企业的决策者和谈判者就必须审时度势、知己知彼，在此基础上制定清晰、连贯的谈判策略，从而指导和引领整个并购项目的全过程。

战略先行

有人觉得谈战略很虚。如果企业小打小闹，那么战略当然没那么重要。但有了一定规模的企业想要再谋发展时，如果没有发展战略，那么这家企业就会如盲人骑瞎马——没有方向。因此，战略先行不是空话，是企业发展的命门。并购战略源于企业的发展战略，是企业发展战略的一个有机组成部分。企业如果没有发展的梦想和远大目标，就不可能有并购战略，也不需要并购战略。即使企业突然被人请到并购谈判桌上，也不是企业的并购战略使然，充其量只是其生存之道。并购谈判的策略是基于企业的并购战略而制定的。**并购战略不等于企业的发展战略，并购谈判策略和并购战略一脉相承，这也是本书有时候把并购战略和并购谈判策略混同使用的原因，但它们之间还是有很大差别的。**

制定战略必须考虑双边影响

这里讲的是并购战略，后面很大篇幅还会讲到并购谈判策略。那么战略和策略之间有什么分别呢？尽管战略和策略之间的界限似乎很模糊，但是它们之间还是有区别的：策略是为实现长期的发展战略而制订的相对短期的、具体的行动方案和计划；战略则是为策略提供目标、方向、路线、原则等的指引。

企业发展战略的选择和制定取决于内外部因素。完全取决于自身的发展计划、完全利用自身的资源、完全不受外界干扰来制定和选择企业发展战略的方法，叫作战略选择和制定的单边方法。如果企业的发展战略是基于自身的需要和挑战，市场的现状和变化趋势，以及竞争对手的动态来决定的，那么这样的战略选择和制定采用的是双边方法。企业的并购战略不可能是企业单方面的选择，必须考虑整个市场的竞争态势、并购项目的可行性，以及潜在并购对象的意向。

企业并购战略的制定，有可能是以单边为主的。几乎所有的并购都是由并购方发起和主导的，因此并购战略必然以并购方的单边选择为主。但是，没有一场并购是在对方完全不合作的情况下执行完毕的，因此并购战略的制定必须考虑双边影响。

并购战略的基本模型

企业要生存和发展，就必须参与市场竞争。竞争有竞合性竞争（也就是既有竞争，也有合作），也有博弈性竞争（也就是只有恶意竞争，没有合作）。当然，也存在不思进取、听天由命的企业，它们会回避竞争。企业面临竞争时的不同态度和选择，直接影响到企业并购战略的制定。

企业如果积极参与市场竞争，就会衍生出积极的并购战略，包括竞争性并购战略和合作性并购战略，也可以称为对抗性并购战略和双赢性并购战略。

竞争性并购战略反映出，企业希望通过并购提高自己的市场占有率和盈利能力。这种并购战略依据企业对竞争程度的期望会有两种不同的发展。如果希望吃掉同行对手、一家独大，占据行业寡头地位，那么企业就会采取零和博弈的并购战略，这样的并购基本是并购方主导且处于优势地位。在这种情形之下，如果被并购方足够合作，那这就是善意并购；反之，就是恶意并购。竞争性并购战略一般发起于企业发展的鼎盛期。

合作性并购战略不是建立在对抗和竞争的基础上，而是建立在企业取得更大、更长远的利益的基础上，建立在企业和行业内竞争对手的关系考量上。企业可能不谋求短期独霸天下、赢者通吃的地位，而是希望先做大蛋糕。为此，企业需要合纵联盟，需要战略伙伴。在这种情形之下，企业就会选择合作性并购战略。合作性并购战略一般发生在企业发展的上升期。因为这种并购战略的选择是双边的，需要潜在并购对象的合作，所以这样的并购通常都是友好并购。

企业如果安于现状、回避竞争，就会导致企业并购战略的缺失或者产生消极的并购战略。消极的并购战略表现为，在别人发起并购战时，企业被动地、毫无准备地被卷进一场并购谈判，并且企业通常缺乏议价能力，只能任人宰割。此外，消极的并购战略还有一种表现，即调和的并购战略，指企业并无坚定的并购意志，缺乏目的性，并购战略模糊、立场动摇、混乱，这一战略表现在并购谈判中就是取悦对方、妥协、避免竞争。

在经济生活中，正在进行或准备进行并购谈判的企业只是极少数。并购概念已经存在于基因里、每时每刻都在搜寻并购目标的企业，更是少之又少。绝大部分企业并无既定的、长期的并购战略，但它们对这一点完全不必感到紧张，因为企业业务增长的路径很多，很多企业不通过并购也能实现大发展。况且，并购需要花费时间和精力去谈判，可能会分散企业的注意力；加之并购成本高昂，也不是每家企业都能“玩得起”的游戏。

并购战略和并购谈判的策略

并购战略的制定取决于企业的发展战略，取决于企业是否已经发展到了一定阶段（例如，企业面临发展瓶颈，以至于需要通过外延增长来实现几何级数增长和跨越式增长的阶段）；取决于企业是否需要通过并购找到在新的地域、新的领域里的新的增长点；取决于企业是否需要通过并购重组来解决企业的困境局面，弥补企业的短板；取决于企业是否需要通过获取新的产品、技术、服务、业态、场景、平台、人才、企业文化和管理工具来快速提升企业的核心竞争力，实现“弯道超车”。并购来源于企业内在和外在的需求，来源于企业强烈的冲动，来源于企业对机会的寻求和把握。企业的并购战略必须满足企业的战略需求，解决企业面临的现实及潜在问题，必须触及企业的“痛点”；而并购谈判的策略必须服务于企业的并购战略。

任何一场并购谈判开始前，谈判团队都要先把谈判策略定位清楚。有了谈判策略的定位，才能制定相应的谈判策略和战术。下面我们分析一下企业可能有哪些并购战略，在此基础上可以衍生出怎样的并购谈判策略。当然，一个并购战略可能会整合不同的并购谈判策略，我们绝不能认为它们之间存在一一对应的关系。例如，双赢式谈判策略适用于所有的并购战略，而所有的并购谈判因为其复杂性和目的的多样性都会用到整合式谈判策略。

1. 合并式并购，可采用双赢式谈判策略

理想的婚姻可能需要门当户对，但绝对的门当户对几乎是不存在的。两家企业情投意合、愿意合并，但就算财务报表上的数据显示，它们规模、实力相当，双方也可能觉得自己的实力更胜一筹。真正意义上的平起平坐、“五五波”①式的兼并很少见，在实际的兼并项目中，双方的股权会有高下之分，可能三七开、四六开，或者 51% 对 49%。因此，这类谈判的重点和难点就在于如何进行估值，特别是在换股的情况下，双方股价的兑换比率取决于对双方的估值。另外，在谈判中，总有一方主导，主导的一方愿意给予对方交换控制权的对价是多少，取决于控制权溢价。

毫无疑问，对于实力相当的企业并购战略，优选双赢式谈判策略。并购谈判展示的图景是做大蛋糕，双方平等。在双赢式谈判中，互相尊重非常重要。谈判双方在谈判的前前后后，常常不讲“兼并”“收购”，而只讲“合并”“合作”。谈判的目的不是寻求利益的交叉点，而是使双方的利益变得一致，是把两条平行线拉扯到一起，变成一条更加粗壮结实的“钢缆”，把两根独立的筷子变成一双筷子。

2004 年，全球第三大啤酒集团比利时英特布鲁和全球第五大啤酒集团巴西美洲饮料合并，成立英博啤酒集团，成为当时全球第二大啤酒集

① 原意指两支球队实力不相上下，后引申为任意两方不分上下。——编者注

团。比利时家族和巴西的 3G 资本联手，组成各占 50% 的控股方。这起并购案有趣的地方就在于，巴西人觉得他们收购了英特布鲁，而比利时人觉得他们收购了美洲饮料，双方各取所需，但并购公告的用词是“合并”（combination）——中性偏积极。2008 年，比利时英博收购全球第一大啤酒集团美国百威，成立的百威英博成为当时全球第一大啤酒集团。2016 年，全球第一大啤酒集团百威英博收购当时排名全球第二的南非米勒，形成了一个真正全球化的啤酒集团。在后面两次典型收购案的对内、对外沟通中，并购公告仍然使用了“合并”一词。收购百威后，英博甚至将百威的名字放在自己之前，显示了对并购谈判对手极大的尊敬。

2. 鲸吞式并购，可采用优势式谈判策略

企业并购最常见的还是大型企业收购中小型企业。对于大鱼吃小鱼的鲸吞式并购战略，常见的谈判策略是优势式谈判策略。优势式谈判策略，顾名思义，一方具有明显谈判优势（如收购方财大气粗，收购资金充裕；企业在市场上攻城略地，极大地威胁到被收购方的利益；企业的谈判人员步步紧逼，谈判进程推进得很快），而另一方议价能力薄弱，在谈判中处于明显劣势。因此，采用优势式谈判策略的谈判者也要温和、谦逊、理性，兼顾结果和关系，不能咄咄逼人。

在新经济领域，腾讯每年收购几十家甚至上百家初创公司。这些收购案基本上采取的都是优势式谈判策略，讲究速战速决，否则腾讯可能需要雇用无比庞大的并购团队。

3. 蛇吞象式并购，可采用渐进式谈判策略

蛇吞象式并购总是激动人心的。这类并购中不乏一次性完成的，例如联想收购 IBM 的电脑业务、吉利收购沃尔沃、英博收购百威。蛇吞象式

并购之所以能够成功，可能是收购方找到了同盟军，如私募基金等机构投资者；也可能是收购方采取了杠杆操作，如从银行借款；还可能是收购方定向增发，如到公开市场融资。采取这些措施后，收购方已经不是一条蛇，而是一头象了。我们建议蛇吞象式并购采用渐进式谈判策略或分步式谈判策略，放长线钓大鱼。嘉士伯（中国）收购重庆啤酒采用的就是分步式谈判策略，从小股东起步，通过两次增加持仓量，最终成功控股重庆啤酒。相比之下，英博收购百威看起来是一步到位，实际上它们的联姻起步于其在美国市场上的分销合作。

4. 敌意式并购，可采用竞争式谈判策略

敌意式并购主要针对上市公司。私人公司在这方面涉及得不多，因为决策权在单一股东、大股东或主要股东的手上。上市公司的决策权则分散在董事会和股东大会，且股东数目众多，这就给敌意式并购创造了空间。敌意式并购在欧洲和中国、日本、韩国比较少见，因为这些市场的上市公司股权相对集中，要么是家族控股，要么是国家控股，要么是管理层控股。即使是股权分散的新兴公司，其投票权也是集中在创始人的手上。敌意式并购在英美比较常见，因为其上市公司股权比较分散，有利于收购方穿透公司管理层，直达公司股东，绕过不合作的董事会。

敌意式并购就是一场遭遇战，因为双方缺乏合作的诚意。被收购方管理层不配合尽职调查，董事会只管提高要价，增加收购方的收购难度。在这里，谈判策略的腾挪空间极小。敌意式并购基本只能选择竞争式谈判策略。收购方别无选择、志在必得，只看结果，不注重关系；双方的谈判主要集中在价格的博弈上。最终，敌意式并购的成功案例都是以收购方不断提高报价的形式结束的，而失败案例是以收购方撤回报价的形式结束的。前几年卡夫亨氏撤回收购联合利华的报价，就是敌意式并购失败的一个例子。

5. 混合式并购，可采用整合式谈判策略

如果并购涉及的标的（如一座工厂、一个产品或一项服务）相对简单，谈判的议题（如价格和支付方式）也相对简单，那么前面介绍的一一对应的谈判策略应该足够适用。如果并购呈现标的多样性、目的多重性、过程长期性、议题复杂性等特点，那么收购方就要考虑整合式谈判策略。

如果并购项目同时拥有几个不同的战略目标，或者在一个主要的战略目标之外还有一些次要的战略目标，那么在这种情况下的并购谈判，其内容是多样、复杂的。前文比较多地考虑了并购的价格因素，其实并购谈判中的价格议题只是一方面，谈判还包括其他重要议题：并购的股权份额、控制权归属；管理权、管理层留用和激励机制；员工改制、国有身份员工买断机制；被并购方股东及离职高管的竞业限制规则；注册地和公司总部的所在地、纳税地变更；政府支持政策的持续享受等。因此，一次并购谈判里夹杂了无数单独及互通的分项谈判。这样的并购显然无法通过一个谈判策略来统筹，因此无论上述并购应该以何种并购战略为指导，都需要运用整合式谈判策略。

下面我们具体介绍一下这几个重要的谈判策略。

双赢式谈判策略

谈判就是让双方都觉得自己赢了的艺术。双赢式谈判策略适用于以下情况：并购谈判双方认识到双方可以形成一个命运共同体，不然双方可能会同时被第三方威胁，或者双方针锋相对，两败俱伤。前者可能出现在市场中第二名、第三名抱团取暖、共同对抗第一名时；后者可能出现在市场中第一名、第二名交战多年、身心疲惫，希望握手言和、共同致富时。

为双方创造价值

双赢式谈判策略的结果是：你赢了，我也赢了。双赢不代表没有竞争，双赢是在竞争中合作，在合作中双赢。商业合作从本质上来说是互惠互利的，如果合作双方不是实力相当，合作的天平就会向一方倾斜，但合作双方都能既获取利益，又给对方输出利益。最好的商业合作不是简单的利益交换，而是能为双方创造更大的利益。例如，一方生产家具，一方采购并销售家具，双方的买卖合同（货物）可以帮助双方进行即时的利益交换；如果双方合并，共同生产和销售家具，那么双方的买卖合同（股权）可以帮助双方创造更大的价值。

并购谈判者在谈判中应该阐明双方一起合作能够带来的优势，包括收益增加、成本减少、效率提升等。简单而言就是蛋糕做大了，合作比单干获益更大。正如并购破冰交流中常说的一句话：携手你我，合作共赢。

在双赢式谈判策略中，双方通常比较熟悉，可能是不打不成交，也可能是处于共同的行业和圈子、拥有共同的语言，还可能是在竞争中已经有所合作（竞合关系），相应地拥有一定的信任关系。双赢式谈判策略既维护了结果，又照顾到双方关系。

其实，双赢式谈判策略不仅限于合并式并购，只要双方能够坐下来，所有的并购谈判都应该努力追求双赢的结果。并购谈判不同于下棋，需要决出胜负，更不是一场战争，要将对手置之死地。它的目标在于双方达成并购协议，各有所得、各取所需、合作共赢。每个并购谈判者都应该牢记，每场并购谈判都有潜在的共同利益，有共同利益就有争取双赢的机会。

双赢式谈判策略的谈判区间

双赢式谈判策略寻求的不是某一谈判条件的双赢，而是整个并购交易的双赢。并购谈判的议题非常广泛，谈判者的需求也非常多元。从合作的目的来看，盈利能力的提升，成本的下降，市场的扩大，新产品和新技术的引进，常常成为谈判的主要议题；从谈判本身的目的来看，谈判对价的高低、支付条件的好坏、其他条件让步幅度的大小，也会成为双方谈判时关注的焦点。因此，并购谈判需要涵盖所有议题，并"讨价还价"。所有议题都有特定的谈判区间，而整个谈判的大目标也有自己的谈判区间。这个谈判区间的存在就是双赢式谈判策略的基础。

如前文所言，每一个议题都有一个前期假设的谈判区间。以并购标的的价格来说，如果把价格（从零到无限大）放在一条横向的轴线上，那么谈判双方在谈判前都已经在这条轴线上划定了自己预设的价格区间。谈判双方的任务，就是从双方价格期望值区间的一侧向另一侧移动，双方不断靠拢，最终找到双方的重叠区域，并在其中找到一个黄金交汇点。这个黄金交汇点就是并购的成交价格，也是双方的底线价格。因为双方都期望利益最大化，所以双方的价格区间在一开始可能相隔甚远；由于信息的不对称，双方的价格区间也可能完全错置。例如，收购方的初始报价可能远远低于被收购方对价格的期望值，但只要双方愿意相互靠拢，就可以采用双赢式谈判策略来引导并购的价格谈判。如果双方报价后就不再有所行动，那么就不适用双赢式谈判策略。

就像价格议题一样，谈判双方的所有议题都设置了谈判空间和底线。双方底线之间的空间就是谈判区间。只有在这个区间中才会有实质性的谈判，因为超出这个区间的谈判都会被一方断然拒绝，最终因为没有重叠的谈判区间导致谈判陷入僵局。当然，后文的框架效应说明了框架可以交换，也就是议题的谈判条件可以交换，一个议题没有重叠的谈判区间不代表整个谈判的破裂，谈判者可以从别的议题上找回利益。因此，该策略最终要看整个并购加权平均的谈判区间。就像一个人要买一套西装，预算 1 000 元，其中上衣和裤子各 500 元，最后成交的结果是上衣 600 元，裤子 400 元。虽然上衣超出了本身的预算，但是这套西装整体符合预算，就是可以买下来的。

双赢技巧

并购谈判的双赢，既有交易达到目标的客观成分，也有双方感受到"赢"的主观成分。所以，如果并购谈判协议圆满达成，那么谈判结束后双方都会比较满意。即使最终协议与双方各自理想中的结果有一定差距，但它起码也是双方在现实状况下均可接受的范围。

要想实现谈判双赢，就要寻找谈判双方的共识，寻找双方利益的最大公约数，而不要固执地坚持自己的立场。谈判者要把双方关注的需求、议题联系起来，把双方的诉求综合考虑进来，而不要只看到自己的需求，排斥对方的需求。谈判者要做好妥协的准备，至少是一定程度的妥协，而不要顽固不化。谈判者不要无休止地强迫对方让步。谈判者要保持谈判议程的弹性，允许一些议题出现"拉锯"的情况。谈判者要少说、多听、多问，给予对方充分的时间进行陈述。谈判者要与对方建立积极、健康和友好的关系。

在我们公司早期的国内并购实践中，相对比较容易找到谈判双方双赢的领域。例如，可以将被收购方的品牌作为收购方的全国品牌；可以将被收购方的工厂作为收购方的区域生产基地；可以承诺在当地设立区域销售公司，整合区域内的销售网络；等等。但随着收购的品牌和工厂越来越多，收购方能够做出的承诺空间就越来越小，找到双赢的领域也越来越难。这就需要收购方发挥更大的想象力，努力挖掘自身能够吸引对方的特点。同时，收购方需要更加耐心、诚恳地听取对方的心声，了解对方的诉求是集中在未来发展、税收贡献、产业多样化、就业、建立物流中心、发展电商等方面，还是集中在卖个好价钱、投资其他生意方面。买卖双方只要坐在一起，就一定有共同利益，双赢式谈判策略就是确保这样的共同利益被发现、被实现。

总结来看，双赢式谈判策略注重互利互惠，追求双方都满意的谈判结果，同时也看重谈判的过程，一个积极、愉快、合作的谈判过程也是双赢式谈判策略的表现。

优势式谈判策略

优势式谈判策略看起来简单——一方优势明显，而另一方似乎只能束手就擒。但在现实商战中，没有一家企业会在别人的并购邀约前轻易投降。优势式谈判策略的实施有不小的挑战。

只有对方真正看重的领域优势，才是真优势

并购不是每家企业都玩得起的"游戏"，并购方必须有足够的筹码，有足够的力量，并且向对方显示出自己的力量。这些力量包括财力、竞争力、影响力，实施并购项目的决心和意志，以及谈判代表的谈判力。并购方的力量包罗万象，这些力量通过信息交换以及谈判过程中并购方谈判者的表现，传递给被并购方，构成谈判优势。

在并购谈判中，优势式谈判策略表现在谈判者对谈判主动权的掌控上。在谈判桌上，并购方认为自己拥有多少主动权，决定了并购方会不会采用优势式谈判策略，以及在多大程度上采用这一策略。很显然，当力量的天平明显倾向并购方这边时，并购方的策略会取得更好的效果。当谈判

出现“被并购方需要并购方比并购方需要被并购方更多”这种明显不平衡的情况时，并购方已经稳操胜券了。

非常重要的一点是，并购方必须意识到谈判对手可能在双方主动权的掌控上有着和自己截然不同的看法。尽管并购方可能认为自己牢牢掌控了主动权，但对手可能根本不认为并购方有什么明显的优势。这是因为谈判双方对力量和优势的看法与定义可能完全不一样。在并购谈判中，财力雄厚的并购方以为拿下一家缺少资金的初创小公司手到擒来，拿钱砸就是，可偏偏这家小公司的创始人更加看好公司的前景，坚决不肯放弃公司的控制权。可见，在运用优势式谈判策略前，并购方必须先搞清楚自己的优势在哪里，以及在对方的眼里这些优势是不是真正的优势。

举个例子，在华中地区有家合资公司，并购方持有 60% 的股份；被并购方是国有企业，持 40% 的股份，近两年改制为管理层及员工持股。并购方持续十多年希望将被并购方的 40% 股份买断。以并购方的实力，无论是规模、资金、品牌、人力资源，还是技术水平、管理水平、盈利能力，都远在被并购方之上，看起来买断被并购方股份是轻而易举的事情。然而，这一谈判历时十多年，仍然没有任何进展。实际上，对于一个国内“四线”小城的生产性企业来说，保住自己的企业、保住员工的饭碗，比卖掉股份、一次性落袋多少现金更为重要。因为合资的性质，这家国有企业相对独立，尽管它生存困难，但仍然可以维持并缓慢发展，而一旦并入大集团，生产、销售、品牌、人员一体化，这样一家体量不大、偏安一隅、艰难维系的制造业企业就前景堪忧了。所以，优势式谈判策略不仅仅是大家看到的力量悬殊的谈判，因为并购方的优势在被并购方眼里可能一钱不值，只有被并购方真正看重的领域优势，才是真优势。

选择了优势式谈判策略，就要保持一致性

优势式谈判策略的采用者都会认为自己实力强大，感觉自己握有一手好牌。做人要韬光养晦，即使你有实力，也不宜过分高调。但既然并购方已经选择了优势式谈判策略，就要保持一致性。并购方在信息交换阶段就应该向对方传递自己的优势和力量。并购方可以发出强硬和明确的信号，说明自己有决心、实力和能力完成这个并购交易，自己的报价是有吸引力的，达成交易对对方是最好的选择。

也有这样的并购方谈判者，他们经验丰富、久经战场，习惯了优势式谈判策略。尽管他们负责的是一项没有多大优势，甚至还处于劣势的谈判项目，但他们仍然会采用优势式谈判策略。这对普通并购方谈判者来说几乎是不可能完成的任务，但对前者并非不可能。他们可能利用信息交换将自己的力量和优势最大化。每家企业总有一点拿得出手的好东西，他们会把这些好东西的价值无限放大；他们会贬低被并购方的力量和优势价值；他们会在谈判过程中掌控谈判的主动权。当然，这样做的风险也是很大的，被并购方一旦察觉，可能马上会戳穿前者，也可能扭头而去。

因此，无论有多大力量，并购方谈判者在陈述和展示自己的优势与力量时，都要留有余地，保持灵活的态度。还有一种情况，就是作为有谈判优势的并购方，却不准备使用这些优势。但你可以让对方知道你有这些优势，然后再表明自己不打算使用这些优势。只要你态度真诚、心气平和，不显得傲慢自大、蔑视对手，你的坦诚不仅不会让你失去谈判优势，反而会让人愿意与你建立良好的合作关系。

优势式谈判策略也以双赢为目标

优势式谈判策略很容易超越界限，变成竞争式谈判策略，尤其是在并

购方优势过于明显的时候。并购方可能懒得按部就班，也不愿遵循谈判议程，只想着一招制胜。并购方也可能觉得对方已经是囊中之物，从而只关注并购结果，忽视对双方关系的建立和维护。这样一来，一场优势式谈判就会演变成并购方赢而被并购方输的竞争式谈判。

因此，优势式谈判策略仍然要以双赢为指导原则。结合前面所讲的双赢式谈判策略的技巧，优势式谈判不仅会让并购方在谈判桌前取胜，还会让谈判对手感觉自己也赢了。设想一下，并购方的谈判对手本来对一场优势式谈判没有信心，但后来无论是谈判的过程还是谈判的结果，都让他非常满意，这种愉悦的心情和“赢”的感觉更强烈、更长久。所以比起其他策略引导下的双赢，优势式谈判的双赢效果会更好。

渐进式谈判策略

很多并购项目无法一次性完成，可能是因为议题太多，且议题之间的关联度不大，不同议题的权重又差不多，也可能是因为并购目标规模宏大，实现起来步骤很多。以上两种情况如果没有解决方案，都可能导致谈判破裂，而渐进式谈判策略就成为一个好的选择。

分配式和分步式谈判

分配式谈判也可称为横向的渐进式谈判。有的谈判专家将分配式谈判与竞争式谈判等同，原因是其将分配的利益描述为分配一个固定大小的蛋糕。但这里讲的分配，不是分配利益，而是分配议题；不是分配眼前的蛋糕，而是分配不确定的利益。因此，大家在看到此类术语时，要看它的背景和定义。

我所在的公司前几年在买断浙江的一家合资公司时，面临着非常复杂的局面。这家合资公司拥有 4 家工厂（独立法人），曾经是浙江省的龙头，但中外合资的体制制约了它的发展，导致它的销量从最高峰的近 60 万吨，跌到了不到 20 万吨。到我们双方进行最终谈判的时候，这 4 家工厂中的两家因亏损而停产，其余两家工厂一家盈利、一家亏损。这么复杂的资产状况使得一次性交易非常困难。此外，我方看重的是品牌和销售网络，因为这是我们的核心业务；而对方看重的是土地和厂房，因为他们需要利用土地的置换或开发，安置大量员工。这些不同的需求无法通过一个交易架构来满足。为了尽快结束这场 10 年未决的谈判，避免公司经营进一步恶化，双方达成了分配式的并购协议：我方买断了那家盈利的工厂，而将两家停产的工厂和一家亏损的工厂交还给对方；我方还买断了合资公司的所有品牌和市场网络；同时，我方和对方及当地政府签订了建设一座新工厂的投资协议，一方面解决产能问题，另一方面帮助该公司录用部分员工。这一项并购交易最终出现了 3 份协议，这是一个典型的分配式谈判的案例。

分步式谈判也可称为纵向的渐进式谈判。分步式谈判出现在一个并购交易无法在同一时间阶段完成的情况下，例如：当并购方想要一次性全资收购对方公司的时候，对方可能希望在一定期限内保留一部分股份；对方公司可能有多个股东，有的股东，特别是小股东，不同意出售；如果是上市公司，收购会涉及上市公司的要约收购，而双方不希望触发要约收购；收购可能涉及反垄断审查，而双方对通过反垄断审查没有信心；收购可能涉及国家的产业政策和外资投资的股权限制，需要不同机构的批准；等等。

前面提到的嘉士伯（中国）收购重庆啤酒的案例就是一个渐进式谈判的例子。我所在公司几年前同时收购一家江西公司、两家河南公司时也采取了分步式谈判策略。这 3 家公司以及一家位于山东的公司由菲律宾的华人富商控股，3 家公司都有国有及私人小股东。当时我方一次性打包收购了这 3 家公司，山东的那家公司则做剥离处理（有点分配式谈判的味道）。在当时的谈判情境下，完全不可能让我方把这 3 家公司的小股东都找来参与谈判，并签订多方并购协议。于是我方先专注于和菲律宾富商的谈判，先收购他在这 3 家公司的股权，然后大概花了四五年的时间，陆续买断了这 3 家公司其他小股东的股权。

还有两个分步式谈判的例子也非常有趣。我方在 2009 年因收购百威导致债务增加，不得不以 19 亿美元出售韩国的业务给 KKR。我方在并购协议中约定了回购期权，允许我方在 5 年内以同样的价格计算公式买回我方的公司。4 年后，我方行使了自己的回购期权，以 58 亿美元买回了我方的韩国业务。另一个案例发生在福建，2006 年，我方收购了一家当地公司，对价 58 亿多美元。这家公司 60% 的股份属国有，40% 的股份属私人持有。我方和当地政府展开谈判，确定了所有的收购要件。但我方还是十分担心在收购了国有的 60% 股份后，私人的 40% 股份收不回来。于是我方采用渐进式交易的方法，同时签订了两份收购协议，并确定了不同的履行时间。但是，对方仍然担心夜长梦多。最后，一个聪明的律师想出了高招：我们将两份收购协议整合进了一份并购协议，只在具体办理手续时有先有后。

采用渐进式谈判策略的 3 个注意事项

渐进式并购谈判策略肯定不是人们的首选策略，没有人愿意将一个并购交易分开实施或分步实施。这个策略是在交易无法进行下去时的一个有效的变通方案。如果谈判双方缺乏完成交易的决心，如果谈判双方缺乏并购谈判的灵活性，那么渐进式谈判策略是不可能派上用场的。

渐进式谈判策略带有很大的不确定性，需要谈判双方建立良好的信任关系。没有信任关系做基础，谈判双方不可能进行渐进式交易。谈判双方需要从头开始，一步一步营造信任关系。双方可以经常交换信息，以便实时了解问题所在；双方需要鼓励建设性对话，随时准备面对新的建议和方案；双方需要兼顾双方利益；同时，作为谈判者，双方需要积极、乐观、开放。

渐进式谈判策略的落实，需要极为认真负责的团队，持续跟进协议的履行。有些渐进式交易需要在未来几年内展开，如果公司的谈判者流动性太大，对渐进式交易协议的前因后果以及协议条款不熟悉，就会给未来协议的履行带来极大风险。同时，外部环境的变化也会给渐进式交易的开展带来不确定性，有关人员要时刻关注，并互相及时沟通。

竞争式谈判策略

竞争式谈判策略在具体谈判中的体现，就是谈判者将并购交易看成利益的博弈和分配，且谈判者只专注于自身利益，使自身利益最大化，无视对方的利益，也无视和对方的关系。竞争式谈判策略是典型的“我赢你输”的策略。其极致表现就是敌意式并购或恶意并购。敌意式并购不只是指用自身的优势压迫对方达成交易，因为那样就更接近于鲸吞式并购战略，采用优势式谈判策略更有效。敌意式并购更多地体现了收购方的主观恶意，以及被并购方的被动、抗拒和无奈。

在有限的资源中得到最大份额

竞争式谈判策略本质上是一场试图在有限的资源中得到最大份额的竞赛。其主要目标是让自身在并购交易中的收益最大化，它假设并购交易的潜在利益是有限的、固定的，它相信一方所得就是另一方所失。在并购谈判中，如果收购方只愿意付给对方最低的收购价，只愿意收购对方的优质资产，只愿意接收年轻的员工，只愿意下调价格而不愿意上调价格，只要求给对方限制条件而自己不接受任何限制条件，只接受对自己有利的支付方式和付款周期，等等，完全只顾自己的利益，罔顾对方的利益，那么这样的谈判即使给予对方一些空间去谈，对方也不可能感受到收购方的善意，如果一点空间都不给，那就没有谈判的必要，那就是敌意式并购。

更糟糕的是，竞争式谈判策略常常不是只一方采用，而是双方同时采用。很少有谈判方愿意在对方的敌意面前妥协投降。这时双方的目标和利益直接冲突，双方都要把自己的利益最大化，都会选择对立和冲突的谈判立场，都会情绪化。这样的谈判结果表面上是一赢一输，实质上是“双输”。

利用信息的不对称，保持强势风格

要想让竞争式谈判策略奏效，并购方必须掌握所有的信息，同时尽可能让对手无法掌握必要的信息。并购方必须始终保持强势的谈判风格，而不给对方任何幻想的机会。以价格来说，并购方要努力使最终价格无限接近谈判对手的底线，并购方可以以极低的价格开始报价，且不作让步，或只作微小的让步；同时，要催促对方尽快报价，并迫使对方不断加价；可以坚持采用对自己有利的估值公式，从而低估对方资产的价值；可以告诉对方这已经是最好的结果。并购方之所以可以这么做，就是因为对方可能不清楚谈判的底牌，不了解正确的估值方法，不清楚类似并购案的公允价格，也没有根据自己的现有信息和变量寻求替代方案。总之，是因为信息的不对称。

我所在的公司在东北地区实施的一项并购，完全是一场竞争式并购。对方肯定要卖，我方肯定要买。对方已经决定放弃啤酒业务，从而将资金和资源集中于更容易赚钱的其他生意上。我方志在必得，因为这项并购关系到我方在东北地区及全国的战略布局，不容有失。对方已经接触若干买家，价格是对方唯一的考虑因素。众多买家已经将价格抬高到我方的授权谈判价格之上。此外，我方对新报的价格也没有了信心，因为对方今天认为这个价格可以考虑，明天就说其他买家报出了更高价格。我方觉得这样下去无休无止，是不行的。于是，一方面，我方说服了总部给予新的授权，增加了我方的谈判筹码；另一方面，我方寻求专业人士跟对方解释估价模式，以及价格的极大吸引力。我方强调了公司未来发展对公司创始人、地方政府、社区的重要意义，试图说服对方也要关注价格之外的其他因素，而在这些方面，我方可以比其他买家做得更好。我方请行业内有影响力的人士出面，对双方谈判的规则施加影响，减少并避免出尔反尔、“进一步退两步”的局面。我方也强调了众多买家竞相加价，最后可能出现不理性的交易，会给后续整合和经营带来的不利影响。这些工作做完以后，我们双方重新设定了谈判截止期、新的报价方式和范围，并且一致同意：做“一锤子买卖”，绝不反悔。然后，我方在截止期前报出了最终价格，对方欣然接受。

从具体的谈判实践中可以看出，很多时候竞争式谈判策略并非出现在谈判的开始，那样很容易导致谈判无法持续。很多时候竞争式谈判策略出现在谈判的后期。超出谈判期限可能带来巨大成本，特别是对有时限压力的一方来说，因为他不得不在“做出巨大让步”和“结束谈判空手而归”两个选项中做出痛苦的选择；或者，超出双方的承受范围，双方被迫做出不理性的决定，导致不理性的交易。

整合式谈判策略

前面分析的这些并购谈判策略有些并不存在明确的分界线；每个谈判策略对应着相应的谈判情境，而情境是动态的、变化的，这就需要不断调整谈判策略；每个并购谈判的情境复杂多样，谈判的议题齐头并进，谈判对手运用的策略千变万化。因此，谈判者守着一个谈判策略一成不变是行不通的。这就要求谈判者交互使用不同的谈判策略。这就是整合式谈判策略存在的原因。

并购谈判需要整合式谈判策略

并购谈判不是单一议题的简单谈判，而是要同时解决众多问题，如标的、交易结构、估值、价格、交割日等与交易有关的问题，以及谈判规则、谈判议程、谈判日程表及截止期、谈判的节奏和效率、谈判人员的情绪等与谈判有关的问题。对这些问题的谈判构成了谈判组合。谈判组合中的每一项都有其初始点、目标点和底线，每一项都有其优先级，每一项都有对双方不同权重的分配。谈判的议题越多，谈判组合的规模就越大，给谈判带来的难度就越大，但同时也给谈判创造了更多的机会和协调空间。在这种情况下，整合式谈判策略当然更为适用。

整合式谈判策略也是双赢策略

整合式谈判策略被运用于具有多种目的和多种议题的谈判中。整合式谈判策略总体上也是追求双赢和合作的，否则整合式谈判策略在复杂情境下就派不上用场。因此，应用整合式谈判策略的双方需要追求共同的目标，相信交易的可行性，相信合作能够创造更大的价值，尊重对方的意见和付出，兼顾双方的利益，求同存异，最后达成双方都满意的并购协议。

以前面竞争式谈判策略的案例来说，价格是双方唯一集中讨论的议题，其他买家也看到价格的重要性，所以大家都在拼价格，于是这个并购谈判就演变成了一个典型的竞争式并购谈判。但实际上，据我方后来所知，当地政府也高度关注这个并购案，他们没有坐在谈判桌上，但他们的影响力还是巨大的。对政府而言，“卖个好价钱”固然是对企业主的良好回报，但企业未来的长远发展、税收的持续贡献和增长、员工的就业、“《财富》500 强”企业的落地、上下游企业的生计等，也相当重要。可见，我方不断强调“我们能够给这家企业的未来发展增加后劲”这一策略是奏效的。由此可见，一场竞争式谈判也可以包括双赢式谈判策略、优势式谈判策略，因此绝大部分成功的并购谈判都有赖于多种谈判策略的整合运用。

并购谈判工具箱

不同并购类型中谈判策略的选择：

	双赢式谈判策略	优势式谈判策略	渐进式谈判策略	竞争式谈判策略	整合式谈判策略
合并式并购	√				
鲸吞式并购		√			
蛇吞象式并购			√		
敌意式并购				√	
混合式并购					√

第 6 章 并购谈判的准备工作

并购谈判的成败取决于准备工作是否细致周密。并购谈判是企业的重大战略举措，牵一发而动全身，企业绝对不能打无准备之仗。并购谈判的准备工作可以围绕 5W1H 标准来进行，即我们（并购方）是谁，他们（被并购方）是谁（Who）；大家为什么要谈判（Why）；谈什么（What）；在哪里谈（Where）；什么时候谈，谈多久（When）；怎么谈（How）。这些问题都回答清楚了，并购谈判代表就可以轻装上阵了。

不打无准备之仗

并购谈判是一个复杂的系统工程，其准备工作十分烦琐和细致，但也十分必要。参与并购项目的谈判代表应该制作一个并购谈判的准备工作清单，一一对应，仔细核查，以确保所有准备工作没有疏漏。这一章将探讨并购谈判的主要准备工作。

梳理并购谈判的准备工作是为了创造优势。普通的谈判不经过准备工作大概也没有什么问题。例如，一家公司突然接到一个投资银行的电话，被邀请在保密状态下，于 3 天内参加一个并购项目的竞标。在这种情况下，该公司不可能有足够的时间进行像样的准备工作。又如，一家公司被另一家公司发起了恶意收购，那么被收购方恐怕也很难按部就班地开展准备工作。但是，所有并购项目的谈判者都会无一例外地专注于并购谈判的准备工作，其原因又是什么呢?

并购谈判的目标不只是要完成交易，还要完成理想的、成功的交易。成功的交易不是平白无故实现的，也不是实力强大的一方就可以稳赢的，而是并购谈判者采取积极的行事方法，通过自己的努力争取来的。面对不可预知的谈判进程，只有秉持“预则立，不预则废”的态度，谈判者才能在并购谈判中取得优势，占得先机。

开启并购谈判的准备工作也标志着与对方开始建立联系。我们在准备阶段不能仅眼睛向内，一门心思做足自己内部的功夫，还要开始建立和对方谈判团队的联系渠道，并花费足够的心思和时间来保持这一联系渠道的畅通。并购谈判依赖于谈判对手的配合，准备工作要考虑到进行谈判的另一方及其所代表的公司。并购方需要了解关于这些人的所有问题：他们是谁？他们扮演什么角色？他们的目的和意图是什么？他们有什么问题和需求？他们的底线在哪里？他们是不是决策人？在了解他们的过程中，也在传达给他们“你是谁”“你想做什么”的信息，只不过你所提供的信息一定是经过“过滤”的信息，是有利于说服谈判对方一起坐到谈判桌前的信息。

收集并分析情报

收集对方的情报是做好准备工作的关键一步。并购谈判者如果没有信息和情报，就像士兵手上没有武器一样。并购谈判者必须在并购谈判开始前大量收集和掌握与并购项目相关的信息和情报，并在谈判的过程中持续收集。

在谈判启动前，要尽快地收集尽可能多的情报。前期的收集可能从漫无目的到目标相对清晰，情报的收集要围绕双方尤其是对方的需求、谈判的问题以及并购谈判的目标来展开。情报收集的基本原则是全面、准确、及时、相关。

情报收集主要聚焦在对方公司及其谈判人员身上。我们要了解对方公司的股权结构、决策机制、财务状况、经营状况，对方公司面临的挑战和发展战略，对方公司对谈判的兴趣，对方公司的需求和问题，对方公司的偏好和优先事项，对方公司的资源、目标和初始报价，对方公司的底价和限制因素，对方公司的备选方案，等等。我们还要了解对方谈判人员的组成，他们的教育背景和主要经历，他们的性格和谈判风格等。

情报收集途径有很多。如果并购谈判的对方是上市公司，那就可以通过很多公开的渠道获取其基本信息，例如，年报、中期报告、季报、ESG（环境、社会和公司治理）报告、新闻、网站信息等。即使对方公司不是上市公司，也可以从公开渠道收集他们的很多信息，如网络、工商登记信息、财务报表、公司对外发布的文件、公司高层的采访报道、公司及品牌的媒体报道、法院判决文书、政府处罚通知等。

如果要了解一些非公开信息，如对方公司的利益和需求，那么可以安排与对方公司会面直接询问，可以向对方公司发出书面函件询问，也可以联系律师事务所、投资银行、会计师事务所、专业调查公司就特定问题收集信息，并分析、整理。

尽职调查是收集对方信息和情报的最重要途径，无论是“虚拟档案室”的文件查阅，还是实地考察，都可以给并购方提供第一手的信息和情报。尽职调查也是核实前期收集的情报和信息准确性的最佳方法。当然，尽职调查要在谈判启动后才能进行。

情报收集的手段必须是合法合规的。切记不要试图窃取对方的情报，不要试图收买对方的谈判人员和公司员工。

制定并购谈判目标

并购谈判准备阶段最重要的任务就是制定并购谈判目标。并购谈判目标的制定需要建立在完备的信息收集基础上，建立在对自身以及并购对象的需求和问题的深入分析基础上。

寻找并购谈判双方的需求

企业的发展离不开有机增长（内生增长）和并购（外部增长）。如果一家企业的有机增长可以满足其生存和发展的所有需求，那么这家企业当然不需要并购，也就不需要并购谈判了。当我所在的企业每次被投资人或媒体问到发展战略时，我们总是说，我们将依靠有机增长和并购两条腿走路。这是我们的标准答案，也是绝大部分有抱负的大企业的共同发展战略。并购谈判的准备工作首先就是要发掘谈判双方有没有并购的需求。

正如马斯洛需求层次理论所表明的，企业的需求也一样是有层次和优先级的。有的企业已经在行业内独占鳌头，它们优先的事项就是进一步巩固其优势地位，因而需要有选择地收购一些区域内企业，以便巩固自己的核心市场，扩大竞争优势；它们可能希望寻找新的增长点，为未来的发展开拓蓝海，因而需要跨界收购一些企业，或者收购业内一些拥有先进技术和新产品的企业；它们更有可能希望公司实现国际化，走出国门，因而需要进行跨境并购。

另外一些企业，可能把生存放在第一位。例如，新冠肺炎疫情发生后，很多企业的第一目标就是“活下去”，这样的企业是不可能把收购别人放到议程上来的。有的企业可能自己没有收购其他企业的需求，但是因为自身的独特价值，成为别人的收购目标。有的企业可能无缘无故地被“别人追求”，直到交易完成了，仍然不知道别人看上了自己哪里。我就参与过一家企业收购另一家面临倒闭的企业的项目，买家看上的不是这家企业的厂房和设备，而是它的位置。与其直接收购土地、缴纳大量的税费，不如直接收购对方企业。

借鉴马斯洛需求层次理论，我们也可以“依样画葫芦”，把并购需求的层次描述出来。

（1）满足己方需求的并购谈判。如果并购方的发展战略清晰地指向并购，那么这时候无论被并购方有没有并购需求，并购方都会发起并购邀约。并购方需要做的就是启发和游说被并购方，帮助后者创造出这一需求。即使被并购方没有加入谈判的激情和冲动，至少也不要拒绝和反抗。这时候被并购方的消极和被动并非不可接受，否则并购方将不得不面对敌意式并购的质疑。

（2）满足对方需求的并购谈判。在这种情形之下，并购方执意发起谈判请求，被并购方积极回应，但提出众多要求、层层加码；并购方志在必得，最后并购项目以并购方付出的高昂代价成交。这种情形一般发生在关系到并购方生死存亡的项目上，并购方别无选择，只能极尽所能地顺从和讨好被并购方。

（3）满足双方共同需求的并购谈判。这也是并购谈判者梦寐以求的，这样的谈判愉快、美好、高效。双方有共同的需求，有谈判的欲望，期待谈判为双方创造价值。谈判者只需要按部就班、“按时交作业”即可。

（4）违背一方意愿的并购谈判。违背一方意愿的谈判在普通的商务谈判中常常出现，因为通常的买卖交易都是零和博弈，就好比双方吃一张饼，你吃得多，我必定吃得少。但并购谈判不是零和博弈，一输一赢的并购谈判并不多见，除非是以下两种情况：一是前面提到的敌意式并购，二是人们会被迫接受一些不好的并购交易。原因可能是收益虽然没有达到预期，但仍然大于损失；也可能是为了减少进一步的损失，及时止损。我们常常看到一家企业以1元人民币的象征性价钱将自己卖给另一家公司。与其说这样的交易没有满足双方的需求，倒不如说它没有满足的只是专业谈判者看重的一些经济和效率方面的需求，它应该是满足了企业其他方面的需求的，如保住困难企业、保住员工饭碗、保住百年老品牌等。

是否存在违背双方需求的并购谈判呢？我个人对此是持否定态度的。本书讨论的并购主要是发生在平等主体之间的并购，不包含指令性并购。

在谈判的准备阶段，谈判者可以根据谈判双方的需求分析，判断将来会发生哪一类型的并购谈判，并在此基础上研究自己的谈判策略。

并购谈判需要动机，动机来源于需求。当我们发现了企业双方的并购需求时，我们就有理由邀请对方坐下来谈一谈。

明确并购谈判要解决的3个问题

我们需要了解企业的并购需求。并购需求对谈判者来说就是各种各样的谈判问题，将这些问题的解决方案集中起来，就是谈判的具体目标。

1. 确定并购谈判问题的数量和复杂程度

并购谈判要解决大量错综复杂的问题，其中涉及的问题数量、难度及谈判双方之间的关系决定了谈判者可以采用竞争式还是合作式谈判策略。

并购谈判通常要解决的单一问题就是价格或者利益的分配问题，谈判双方关注的只是价格的高低和利益的取舍。蛋糕只有一个，一方吃得多，另一方就吃得少，而不吃就会坏掉。在这种情况下，双方的关系和长远利益并不重要，谈判双方必然使出浑身解数，速战速决。因此，单一问题的谈判通常都会选择竞争式谈判策略。涉及复杂多样的问题的谈判，需要更多的时间和精力，双方的利益交错，牵一发而动全身，这样的谈判通常采用合作式并购谈判策略。谈判双方只有互相妥协和合作，才能找到解决这些问题的一揽子方案。并购谈判因为涉及大量复杂多变的问题，需要谈判双方共同解决，所以自然需要采用合作式并购谈判策略。

2. 确定并购谈判问题的优先级

对于并购谈判中的问题，不能“眉毛胡子一把抓”，要确定哪些是优先问题，哪些问题次之。优先问题往往涉及并购谈判的战略目标，涉及双方关系的建立和维持，涉及谈判的筹码和预案，涉及谈判双方的利益诉求及谈判底线。未列入优先级的问题可能涉及谈判的时间、地点，一些非关键信息的准确性，谈判团队的构成，谈判议程的临时改变，等等。

并购谈判问题的优先性是动态的。例如，并购谈判的时间安排问题在一开始可能并不紧急、重要，双方无须过多讨论就可以确定。但随着谈判的持续进行，面临时间压力的一方就会把时间安排问题当成优先级高的问题。如果我们不能把时间花在紧急而重要的问题以及紧急而不重要的问题上，我们很快就会面临各种危机。如果我们搁置重要而不紧急的问题，很快这些问题就会变得既重要又紧急。所以，并购谈判一定不能前松后紧，一定不能有畏难心理，不能把很多优先级高的问题置后处理。

并购谈判双方的优先级高低问题不是一一对应的，双方的谈判问题清单是有很大差异的。谈判双方既要关注自己的问题清单，也要回应对方的问题清单，这样谈判才能进行下去。

2017 年，我们进行了一起跨境并购，该并购项目要求我们必须剥离我们在中国一家公司的 49% 的股份，否则反垄断审查无法通过，而我们将不得不在交易截止日放弃交易，并赔偿 30 亿美元的“分手费”。在相关谈判中，时间绝对是我们优先关注的方面，而谈判对方没有任何时间压力，他们更关注交易的价格。我们双方在前三个月的谈判没有丝毫进展，时间在不断流逝，对方清晰地知道我们的软肋，最终我们不得不以较低的价格达成交易，以便在整个跨境并购交易截止日之前获得相关机构的批准。

3. 列出并购谈判的问题清单

起草和制定并购谈判议题的过程非常重要，它迫使谈判者通盘考虑自己的立场和目标。谈判者要详细列出并购谈判的问题清单，制定基础就是并购谈判双方的需求、并购谈判中要解决的问题、并购谈判的目标、并购谈判面临的各种重要变量和备选方案。

在谈判之初，谈判者可以将谈判问题列出清单，按照谈判问题的大小、轻重、难易、缓急加以简单分类。谈判者要标出谈判的主要问题和实质问题，这些问题就是未来并购谈判的核心，其他问题只是服务于这些核心问题的。

并购谈判问题清单必须包含下面这些主要问题：我们最终的并购目标是什么？对方公司是否符合我们的并购目标？我们的并购模型是否切合实际？我们的谈判策略是否可行？我们的授权有多大，哪些事情需要请示报告？谈判的时机是否合适？对方谈判代表是什么谈判风格，有什么弱点？我们的底线在哪里，我们希望在哪个价位达成交易？对方的底线又在哪里？对方还有什么选择？我们有什么替代方案或交换条件？我们的谈判时间期限如何？如果无法达成交易，我们是干脆走开，还是继续敞开谈判的大门？

谈判一方单方面的谈判问题清单构成了初步谈判的框架和基础。如果谈判某方足够强势，那么这个清单大概率会成为并购谈判的主轴，清单里问题的优先顺序，也会成为谈判议题的优先顺序。可见，提前准备谈判问题清单具有难以估量的巨大价值。

如果谈判者不能主导谈判的进程，抑或是谈判对方的问题清单与自己的清单大不一样，那么确立谈判议题就可能成为谈判双方需要解决的优先问题。这时候，一方面，我们希望谈判者准备的各种备选方案能够发挥作用，能够最大限度地覆盖到对方谈判问题清单的不同部分；另一方面，有经验的谈判者常常会要求暂时中止谈判，以便收集更多的信息，为新的议题做好谈判准备。

商务谈判领域的并购谈判，跟劳资领域的集体合同谈判或者政治领域的外交谈判一样，非常重视谈判议程的作用。为了提高谈判效率，约束双方的谈判行为，谈判双方往往会事先沟通、协商，以统一谈判的议程。他们希望在实质性谈判开始之前，先就程序性问题达成一致。

谈判者主要依据并购谈判的议题以及并购的时间表来制定并购谈判的议程。议程的制定不是把议题平均分配在不同的时间段，而是要依据议题的优先级、难易程度有所侧重地分配谈判的时间。通常来说，谈判的议程分为以下几个阶段。

并购谈判的初期：

1. 准备阶段。在这个阶段，谈判者需要确定并购谈判的重要事项，明确谈判目标。
2. 关系建立阶段。在这个阶段，谈判者需要了解对方，设法建立沟通渠道，确认对方的谈判意向。
3. 信息收集阶段。在这个阶段，谈判者需要围绕谈判问题、双方的需求、谈判方案等收集必要的情报和信息。

并购谈判的中期：

1. 谈判开始阶段。在这个阶段，双方开始交换信息，陈述各自的立场，表达达成交易的意愿和谈判的大方向。
2. 初步报价阶段。谈判者从己方价格区间的最低起点开始报价，并陈述该价格的合理性。
3. 讨价还价阶段。在这个阶段，双方不断还价、报新价，再还价、报新价。双方报价的差距在缩小，不断向双方价格区间的重叠区域靠拢。
4. 协议条款谈判阶段。这个阶段开始针对协议价格以外的其他条件展开谈判。

并购谈判的后期：

1. 最后报价和承诺阶段。这时候的问题主要是谈判双方抛出最终的价格，双方在各自价格底线达成一致。
2. 并购协议谈判的完成阶段。在这个阶段，要对整体并购协议达成一致，并签订并购协议。
3. 履行协议和交割阶段。在这个阶段，主要是确定协议签署后双方各自必须承担的责任，以及交割条件的成交。

当然，并购方的议程里还要包括并购的整合工作。

上述并购谈判的议程是比较标准的，但在实践中，谈判议程并不是一成不变的，有时候会存在跳跃性：后面的议程可能提到前面；一个议程没有结束，又插进来新的议程；等等。所以，谈判者总体上要保持灵活性，但如果议程的变动过于频繁且没有建设性，那么谈判者应该及时制止，并将谈判拉回既定的谈判议程。

另外，不同企业文化背景下的谈判议程可能是不一样的。激进型企业制定的议程可能过于紧凑，更加重议题、轻议程；而保守型企业制定的议程可能四平八稳，更加重议程、轻议题。谈判者的不同文化背景也会影响议程的制定和执行，例如西方的谈判者倾向于竞争式的谈判议程，更愿意直接报价、让步、承诺，然后达成协议、履行协议。他们在建立关系和讨论议程上不愿花费太多精力。中国的谈判者愿意在建立良好关系方面花费时间和精力，希望双方的良好关系对协议的达成起到作用，不喜欢冲突，也不愿意长时间地围绕价格和协议争来争去。

用 SMART 原则制定切合实际的并购谈判目标

明确了并购谈判双方的主要需求和并购谈判要解决的主要问题，就可以开始制定并购谈判的目标了。并购谈判的目标设定必须遵循 SMART 原则，因此并购谈判的目标必须是明确的（Specific）、可衡量的（Measurable）、能实现的（Attainable）、相关的（Relevant）以及具有时间限制的（Time-bound）。并购谈判的目标要有一定的挑战性，不能因循守旧。在谈判的过程中，要根据局势的重大变化对目标进行适当调整。

1. 并购谈判目标的确定性和可行性

很多企业有远大梦想，但梦想本身不是目标，梦想完成 KPI（关键绩效指标）才是目标。同样，愿望和期望也不是目标，特别是在并购谈判中，愿望和期望都是单方面的。谈判一方的目标通常必须与对方的目标相关联，制定并购谈判目标不能只看自己、不看对方。设定并购谈判目标时总是在各种假设和前提条件之下，因此并购谈判的目标都是有条件的、有边界的、有限制的。

并购谈判目标越不具体、越不可衡量，就越难以执行和跟进，也难以让对方了解我们的需求。要制定一个具体的、可衡量的并购谈判目标，就要清晰地了解我们自己想要什么，就要调查对方的背景和现状，就要分析和推断对方的立场和意图，就要预测我们能够做出的最大让步是什么。

并购谈判的目标要有难度，但必须切实可行，否则就是一厢情愿、纸上谈兵。没有对方的回应和配合，并购谈判就无法开展，即使开展了也无法进行下去。并购谈判的目标必须在维护自身利益的同时，也能够给对方带来某种利益，如现金回报或长期分红；必须能够解决某些问题，如消除竞争压力、让企业做大做强；必须留有空间和余地，使对方能够折中取舍，最后达成的交易能够给对方带来“赢”的感觉。

举例来说，一个标准的并购谈判目标可以简化为：在某年年底前，以 5 亿元人民币的对价，完成对 A 公司 100% 股权的收购。

2. 并购谈判目标的系统性和整体性

并购谈判的目标不是单一的，而是整体的、系统的，比如价格只是并购谈判的一个议题。如果尽职调查的结果没有支持并购模型，对方公司的实际价值只有 3 亿元，而不是前期评估的 4 亿元或 5 亿元，那么成交价格显然过高，死守价格线就会给公司带来巨大损失。如果我们的现金流情况并不好，公司债务过高，我们希望的付款条件是 50% 现金、50% 公司股票，而对方希望 100% 现金交易，那么在这种情形之下，付款条件的议题比价格的议题还要重要。同样，并购交易涉及的对方的品牌、管理层、员工、税务、大客户等，都会成为谈判的重要议题。因此，在并购谈判的大目标之下，还有阶段性的子目标；在并购谈判的大议题之下，还有分议题的子目标。这些目标互相连通、互相牵制、互相作用，构成整个并购谈判的大目标。

3. 并购谈判目标的挑战性

有些公司在制定日常经营的年度目标和预算时，无论是自上而下的，还是自下而上的，都会和总部展开拉锯战。总部总是觉得目标的挑战性不够，公司总是觉得目标太高，跳起来都够不着，最终双方都要有所让步。并购谈判目标通常是由公司决策层制定的，在下达时可能被层层加码。例如，董事会内定目标并购价格 5 亿元，到了管理层变为 4.5 亿元，到了谈判团队变为 4 亿元。这些数字在公司评估被并购方的实际价值为 3 亿元的基础上，都是合理的。

并购谈判团队给自己制定的目标当然不是4亿元，而是3亿～3.5亿元。这个目标几乎没有给对方多少溢价空间，具有空前的挑战性。我们说并购谈判创造价值，一方面是指，并购交易达成了，实现了公司的战略目标，当然会产生巨大价值，对方也会从中受益，这也是我们常说的双赢；另一方面是指，并购谈判以低于目标价格的价格成交了，这也是给公司创造了价值，完全符合有些谈判专家所说的“谈判挣来的钱也是利润，是没有成本的利润”。但这就不是双赢了，而是典型的博弈，因为在确定的价格区间内，你得到的多了，对方得到的就少了。

并购谈判目标要定得高一些，需要双方付出更大的努力。谈判心理学告诉我们，对于来之不易的谈判成果，双方才会更加珍惜。当然，目标的挑战性不能以导致谈判的破裂为代价。

4. 并购谈判目标的过程性和动态性

并购谈判不会按编好的剧本来进行，谈判过程中会出现很多变量，有很多偶然性。成熟的并购谈判者不会固守自己的阵地，拒绝和排斥变量的出现，而会冷静地看待变量，分析变量带来的干扰和冲击，同时探索变量带来的机会和利益。例如，公司的目标是 100% 的股份收购，而对方突然要求保留 20% 的股份。如果我们把目标“定死”，没有一丝一毫的灵活性，那么这个交易就会泡汤。就算目标确实没有在股份比例上留有空间，谈判者也应该及时向公司报告这个变量的出现，建议给对方保留 10% ～ 20% 的股份。作为回报，我们可以要求对方只享受分红，不参与运营和管理；还可以要求对方在价格上进一步让步。优秀的并购谈判者，不会死板地盯着并购谈判目标不放，而会灵活机动地面对变量，随机应变，化危为机。

并购谈判的目标是“死”的，人是“活”的；并购谈判涉及双方，而非一方；并购交易要双方受益，不能一方完胜。因此，并购谈判的目标必须“接地气”、实实在在，坚持该坚持的，放弃该放弃的。

最后，尽管并购谈判的目标可以适时修订，但并购谈判团队和并购谈判负责人绝对没有权力擅自修改它。并购谈判目标的修改必须获得授权。

并购谈判的天时、地利、人和

并购谈判准备阶段还要研究并购谈判的时机、大致时间表、举办地点以及各方参与人员。这些是属于并购谈判技术层面和后勤层面的问题，虽然它们看起来没有并购目标和策略那么重要，但忽视了这些因素，并购谈判也会举步维艰。

天时

不合时宜的并购谈判，一定会吃闭门羹。我所在的公司曾经在收到一家大型上市公司的董事长下台的消息后，立即决定启动针对该公司的并购谈判工作。我们认为，对方目前处于困难时期，应该会欢迎外部援手。我感觉有点不妥当，因为在我们的传统文化里，“趁火打劫”可能不受欢迎。但我所在公司的文化要求激进、直截了当，不放弃任何一个机会，所以我也不便表示反对。结果在我和对方大股东取得联系后，对方一口回绝，表示敏感时期不方便。我们不死心，通过第三方投资银行去打探，结果也是碰了一鼻子灰。可见，并购要掌握时机，并不是一厢情愿的事。

很多并购谈判之所以失败，就是因为时机未到。瓜熟蒂落、水到渠成，是并购谈判者梦寐以求的情况。但究竟如何判断和掌握并购谈判的天时呢？并购谈判的好时机可能出现在以下情形中：市场进入了整合期；对方公司业绩优异，进入高速发展期；对方公司出现亏损，现金流枯竭；对方刚刚走马上任的高层比较重视外部增长的发展战略；双方公司打得难分难解，再打下去大家已经消耗不起，或者会便宜了第三方；双方公司面临着第三方公司的威胁。**看到这些信号时，应该是我们考虑启动并购谈判的好时机。**

并购谈判的时机有时并非客观存在，有时也会稍纵即逝。因此，我们要勇于破冰，进行必要的游说和试探。一旦反应是正面的，我们就要趁热打铁，立即开启并购谈判行动。

地利

并购谈判的地点选择往往暗藏玄机。谈判地点的选择非常重要，选择合适的谈判地点，往往能达到事半功倍的效果。

如果谈判者对此可以提出建议或做出选择，那应该力主在自己熟悉的环境中进行，以实现主场作战。这样谈判者可以感到更舒适，可以集中精力于谈判本身，而不需要分心于环境因素。相对于会优先选择自己所在办公大楼的普通商务谈判，并购谈判因为其极高的保密性，一般不宜在自己所在的办公大楼举行。因此，这里的主场更多的是指谈判者所在的城市、谈判者熟悉的写字楼，或者谈判者经常居住的酒店，以及谈判者聘请的律师行或投资银行的办公室。在自己的主场，谈判者可以对谈判的环境进行一些装饰和改造，让自己和自己的团队更加舒心。谈判者也可以在谈判过程中根据谈判议题和谈判氛围的变化，临时调整谈判的场所。例如，正式的谈判可以在会议室进行，非正式的谈判可以在餐厅、咖啡厅、酒吧或者私人俱乐部举行。

即使对方不配合，谈判者无法选择自己心仪的谈判地点或场所，也要争取选择一个中立地点。切记，在并购谈判中，无论如何都不要选择对方的办公室作为谈判场所。对此，谈判者可以给出的理由就是：出于保密的要求。如果谈判者真的要在对方的办公室进行谈判，就要做好充分的准备工作，制定好相应的应对之策，例如在谈判前熟悉和了解谈判场所，了解交通路径和状况，了解办公设备的位置和状态，携带必要的资料和办公用具，做好保密工作，等等。

我 2016—2017 年经历的那场刻骨铭心的谈判是在对方办公室里进行的，这给我带来了无形的压力。所幸在最后一次，我方邀请对方来纽约，到我方聘请的投资银行办公室里进行最终的拍板谈判。

良好的谈判环境可能会有利于谈判的进行，但恶劣的谈判环境也不见得会遏制谈判。十多年前，我从比利时专程回国负责一项艰巨的少数股权买断的谈判。我把大家召集到上海南京西路一幢写字楼里的一家律师事务所，告诉大家："谈不完大家都不要回家，我也不回家，吃住就在这里。"结果我们3天就完成了并购谈判，签订了协议。在我回来之前，没有人能相信我们会在3天内完成谈判。

人和

谈判是一个集体项目。本书讲的并购谈判多指双方谈判，现实生活中也存在三方甚至多方参与的并购谈判。除了直接坐到谈判桌上的双方谈判代表，我们不得不直接或间接打交道的，还有谈判双方的委托授权方、公司的管理层和员工，双方公司聘用的专业顾问（如银行家、审计师、律师、公关专家、技术专家等），与并购谈判有直接或间接关系的其他利益相关方（如当地政府、监管部门、媒体、社区及社区居民等）。

在谈判开始前，我们需要有一份谈判影响人士清单，将对方团队成员按照重要程度和角色分工，分别列出他们的姓名、标注他们的背景信息。

对于谈判对手，我们尤其要仔细分析他们的工作经历、教育背景、性格特征、谈判风格，要寻求不同的渠道提前与他们结识。在任何情况下，都不要跟没有实权、没有被授权的人谈判，那是在浪费时间。

根据谈判的需要雇用代理人非常有必要。谈判团队的成员不是万能的，他们都有自己的知识短板和专业限制，因此聘用专业的投资顾问、地产中介、金融顾问、律师、大学教授、科学家，可以弥补己方谈判团队的短板，也有利于说服对方接受中立的评判。例如，某并购项目涉及某个新药的研发，只有这个行业内的专家、学者才能判断这个新药的疗效和上市前景。

并购谈判的负责人要负责打造一支高效的谈判团队，借助内外部资源，跟谈判对手既竞争，又合作，共同完成并购谈判的艰巨任务。

并购谈判中的替代方案（预案）

这是一个“黑天鹅”“灰犀牛”频出的年代，这是一个“唯一不变的就是变化”的年代。理想很丰满，现实很骨感。无论谈判方案准备得多么充分，在并购谈判过程中还是会状况频出。因此，在并购谈判的准备阶段，我们就要开始准备谈判的替代方案，避免遇到突发事件时手忙脚乱。

分析变量

我们收集的情报有很多是确定的，也有很多是不确定的，还有很多存在很大范围的误差。在并购谈判的前期准备中，需要认真分析这些具有不确定性的有偏差的情报和信息。这些信息就是并购谈判的变量。有些未知的信息还可能在谈判过程中出现，成为谈判过程中的变量。变量有许多种，每种变量又有许多可能性，要清楚地认识不同变量的重要性，以及如何运用这些变量制订替代方案。变量越多，分清其主次就越重要，谈判也会越复杂，需要制订的替代方案也会越多。

已知的信息和变量构成了谈判的原始材料。我们通过已知的信息来制定谈判的目标，通过各种变量来确定谈判的底价和替代方案。例如，我们的目标是全资收购或股票收购，如果对方只肯出售全资的 60%，全资就变成了合资，这就是一个巨大的变量。那我们的底牌是什么？可能是接受合资，但要求有 70% 的绝对控股权（确保有 2/3 的投票权）。其替代方案可能是以 70% 的股权收购，降低并购对价的 20%。如果对方要全现金交易，相对于计划中的全股票交易，这又是一个巨大的变量。那我们的底牌又是什么呢？可能是接受部分现金支付，但至少是 50% 的现金和 50% 的股票。其替代方案可能就是 50% 的现金加 50% 的股票，但必须是 100% 股权收购。

并购目标是你努力的方向，底价告诉你何时离开，替代方案则让谈判可以继续下去。

明确替代方案

众所周知，华为受到了美国的打压和限制，但华为之所以能够坚持到现在，就是因为华为早就准备了“备胎”。“备胎”跟“原车胎”相比，可能有点差距，但如果没有“备胎”，车就要停步。

并购谈判的替代方案是基于并购谈判的不确定性和并购谈判中的诸多变量来制订的，但制订替代方案并不是被迫的、被动的，即使没有这些意外和变量，制订谈判的替代方案也能给谈判者带来巨大的好处。

在并购谈判中，有替代方案的一方，要比没有替代方案的一方具有更大的谈判优势。有替代方案的一方会制定更高的谈判目标，在谈判中会做出更少的妥协。替代方案在合作式并购谈判策略和整合式谈判策略中非常重要。通过替代方案，谈判者可以知道，可能存在比现在的谈判预期更好的结果，也可能存在虽然不及现在的谈判预期，但双方仍然能够接受的结果。

在谈判开始前多准备几套替代方案有备无患。谈判者千万不要对一套谈判方案抱有百分之百的信心，因为绝大多数的并购谈判都不可能按既定的路线进行。如果事先没有准备好替代方案，那么谈判者很可能会被迫接受一项远远低于谈判目标的并购交易，或者空手而归。

谈判者拥有理想的替代方案也会给对方造成巨大的谈判压力。例如，如果我们在和 A 公司谈判的同时，也在考虑和 B 公司的谈判，那么我们的议价能力就会大大提高。在这种情形之下，除非 A 公司真的对达成交易不感兴趣，否则 A 公司将会更加积极、更加配合。优秀的谈判者在开始谈判前就已经确定了几个可行的替代方案，这样就可以更好地驾驭谈判的进程。

并购谈判的沟通方式

在并购谈判的准备阶段，需要确定谈判的沟通方式。传统的谈判是面对面的谈判，双方可以西装革履、正襟危坐，这是非常正式的；也可以在咖啡厅、酒吧里轻松交谈，这是非正式的。正式的谈判是议题导向的，非正式的谈判是关系导向的。

并购谈判是非常正式和严谨的谈判，因而首选面对面、团对团的谈判方式。然而在出行受到限制的情况下，由于面对面的谈判较为困难，面对面的跨境并购谈判更难以安排，于是就要借助远程会议的手段。并购谈判也从实体谈判（physical negotiation）时代，进入了虚拟谈判（virtual negotiation）时代。

传统的谈判沟通方式除了面对面，还有电话交流。电话交流最大的好处是快速、有效。对于紧急和单一事项的沟通，非常适合电话交流。电话交流作为面对面谈判的补充，一直发挥着巨大的作用。但电话交流的弊端是，对话发生在两个人之间，没有第三方印证。如果电话交流发生在陌生的双方之间，那么效果更会大打折扣。

除了传统的沟通方式，在过去若干年，电子邮件和即时通信也在谈判中发挥了巨大的作用。电子邮件在谈判双方相距很远的情况下被广泛运用，收到邮件的一方有充足的时间考虑下一步行动。电子邮件可以轻松传送大量数据、资料、合同草稿。电子邮件可以群发，因而可以发挥通知、信息反馈、文件分享的作用。电子邮件可以保存所有的沟通记录，便于未来查找和核对。但电子邮件也存在一些问题，如果邮件文字表达不清晰，就容易导致误会，且发件人并未意识到；如果发错对象，就可能导致泄密；收件可能延迟，导致谈判的延迟。

即时通信或者短信是电子邮件的变体。即时通信起到了实时交流的作用。当谈判团队的成员都习惯使用某个即时通信工具时，谈判效率可以大大提高。在谈判中使用即时通信工具来传达信息，进行实时对话，传输图片、视频和文件的做法已经十分普遍。即时通信也可以对所有交流过程进行精确记录。

比较而言，并购谈判最主要的沟通方式仍然是面对面。面对面的会谈给每个谈判成员都提供了最大的交流平台，允许谈判者展开对话，琢磨彼此话中之义；允许谈判者提出问题，获取对方反馈；允许谈判者通过身体语言表达诉求和情绪；允许谈判者在谈判之余进行个人交往，建立真诚的关系。

并购谈判工具箱

1. 并购谈判的准备工作可以围绕 5W1H 标准来进行，即明确：我们（并购方）是谁，他们（被并购方）是谁；大家为什么要谈判；谈什么；在哪里谈；什么时候谈，谈多久；怎么谈。

2. 情报收集清单

（1）对方公司的股权结构、决策机制、财务状况、经营状况；

（2）对方公司面临的挑战和发展战略；

（3）对方对谈判的兴趣、需求和问题；

（4）对方的偏好和优先事项；

（5）对方的资源、对方的目标和初始报价；

（6）对方的底价和限制因素；

（7）对方的备选方案；

（8）对方谈判人员的组成，他们的教育背景和主要经历，他们的性格和谈判风格。

3. 明确谈判要解决的 3 个问题

（1）确定问题的数量和复杂程度；

（2）确定谈判问题的优先级；

（3）列出谈判的问题清单。

√ 最终并购目的；

√ 目标公司是否符合我们的并购目的；

√ 并购模型是否切合实际；

√ 谈判策略是否可行；

√ 我们的授权有多大，哪些事情需要请示报告；

√ 谈判的时机是否合适；

√ 我们的底线在哪里，希望在哪个价位达成交易；

√ 我们有什么替代方案，有什么交换条件；
√ 我们的谈判时间期限；
√ 对方谈判代表是什么谈判风格，有什么弱点；
√ 对方的底线在哪里；
√ 对方还有什么选择；
√ 如果无法达成交易，我们是干脆走开，还是继续敞开谈判的大门。

第7章

并购谈判的破冰之旅

并购谈判战略的重要性，决定了开启并购项目的谈判不是一件随随便便的事。启动并购项目要非常谨慎，需要公司的最高决策层做出战略决定，需要在极小范围内展开讨论，需要最大限度地保密。通常，并购项目的启动不会像绿地项目的启动那样，敲锣打鼓、奠基剪彩。并购谈判的不确定性和保密性，要求公司的高层和谈判代表极为低调地开展前期工作。一般情况下，并购方会展现诚意，给予被并购方足够的尊重和礼待，谨慎地开启破冰之旅，搭建沟通桥梁。

通常，破冰阶段忌讳直来直去、开门见山、和盘托出，以免对方做出敌意反应或者直接拒绝，导致并购谈判还没有启动就胎死腹中。破冰主要是为后续的谈判创造条件、打好基础。破冰阶段本来就有尝试和探索的性质，有时会呈现一厢情愿、不受待见的状况。谈判者应习以为常，坦然面对，继续与对方保持友好关系，切莫过于迫切，导致反目、对立。

破冰和预热的必要性

并购谈判是一场内容庞杂、过程曲折、诉求多元的商务谈判。在并购谈判中，不可能把两支陌生的谈判团队放在一起，任由他们自由发挥。并购谈判需要在双方决策层真实地表示出谈判的意愿后，才能正式启动。开启并购谈判，依靠的不是谈判者，而是双方的最高层，或者双方最高层委托的其他有资格人士。只有获得了他们的首肯，并购谈判的车轮才能转动起来。

给谈判一个坚定的理由

没有一场并购谈判的结果是确定的，唯一可以确定的是，每场并购谈判都是不同的。我们没有办法拿出一把尺子来衡量所有的并购谈判。我们需要做的，是研究和分析每一个并购案，对症下药，制定适合这个并购案的谈判策略。并购案的不同，首先表现在需求和动机的不同上。破冰主要是为了向目标公司传递并购方的目的、需求和动机，并试图说服对方接受和认同。

并购方需要给予对方一个谈判的理由。“并购谈判中的心理因素”一章会讨论谈判者的需求，我们会用马斯洛需求层次理论来分析它们。那么，企业的需求是什么呢？并购谈判的双方往往只盯住价格，似乎价格谈妥了，并购谈判任务就完成了。并购谈判之所以常常脱轨，进入死胡同，可能是因为谈判双方忘记了自己为什么要谈判，忘记了双方坐到一起的动机，忘记了并购的战略目标。

发展是企业的硬道理。企业最大的需求就是可持续发展。并购的大战略要服务于企业的发展目标。企业发展的动力来源于机遇和挑战，来源于企业面临的各种问题。这些问题，有些需要企业自行面对，有些则需要企业联手他人来一起解决。这个联手的过程，就是并购谈判的过程。并购到底能够解决什么问题呢？它可以增强双方的力量，帮助双方对付共同的威胁；可以帮助双方获得更大的市场份额，争取更大的竞争优势；可以帮助双方共同开发和推广新的技术、新的产品、新的服务、新的业务模式；可以帮助双方携手进入新的市场；可以整合双方的力量、资源，使双方获得协同效应，提高运营效率。

有的时候，企业会满足于现状，故步自封；有的时候，企业看不到自身的价值和潜力，忽视了发展和合作的商机；有的时候，企业会不识庐山真面目，完全迷失自我。在这些时候，一个并购谈判的邀约就是给企业的一个机会，让它反思自己的发展路径，挖掘自己的需求和动力，面对这个并购邀约带来的发展机遇，问问自己有没有“来电”的感觉。如果企业的反应是积极的，它收到的就是一张开启一段美妙的并购谈判之旅的车票。

给谈判一个友好基调

并购谈判可能是友好的，也可能是不友好的，甚至是充满敌意的。没有谈判者希望自己面对的是敌意式并购。敌意式并购多半不是因为谈判过程中双方差距太大造成的，而是在谈判的破冰阶段就已经露出端倪。所有参与破冰的公司高管都希望展现诚意，表现出对对方的尊重，恳请对方考虑己方提出的合作建议，接受共同做大蛋糕的理念，以便为未来的谈判奠定友好合作的基调。

诚如前文所言，是否“来电”往往不取决于邀约谈判的一方。被并购方是否接受并购方的好意，是非常不确定的。被并购方可能会觉得对方动机不纯；也可能会觉得对方想要“蛇吞象”，不知天高地厚；还可能会觉得对方是恶意收购，目的是消除竞争对手；抑或是觉得对方低估了自己的价值，发出的邀约没有任何吸引力。一旦被并购方动了这些念头，除非并购方知难而退，否则接下来的并购十有八九将是一场针锋相对的敌意式并购。

2016年，百威英博向南非米勒发出收购邀约，遭到南非米勒董事会直接拒绝。后来百威英博不断加码，迫使南非米勒的董事会在股东压力下，同意和百威英博展开谈判，避免了落到敌意式并购的境地。由于南非米勒的管理团队对百威英博的发展战略和企业文化可能并不认同，因此谈判过程极为困难。尽管在形式上这是一次友好谈判，但也许这是一次地地道道的敌意谈判。2017年，卡夫亨氏提议收购联合利华，其背后是资本大鳄3G资本以及投资大师巴菲特。然而，联合利华似乎上上下下反对收购，英国政府也表态不予支持，最后巴菲特和3G资本选择放弃该项目，否则这将是一场胜负难料的敌意式并购大战。

破冰之旅需要为并购谈判定调，需要营造友好的谈判基调，要让对方相信“并购合作可以为双方创造价值”，要给予对方进一步谈判的希望和期待。

给谈判一种积极气氛

并购谈判的气氛是积极的、乐观的、轻松的，还是消极的、悲观的、紧张的，与并购谈判的破冰阶段也是休戚相关的。通常来说，一家公司的高管对另一家公司的态度会传到对方公司中。如果并购谈判双方的最高层惺惺相惜，那么并购谈判双方的情绪就会比较积极向上；如果并购谈判双方的最高层互相讨厌、彼此鄙视，那么双方谈判代表就不太可能会心情愉快、轻松自在地坐在一起谈判。双方的最高层——承担破冰责任的双方代表如果不能“一见钟情”，并购谈判就可能前景不妙。

我和我的同事在为公司最高层准备的用于启动并购谈判的破冰之旅谈话要点里通常会讲，如果谈判双方的文化和发展战略非常接近，双方领导的视野、格局、理念和管理风格吻合，那我们相信双方的合作是1加1大于2的。我们强调双方的相似性，就是因为我们相信并购谈判不仅是并购交易行为，还是人际交往行为。只要是人，就有感情，就有七情六欲，加深被并购方对并购方的好感，是并购方破冰之旅的重要任务。

在谈判破冰阶段开始时，营造积极的气氛是非常必要的。每个人都希望得到别人的好评和好感。就算是声称“自己完全不喜欢别人拍马屁”的人，如果别人夸他“不喜欢拍马屁”这一点，他也会满心欢喜地笑纳。企业以及企业的高管也需要获得别人的认可和赞赏。我和同事曾经跟一家合资公司的中方代表讨论买断其公司股份的可能性。我们的谈判代表为了压低对方的期望值，把这家合资公司说得一无是处。结果有人反问道：“这么烂的公司，你们买它干什么？”事实上，我们之所以属意某家公司，一定是因为这家公司有可取之处。我们之所以要并购某家公司，一定是因为这家公司值得。并购的一个理论就是“管理层确信并购是正确的”，这甚至不像是一个理论，因为它是实话。管理层都不认可的并购，谁会去做？管理层心心念念要去做的并购，大概率是正确的。既然如此，赞赏我们的并购对象就是天经地义的。我们知道，越是发自内心的认可和赞赏，给对方的感觉越是美好。所以，在破冰之旅中，我们要不吝赞美之词，期待这样的赞美能够换来谈判的良好氛围。

搭建桥梁

理解了破冰之旅的重要性之后，我们就要讨论究竟由谁来负责破冰、破冰之旅的内容是什么，以及如何进行破冰。

谁来负责，对等原则与喜好定律

在商务谈判中，并购谈判是皇冠明珠，在政治谈判中，外交谈判是群山之巅。在外交谈判中，一个非常重要的原则就是对等原则。这个原则在并购谈判中同样适用，尤其是在并购谈判的启动阶段。当我们考虑究竟应该由谁来联络和接触对方的高层、抛出我方的橄榄枝时，我们需要运用对等原则。

当我及同事计划与我们在亚太区域内的并购目标公司接触时，尽管我们公司的规模比对方大很多，我们也总是让我们的全球首席执行官给对方的首席执行官写信，以示尊重。如果对方负责并购事务的是董事长本人，我们则会请我们全球公司的董事长给对方董事长写信。对等原则不能僵化，己方的高阶给对方的低阶写信是可以的，只要对方确实负责公司的并购事务；但让己方的低阶给对方的高阶写信是万万使不得的。对等原则也不能光看头衔，如此可能带来误会。比如十多年前，我给了自己的一个同事“总裁助理”头衔，而我那时的头衔是“副总裁”，因此很多人都以为他的职位比我的高，以至于出去开会时，大家总是迎着他而去，对他握手欢迎，而置我于不顾。因此，并购方一定要做足调查功夫，找到对方真正有权的高管。

当我们要确定找谁破冰时，也可以参考“喜好定律”（liking rule）。喜好定律是指，当我们熟悉某个人，或认为他与我们有共同的经历、共同的兴趣爱好时，我们对他的信任和好感就会更多一些。有时候，在特定群体中，共同的关系或成员身份，如校友、战友、球友、老乡、俱乐部成员、群友等，可以瞬间拉近人们的关系，激发人们的亲近感、纽带感和同类感。因此，我们需要找到符合对方“喜好定律”的我方人士，与对方在双方共同喜欢的场合邂逅，在自然而然的交谈中不经意地向对方表示并购的意向。在这种非工作环境中，对方通常不会马上拒绝。随后，我方人士或其上司需要尽快向对方发出正式的书面邀约。

除了公司内的高层人士，公司外的人士也可能胜任破冰工作。如投资银行的高级合伙人，行业协会的领袖，行业内前辈和资深人士，双方共同的合作伙伴、客户、供应商，等等。这些外部人士必须得到双方的信任和尊重，在过去跟双方都有过交往和互动，给双方都留下比较好的印象，否则会非常突兀和失礼。外部人士扮演的只是信使的角色，一旦得到了对方的积极反馈，并购方要立即接手，开始直接接触对方。对于并购方不熟悉的市场和不熟悉的并购对象，由投资银行介入破冰之旅是最好的安排。

谈判邀约，适当铺垫是必要的

破冰之旅需要传达的信息，简而言之就是兼并与收购的谈判邀约。由于兼并与收购的话题分量太重，为了避免过于唐突，避免让对方感到受侵犯和羞辱，并购方必须小心谨慎、字斟句酌，确保破冰的信函不会令对方过于不快。

为减少对方的过度反应，并购方在发出信函前做适当铺垫是必要的。前文提到，不同人士、不同场合的暗示和信号传递，可以让被并购方提前做好心理准备。并购的计划要保密，但有时候投资银行之间的相互交流也会走漏风声，这样的“泄密”可能也有好处，它间接地给被并购方传递了信息。另外，发生在同行业之间的并购，可能已经在业内传得沸沸扬扬了，专业的分析人士可能经常预测谁会并购谁，尽管绝大部分预测是空穴来风，但对潜在被并购方而言，不会完全对此无动于衷。另外，同业之间，大家在市场上“拼杀”多年，知己知彼，对市场上并购和整合的机会都有目共睹，什么时候出现一两个并购机会，大家都猜得到。当然，如果是狭路相逢的遭遇战，两家公司完全属于不同的行业，如私募基金的并购、互联网公司并购传统企业，这些并购谈判的红娘，就需要由双方共同敬重的第三方来扮演。

至于信函内容方面，可以做到以下几点。首先，我们可以多寒暄，拉近关系；可以就双方近期的重大事项进行交流，说明我们对对方一直很关注；可以祝贺对方取得的成绩，表达敬意。其次，我们可以客观地分析双方公司的优势、市场发展的趋势、双方面临的挑战、竞争对手的动态等，给后面的并购建议提供背景。然后，我们可以进入正题，温和友好地提议双方展开战略性对话，探讨紧密合作的机会，建议双方成立专门的团队进行具体讨论。接着，我们要强调这个合作的机会可以给双方创造更大的价值，双方的高层具有共同的气质和追求，双方的公司有相近的文化等，以展示合作的诚意和信心，希望以此说服被并购方同意展开并购谈判。最后，我们可以建议下一步的行动，例如提议双方面谈，介绍己方的谈判负责人，请求对方指定对应的谈判负责人，等等。这一部分很重要，一方面，先入为主，先假设对方已经欣然接受了谈判邀约（当然，如果过于急迫，对方也可能因反感而不予理睬）；另一方面，可以避免并购的想法只是纸上谈兵，没有后续的落地计划。

破冰的方式千差万别，但无论如何都不能自以为是、居高临下。要避免一些敏感词，如收购、兼并、控制、控股等，取而代之的可以是一些中性、温和的词，如合作、做大蛋糕、合并、整合、协同等。

选择最合适的信息传达方式

除了信函，当然还有其他不同的传达破冰信息的方式，如双方高层的拜访和互访，行业圆桌会议上的交流，各种峰会、论坛上的偶遇，双方有共同兴趣的场合的应酬，等等。采用这些方式的好处是让人身临其境、直接接触，可以随时调整话题，可以接收对方的反馈，也可以“阅读”对方的身体语言，观察对方的反应。

随着信息技术的进步和即时通信的发展，除了传统的电话、书面的沟通形式，人们越来越多地使用微信、微博、短信、电子邮件、Zoom 以及其他即时通信工具。除电子邮件（功能类似于信件）外，这些现代通信方式都不太适合作为正式破冰之旅的信息传达媒介。但它们具有简单、快捷、高效的特点，在人们不能出差进行面对面交流时，远程会议、虚拟谈判发挥了巨大作用。它们在正式的谈判中，可以成为谈判沟通方式的重要组成部分。但在破冰阶段，它们的作用是辅助性的，是在正式的信函之外，在双方面对面交流之后，发挥信息补充、内容核实、会谈跟进作用的。

不存在最好的信息传达方式，只存在最合适的信息传达方式。这个“合适”意味着积极、正面、有效、双方可接受以及可持续。

趁热打铁

在破冰之旅中有两个常见错误。一个是急于破冰。一种情况是并购方还没有做好准备，没有进行战略分析，没有进行必要的市场调研，没有考虑好不同的备选方案，没有相应的行动计划，仅凭着某个或某些高层的政绩思维，一时冲动，就向目标公司发出谈判邀约。另一种情况是，市场上出现了并购传言，为了不让目标公司这块“肥肉”落入他人之口，并购方在尚未进行必要的可行性研究和认证的情况下就仓促应战，立马加入这场并购大战。最糟糕的一种情况是，并购方已经向对方发出谈判邀约，却尚未取得必要的授权。这些急于破冰的举动都是非常有害的，它们不但不能帮助我们完成一项成功的并购交易，反而会对内扰乱公司的日常经营，分散大家的精力；对外处处树敌，导致同行的厌恶和排斥。

破冰之旅的另一个错误就是破冰之后没有下文。我曾多次安排我们的高层和同业知名人士会面。大家每次见面都相谈甚欢，我们表达了愿意更紧密合作的意向，对方也表示持开放性态度，欢迎对话交流。我们承诺在一周或一个月内拿出我们的计划书。结果我们几乎没有一次按时向对方提交，也没有开展像样的跟进会谈。过了一两年，我又被要求安排这样的会见，故事又重演一次。到了后来，我就不太愿意再安排这样的会面，因为我已经多次私下就“没有下文”向对方表示歉意，已经无力再道歉了。

破冰之后没有下文，并购项目也就无疾而终。久而久之，目标公司对并购公司就会有防范之心。前面提到破冰信函的最后部分应该包含下一步行动的建议。这个建议的目的就是避免破冰之后没有动静。在这个阶段，被并购方可能仍然在理解、消化并购建议，仍然在观望、犹豫，因此并购方要主动出击，要跟进了解被并购方是否需要更多资料，被并购方是否指定了专门人员，被并购方是否可以安排一次会面，等等。

对并购方内部来说，跟进需要优先从程序性方面的工作做起。首先，并购方需要任命一位合适的负责人。我所在公司的文化相信主人翁精神，我们认为，一个项目，如果没有一位负责人，那么这个项目一定不可能成功。这位负责人要搭建他的谈判团队，要让他的团队进入战备状态。其次，并购方需要确定并购的目标、谈判的策略以及大致时间表。并购谈判团队要和顾问团队一起讨论、交流、熟悉上述谈判的基本框架和问题。再次，并购方需要制定议事日程，分解目标，细化任务，确保团队成员职责分明、团结协作。最后，也是最重要的，并购方要趁热打铁，立即和对方指定人员对接，开启谈判的征程。

并购谈判工具箱

1. 破冰的主要目的，就是向目标公司传递并购方的目的、需求和动机，并试图说服对方接受和认同这样的目的、需求和动机。
2. 在并购谈判中适用对等原则，在确定找谁破冰时，也可以参考“喜好定律”。
3. 为减少对方的过度反应，并购方在发出信函前做适当的铺垫是必要的。
4. 不存在最好的信息传达方式，只存在最合适的信息传达方式。这个“合适”意味着积极、正面、有效、双方可接受以及可持续。
5. 破冰时常见的两个错误：急于破冰；破冰之后没有下文。

第8章

并购谈判的开局及演进

并购谈判追求的并不是完美的一致，它实则是一场拉锯战。并购谈判双方在并购标的所对应的并购条件的数轴上来回移动，直至找到双方的重合点。这是一个并购双方的期望值不断靠拢并最终重叠的过程。这场拉锯战的谈判过程需要双方通过信息交换、试探、报价、还价、质疑、澄清、反驳、辩论、说服、承诺等一系列循环往复的交流过程，求同存异，达成最终的并购协议。

良好的开端是成功的一半。并购谈判的开局很重要，开局好，可以为后面的谈判打下好的基础，为谈判进程定下基调，为谈判方式立下规矩。谈判大师卡尔·阿尔布雷希特（Karl Albrecht）认为谈判是“以理想开始，以达成协议结束”，让我们带着并购的远大梦想，迫不及待地开启谈判的大门吧！

并购谈判的开局

并购谈判的开局，是基于双方已经完成了破冰之旅，有了合作的愿望和共识，就谈判代表、谈判日程、谈判地点等技术议题达成一致而展开的。因此，并购谈判的开局已经是并购谈判过程的主体部分，双方可以直奔主题，进入并购谈判的实质阶段，即并购项目的所有议题和并购协议的所有条款的谈判阶段。

以积极、开放、愉快的心态开始谈判

并购谈判开局，双方代表第一次正式坐在一起进行谈判，双方的精神面貌非常重要。轻松、自信、积极、友好的姿态会给谈判带来正能量。凝重、拘谨、紧张、疑惑的姿态会给谈判带来压力。并购谈判是非常严谨和艰苦的商务谈判，不可能全程欢声笑语，但也没必要剑拔弩张。“团结紧张，严肃活泼”，这两个词非常适合用来形容并购谈判的氛围。优秀的并购谈判者总是能在严肃和活泼之间找到最佳平衡点。

并购谈判双方坐在一起是为了达成共同的目的，解决共同的问题，创造共享的价值。当然，这些可能在谈判之前并不存在，需要在谈判过程中逐步完成。双方带有戒备心很正常，害怕失败、吃亏、不能胜任、被对方蔑视也很正常，但双方因为共同的使命而走到一起，因此在后续时长几个月甚至几年的谈判过程中，是命运共同体，需要同舟共济，相互理解和支持。

复述前期共识，开启正式谈判

双方谈判代表团来到谈判桌前，先要做自我介绍，然后并购方主谈判人需要对对方的到来表示欢迎和感谢。接下来，该主谈判人需要回顾和强调一下双方高层已经达成的共识，谈判涉及的范围，并购交易的最终目标，谈判大致的议题、日程、基本规则及一些后勤安排等情况。因为无法确定对方高层能否完整、准确地理解己方谈判代表提供的简报，所以并购方主谈判人需要给予对方足够的时间，让双方吸收和理解，并给予双方提问和反馈的机会。这些事虽然不涉及谈判的主议题，但也是值得花时间的。大家在对前期共识没有疑义并清楚接下来的日程后，就可以进入谈判的正式阶段。

阐述立场

谈判者要在并购谈判中占得先机，就要在谈判的初始阶段阐明自己的立场，并在后续谈判中坚持这个立场。拥有哪种立场，取决于并购大目标，立场是整个并购战略的体现；立场不能松动、不可以谈判，除非并购方随着并购谈判的进程发现需要调整并购战略，或者这个立场已经导致并购僵局。例如，我们通常不愿意合资，更不愿意做小股东，因此独资（100% 控股）基本就是我们在并购谈判中的坚定立场。这个立场必须在谈判启动前就跟对方沟通清楚，而在艰难的谈判过程中，对方可能会不停地探讨自己能否保留一部分股份。

不仅并购方有立场，在谈判之初，被并购方也可能有自己的明确立场。当然，也确实存在被并购方没有明确立场的情形，特别是当被并购方待价而沽、有很多选择、对所有并购的建议方案都持开放态度的时候，他们在谈判开局的态度很可能是倾听模式。被并购方如果有备而来，那么也应借此机会将自己的立场陈述清楚。很明显，如果双方的立场相近，谈判的基调就会比较乐观；如果双方的立场没有交集，双方就会看到谈判的差距所在并找到努力的方向；如果双方的立场完全对立，则意味着谈判刚刚开始就已经进入胶着状态，也就是后文会讨论的，一般在谈判后期才会出现的并购谈判的僵持状态。

谈判开端就遇到僵局，并不意味着谈判的终结。谈判者的价值就在于他们能够扭转乾坤。事实上，随着谈判的进行，谈判的立场并非不可能改变。谈判者完全有可能因为对方提供的信息或做出的决定而改变自己的立场，对方的立场也可能随之改变。例如，有时要求独资是为了更有效地管理和发展被并购公司，避免“同床异梦”。对方可能会因看好自己公司的未来，但不想一次性拿钱走人，而希望保留一部分股份，以从不断做大的蛋糕中长期受益。在这种情况下，如果双方达成一致意见，由我方独立、全面、不受干扰地管理和运营被并购公司，那么我方也不会介意保留对方10% ~ 20% 的股份。由此可见，在一定的转换条件之下，双方的立场无论多么坚定，都是有可能转变的。

开始交换信息

并购谈判是一个反复的过程。谈判让双方有了交流的机会，交换各自的信息。信息交换是谈判的核心，始于谈判的初始报价和初始让步阶段。

在并购谈判中，信息就是并购谈判的资源和筹码，谁掌握对方的信息更多，谁就会在谈判中取得优势。谈判的过程就是信息交换的过程。在谈判的开局，信息交换极为重要。首先，信息交换需要畅通、透明的沟通渠道，并购谈判的双方在谈判伊始，就要营造良好的、互信的、开诚布公的沟通氛围。其次，信息交换的主题是并购交易的各种议题及并购协议的各种条款，双方应该围绕这个主题提供信息、收集信息、分析信息，而不要偏离主题，即信息交换需要一定的专注度。最后，信息交换的目的，在于提供、收集对己方有益的信息，从而表明己方的优势，呈现并购创造的价值，展示对方可以获得的利益，最终帮助对方做出有利于达成交易的决定。信息交换不是知无不言、言无不尽，而是有选择地披露、有选择地吸收，目的是让情况对自己有利，对达成交易有利。

信息交换可以帮助检验先前提出的各种假设、规划及投资回报设想是否正确；信息交换也是并购方向对方展现“我是谁”“我为什么在这里”“我要去哪里”的过程。开局阶段的信息交换可能不涉及报价和让步，但这些信息交换有利于为之后的谈判做好准备。这有点像法庭审理的证据交换阶段，虽然没有涉及最终的案件判决，但对案件输赢的结果影响巨大。

报价和还价

谈判就是“讨价还价”。一个优秀的谈判者必须学会熟练运用“讨价还价”的策略与技巧，这是谈判取得成功的关键。“讨价还价”是并购谈判的核心，并购谈判离不开“讨价还价”。遇到讨价还价就害羞、尴尬和逃避的谈判者，是无法承担并购谈判大任的。

如果是并购方报出自己的并购价，那么谈判对方收到这一报价信息后通常不会马上接受，即使他们认为这一报价合适，甚至超出他们的预期。他们会着手考虑自己的出售价。这就是并购谈判的初始还价。不同于普通商务谈判由高往低的报价，并购谈判的报价是由低往高的，除非先出价的是并购方的目标公司。但在并购谈判中，几乎没有目标公司先出价的情况存在，即使是目标公司发起并购谈判的邀约，他们也会要求并购方先出价。即便是目标公司招标拍卖，也同样会要求并购方先报出不具法律约束力的意向价，然后允许并购方进行尽职调查，并报出最终的并购价格。

初始报价的 3 个原则

并购谈判的初始报价是场遭遇战。并购方的谈判者并不清楚对方的期望值在哪里。报价太低，可能会吓跑对方，甚至让对方觉得受到了侮辱；报价太高，自己可能吃亏太大。并购谈判涉及的价格多则上亿美元，甚至几十亿美元，少则上千万美元。我所在的公司并购百威用了 520 亿美元，并购南非米勒用了 1 070 亿美元，均是天价。初始报价高报与低报之间的差距可以达到上千万美元，甚至上亿美元，这对中小型公司而言，已经是天文数字。因此，初始报价不能不谨慎。

1. 该开口时就开口

“绝不先开口”是很多资深谈判人士教给新人的第一招。先开口的一方有风险，可能会被对方拒绝，也可能捡个大便宜；后开口的一方可以观望，可以纠正，可以决定还价的幅度。

在普通商务谈判中，先开口、后开口确实会有一些分别。但是，对于标准的产品和服务，大家都很了解行情和市价，先开口与后开口没有太大差别，双方真正较量的其实是对交易失败的承受能力，即有没有后路。

其实在谈判中先开口的好处不少。如果谈判者很熟悉议价范围，那么先报价的一方，就可以在谈判伊始划定价格谈判的大致范围，而对方可能不得不随之调整自己的期望值。先报价的“锚定效应”（anchor effect）也会让这个第一次报出来的数字带来的印象久久不能消逝。对方可能不得不围绕这个数字调整思维，组织攻防。

并购谈判的先手和后手通常不是谈判技巧可以决定的。并购谈判的规矩就是买方出价，卖方待价而沽。并购方如果在谈判开始后扭扭捏捏、拒不出价，一来会让双方尴尬，影响谈判开局的气氛；二来会让对方怀疑并购方是否足够认真，有无谈判诚意；三来会给对方留下并购方不自信、不专业、不坦诚，或准备不充分的印象。并购谈判的初始报价如果过高或过低，都是可以商榷的，但不肯报价显然是不合适的。

2. 不必过分在意谁先出牌

和前一个原则一样，“可以让对手先出牌”在普通谈判中有着显而易见的好处。虽然在一般情况下，并购谈判双方都不愿意先出牌，但作为并购方的谈判代表，在开场白及宣示谈判立场后邀请对方发言，既是礼貌的表现，也有非常实际的目的，即给予对方发言的机会。无论对方说多说少，都可以给并购方提供一些对方立场和诉求的蛛丝马迹。我也碰到过一些被并购方的谈判对手，他们也乐于为谈判定调，避免完全按并购方的节奏起舞。这时候你会发现，被并购方也会“先出牌”，即就自己一方的核心利益、底线、原则、立场阐明态度。

在谈判过程中，谈判者也要有意识地就自己完全不清楚的议题和对方关心的议题，请对方先发言。这样有利于更好地理解对方的诉求，发现存在的问题，然后给出解决方法。

谈判开始时双方都比较谨慎，可能都不愿意在谈判桌上开门见山地“出牌”。在这种情况下，一方面，并购方要按照既定的谈判日程表层层推进，不必在意一时半刻不能看到对方底牌这件事；另一方面，并购方要增加谈判桌外双方在非正式场合的交流机会，争取在谈判桌外获取有关对方的最终目标、初始报价、谈判筹码的信息。

回到此前的分析，在并购谈判的早期需要划定谈判的范围和议题，奠定基调，统一议程，并购方的谈判代表必须掌握主动权，但不必过分在意谁先出牌的问题。

3. 乐观报价，同时准备好替代方案

在普通的商务谈判中，我们需要考虑的是初始报价应该被夸大还是应该适度。理论上，一个适度的报价更有利于交易的达成；而实际上，提出较高报价的谈判者，比起那些提出适度或较低报价的谈判者，可以获得更好的收益。原因如下：一是高报价增加了谈判空间，也使并购方有更多机会探求对方的价格期望值；二是高报价给了被并购方一个“锚定”的印象，谈判双方将以此为起点进行“讨价还价”；三是高报价还可以打破被并购

方不切实际的幻想，使被并购方认识到谈判过程的艰巨；四是高报价在谈判最终结束时，会给被并购方带来更多的满足感，让对方觉得自己的谈判表现很优异，砍价的成果很丰硕。当然，高报价的坏处可能是让谈判胎死腹中，或者增加谈判的对抗和冲突因素。因此，对于一个有诚意的并购方谈判者，报出高价没有问题，问题是必须准备好替代方案。

决定并购谈判的初始报价是乐观还是保守的因素有很多。并购谈判的复杂性使得其价格策略很难套用普通商务谈判的思路。首先，谈好价格不是并购谈判的唯一目标。并购谈判的战略目标是在一定期限内，以特定的条件完成对目标公司的并购。谈好价格只是整体并购目标的一部分，是众多谈判议题中的一个关键议题。因此，在制定目标价格和初始价格时，必须综合考虑其他需求和议题。其次，并购谈判的价格区间及初始价格的确定，必须建立在信息和情报收集，公司经营状况的分析、财务分析、投资回报分析的基础上。这样确定的目标价格和初始价格才具有科学性，才不是谈判者“拍脑袋”想出来的，也不是谈判者为了占得谈判先机随心所欲抛出来的。最后，并购谈判的目标价格和初始价格的设定，还要考虑目标公司的期望值，还要看谈判对方的谈判风格。如果谈判对方作风强硬，那过低的出价可能会招致对方的蔑视和愤怒。

除非有特别的原因，否则还是要遵循以下轨迹：乐观报价—拒绝接受—初始还价—拒绝接受—二轮报价—拒绝接受—二轮还价……如此循环往复，直到双方建立承诺、达成交易。

下面与大家分享一些关于初始报价的基本技巧。

（1）提出初始报价的方式要温和且坚定。好的报价是合理的、有科学依据的；保留了谈判的空间；给对方带来压力，但不会让对方走开。谈判者要相信自己的初始报价是一个好的报价，因此在给出初始报价时，一定要干脆、明确、坚定，不能犹豫、胆怯；要积极、温和，不能居高临下、咄咄逼人。

（2）初始报价要优于你的心理预期。在我经手的诸多并购谈判中，多数情况下，即使没有足够的情报和信息，我也能“八九不离十”地猜到谈判会在哪个价格区间成交。这就是典型的心理预期。并购方谈判者当然不能按照心理预期去开价，谈判者的初始报价一定要优于自己的心理预期。例如，作为并购方，如果你觉得这个交易能够以 5 亿元成交，那你的初始报价可能是 3 亿元。你永远不知道，对方是否有可能直接答应你的条件，或者只是象征性地还个价。

当然，并购谈判的报价不能只看心理预期值，还要看数据和事实。但是，当你对对方的情况知之甚少时，当某个新业务、新产品、新服务尚不存在公允的、公认的估值公式时，所谓的科学分析和计算，其实跟心理预期值没有多大的不同。

（3）初始报价不要超出你的授权范围。并购方谈判者代表的是公司，而不是个人，因此初始报价绝对不可以高于公司给予谈判者的授权范围。若干年前，我所在的公司和一家合资公司谈判剩余股权的买断事宜。我们根据财务报表评估的价格是 2.5 亿元左右，公司给出了 2.5 亿～ 3 亿元结束谈判的授权，我当时的心理预期是在 2 亿元左右。所以我建议初始报价从 1.5 亿元起步。当我们和对方预热闲聊时，对方拿出前期我们做的几个并购案做比较，坚定地认为合理的价位应该不低于 10 亿元。我们听了目瞪口呆。在双方开始正式谈判之前，我们的谈判成员中有人觉得我们的报价太低，可能会冒犯对方，提出是不是应该修改初始报价的建议，有人甚至认为我们的初始报价不能低于 3 亿元，否则基本没有谈下去的可能。我没有同意，在任何情况下，初始报价都不可以超出公司授权的价格区间。我们按计划行事，长话短说，最终以 2.1 亿元的价格谈成了交易。

很多谈判专家建议选取中间价格，也就是双方第一次报价时的平均价格。但上面的例子说明，在并购谈判中，这一方法并不合适。

（4）报出最优的初始价格。不存在绝对正确的初始报价，谈判者不要把初始报价看得过于神圣。虽然没有最正确的初始报价，但存在最优的谈判报价，那就是在了解对方的情况下，要乐观开局，不走极端，保留弹性；在不了解对方的情况下，要尽量高报，拓宽空间，同时鼓励对方积极回应。

并购贴士

公司价值评估的 3 类方法

目标公司价值评估是一项综合性的资产、权益评估，是对特定目的下公司整体价值、股东全部权益价值或部分权益价值进行分析、估算的过程。目前国际上通行的评估方法主要有收益法、成本法和市场法 3 大类。

收益法是指，通过将被评估公司预期收益资本化或折现至某特定日期来确定评估对象的价值。这个方法的理论基础是经济学原理中的贴现理论，即一项资产的价值是它所能获取的未来收益的现值，其折现率反映了投资该项资产并获得收益的风险的回报率。收益法主要包括贴现现金流量法（DCF）、内部收益率法（IRR）、CAPM 模型和 EVA 估价法等。

成本法是指，在目标公司资产负债表的基础上，通过合理评估公司各项资产价值和负债来确定评估对象的价值。这个方法的理论基础是，任何一个理性的投资人对某项资产的支付价格都不会高于重置或者购买相同用途的替代品的价格。成本法主要包括重置成本法和成本加和法。

市场法是指，将评估对象与可参考公司或者在市场上已有交易案例的公司、股东权益、证券等权益性资产进行对比来确定评估对象的价值。这个方法的应用前提是假设在完全竞争市场上，相似的资产一定会有相似的价格。市场法中常用的方法是参考企业比较法、并购案例比较法和市盈率法。

并购谈判中常见的估值方法

基于上述 3 种方法，华尔街的银行家们发展出很多非常具体的并购估值方法，这些方法适用于不同的行业，得到了广泛认可。

息税折旧及摊销前利润倍数法。息税折旧及摊销前利润反映了一家公司在一个财年里正常状态下的经营业绩，体现了公司的盈利能力。息税折旧及摊销前利润乘以一定的倍数，对应了并购方大致需要多少年才能收回自己的投资成本。例如，一家公司的息税折旧及摊销前利润是 1 亿元，倍数是 12 倍，则估值是 12 亿元，这就意味着交易价格是 12 亿元，买方要差不多 12 年才能收回并购成本。倍数会受到多种因素影响，诸如行业的平均值、国外参考值、公司的发展趋势、行业的发展趋势等，这些都会成为谈判的内容。息税折旧及摊销前利润倍数法也有其不足之处。举例来说，如果在一个利润率极低的行业，或者在一家公司的草创阶段，一个规模巨大、市场占有率很高的公司很可能仍处于利润较低或没有利润的状态，在这种情况下，无论倍数有多高，交易价格都可能会低得可笑。我所在的公司曾经和一家公司讨论合并某个区域市场的问题，我们在该特定市场的产能、产量、销量和市场占有率均五五开，但是因为我们走中高端路线，对方走中低端路线，所以我们的息税折旧及摊销前利润是他们的几十倍。经过估值计算，在合并后的公司里，对方的股份只占 3%。当我们把这个计算估值告知对方时，对方极为愤怒，认为这是对他们的侮辱。

产能重置法。产能重置法一般运用于生产、制造领域并购项目的估值计算。它假设在同等条件下，重新建造一座同等规模的工厂需要投入同样的资本。这样的计算简单易行，一方面，规范的公司本身账务就很清晰，建厂的土地转让、规划设计、建设、设备安装、原料采购、人员招聘、投产以及工程维护等费用都一目了然，尽职调查时都可以核查；而且只要不是完全的非标的建设项目，总是可以找到市场参照价格进行对比分析的，如对于啤酒的吨酒建设成本这一指标，市场是有一个平均值的。产能重置法也有不足的地方，例如，新厂和旧厂之间涉及折旧问题，工厂现代化水平有高低之分，有些工厂和销售是一体运作，销售渠道和网络如何作价就是一个很大的问题。同样，工厂作为一个法人单位，也面临各种风险，这些风险该如何体现在价格上也是一个问题。产能重置法在早年间的小规模啤酒厂并购案中时常出现，但在 20 年“跑马圈地”之后，啤酒行业出现了严重的产能过剩问题，对渠道和市场的争夺成为各大巨头并购战略的新焦点，产能重置法基本上不见踪影了。但在并购项目涉及产销一体化的公司时，并购谈判人员就供应链环节的估值仍然可以参考产能重置法。

流量估值法。流量估值法是数字化时代针对新经济领域的估值计算方法。估值的基础是流量，流量有不同的类型。微信这样的即时通信工具的流量叫社交流量；淘宝、京东、拼多多这样的购物平台的流量叫电商流量；还有一种产生于圈层和粉丝群的流量叫私域流量，也叫服务流量。如今，社交流量、电商流量和私域流量已经开始实现融合。获取流量越来越贵，要把流量沉淀下来，需要知道如何把流量转化为购买力，和用户形成连接，甚至让用户能够重复购买，而且用户关系也成为公司最重要的数字资产。因此，流量的价值不仅体现在其规模大小上，还体现在其转化变现能力上。

长期主义估值法。对投资新经济领域（如生物科技）的公司来说，现有的估值法可能都不适用。这些新兴公司既无营业收入，又无利润；既无有形资产，又无无形资产。如果按照现有的估值法，这样的公司大概率没有人投资。但是我们看到，不少有远见的公司及投资机构仍然对这类公司趋之若鹜，他们看重的可能是一个人、一个研究方向、一个前景。高瓴资本创始人张磊把这种投资理念称为“长期主义”。我所在的公司虽然处在传统的快消行业，但是为了寻求业务的蓝海，我们成立了独立的 ZX Venture 公司。ZX Venture 致力于投资很多新的产品和服务，以及很小的初创公司。它的投资理念更像种子投资。种子投资需要长期主义的思维方法，因为短期内这些项目可能没有像样的投资回报。你手上没有资产负债表、利润表、现金流量表可供分析，你也不需要实地的尽职调查。你所看重的，要么是创始人，要么是某个可能成为爆款的产品、技术、服务、新业态，但你刚开始投资的时候，是看不到利润，甚至看不到营业收入的。

价格调整机制

任何估值都基于现有的财务数据，然而通过现有财务数据无法准确预测未来。那么，如何避免现有的估值方法无法涵盖未来的投资回报风险呢？尤其是在互联网和生物医药领域，如果收购标的是一种新技术或一种新药物，那么其未来市场前景是极不确定的。这里介绍一个“期待价值权”（contingent value rights）的概念。期待价值权是一种期权。它的出现有利于推动并购交易的顺利进行，特别是当并购双方对目标公司（被并购方）的价值评估存在严重差异时，当双方对目标公司尚在研发中的产品的价值无法做出准确判断时，期待价值权可以帮助减少并购方的风险，同时可以维护被并购方股东的权益。原因如下：一是期待价值权可以使交易价格的一部分取决于目标公司“管道”产品能否顺利到达设定的一些里程碑，如何时得到批准、何时上市以及何时达到一定销售指标。二是期待价值权可以用于换股交易，它可以为被并购方的股东提供某种保护，以确保股东不受并购方业绩不如预期的影响。三是期待价值权可以用于设置某一安排，在被并购方业务达到一定的经营业绩时，被并购方的股东有权参与分享这一业绩。在非上市公司并购交易案中，这常常被称为“业绩提成费”。

采用合适的估值方法

除了专业的并购谈判者，很多人对并购公司的估值计算一窍不通。说服被并购方采用某一通行的估值方法也不是一件容易的事。但在并购谈判双方开始讨论价格前，花点时间就公司估值方法达成一致是非常重要的。

在并购实践中，我们发现很多民营企业主不具备上述专业知识，也不愿意了解这些估值方法。他们往往喜欢“一口价”。我们曾经碰到一个并购项目，我们的谈判对象对并购的实操和估值的计算没有任何相关知识，对我们建议的估值方法也没有兴趣了解，只是坚持说我们的报价太低。我们让对方说出我们报价太低的理由，他们也不说，我们让他们报价，他们也不肯报，只是说别人愿意出更高的价钱。碰到这样的谈判对手是非常棘手的。有的人可能觉得碰到一个完全不懂并购谈判的对手很幸运，其实真正专业的谈判高手渴望谈判对手同样具有专业素养，这样可以提高效率。同理，对方不聘请专业机构协助谈判也不见得是好事。在遇到就估值计算无法双向交流，甚至“对牛弹琴”的情况时，共同聘请一个专业的、独立的第三方（通常是会计师事务所）来帮忙确定估值方法、解读估值的数据，是有一定作用的。在上述案例中，我们最后就说服了对方，一起聘请第三方来做中间人。有趣的是，对方不肯承担费用，而这个由我方支付服务费的中间人还是相当独立和专业的。

即使谈判对象不接受任何估值方法，只认准“一口价”，作为一家规范的公司以及一支专业的并购队伍，我们也必须按照国际惯例进行估值，并根据对方报价、还价的变化，对估值方法进行修订。这一点至关重要，公司的决策层需要通过这样的估值方法和分析来给出定价的最终范围并授权。

初始还价的 3 个原则

初始还价由哪一方进行，取决于初始报价由哪一方提出。在并购谈判中，初始报价多数由并购方提出，因此初始还价就是被并购方的任务了。本书绝大部分的策略和技巧都是谈判双方通用的，因此没有过多地区分并购方和被并购方，但在某些谈判环节中，并购方和被并购方的处境和反应，差异是比较大的，我们会专门对被并购方的应对策略和技巧做出介绍。**因此，这里我们就换个角度，从被并购方谈判者的角度来看如何应对并购方的初始报价。**

1. 永远不要接受第一次报价

在并购谈判中，每一个“是”的分量都太重。因此，并购谈判高手会非常谨慎，他们不会立刻接受对方的条件。如果被并购方接受了对方的初始报价，那么对方立刻就会想，看来我报价太低了。对方要么会反悔，要么会在其他条件上补偿回来。其实，不接受对方的初始报价，也不会令对方感到吃惊。如前所述，初始报价通常都有谈判的余地。就算你接受了对方的第一次报价，对方也不会觉得你有多么高尚、友好，相反，可能还会觉得你太天真。

2. 学会感到意外

兵不厌诈，即使你对对方的第一次报价感到很满意，也不能喜形于色。相反，你可以故作吃惊状、意外状、困惑状。况且有的时候，对方的初始报价真的会让你感到很吃惊、很意外。并购谈判高手在得到对方的初始报价时，通常都会显示出意外和吃惊。并购谈判高手可以在答复对方之前，通过自己的身体语言和情绪，如沉默、紧锁眉头、长长的叹气、双手交叉于胸前、向后靠向椅背等，来表达自己的惊讶、失望、不满或抗拒。

尽管没有谈判者对自己的初始报价抱有 100% 被接受的希望，但是看到对方一副失望和意外的面孔，谈判者的心理还是会受到一些影响的。即使谈判者不会马上降低自己的报价，他的态度也可能会缓和不少。同时，谈判者对对方较大幅度的还价也有了一定的心理准备。

3. 坚定态度

在正常情况下，初始报价之后就是初始还价。这样一来一去，就划定了并购谈判最初的价格区间，因此这一步在并购谈判中尤为重要。当然，这里拿价格来讨论，实际上初始报价和初始还价还涵盖谈判的诸多条件，如交易架构、标的范围、支付工具和方式。被并购方可以用一一对应的方式逐一还价，也可以只对其中一两个条件给予还价，而搁置其他的并购条件。被并购方也可以暂不还价，而是要求并购方重新提出合理的报价。只要被并购方没有直接拒绝并购方的报价，从而结束谈判，那么上述的反应方式，都属于被并购方的初始还价。

被并购方在还价时，无论自己底气如何，都必须采取坚定的态度。并购方总是试图掌握最大的谈判空间，而压缩被并购方的谈判空间。被并购方坚决的态度也可以让并购方明白，被并购方也拥有很大的谈判空间，不惧并购方的压力。谈判双方手上的牌有多少，互相都不能完全知道。坚定的态度就是告诉对方，我手上的牌还多着呢！

当然，并购谈判不是一场重在输赢的牌局。并购谈判强调双赢。因此，并购谈判的双方在报价和还价的过程中，都要采取灵活的态度。通过一来一回，双方可以看到谈判的空间、解决问题的可能性和达成交易的机会；双方可以看到彼此的关系是合作而非竞争，讨价还价不可避免，只有达成交易才是硬道理。

讨价还价的策略分析

并购谈判的讨价还价不同于一般商务谈判的讨价还价。并购谈判中价格谈判的优先选择权在被并购方，而不在并购方；并购谈判的价格是诸多谈判目标的有机组成；并购谈判中的目标价格可能会随着双方关系以及其他议题的改变而改变。在一般情况下，并购方是并购谈判的出价方，并购方出价要考虑下列因素：第一，出价是一个动态的和变化的过程，最终的价格可能跟目标价格相去甚远；第二，出价是一个互动的过程，并购双方都可以对价格产生影响；第三，并购谈判中的诸多因素，诸如变量、时间压力、备选方案、对方的反应等，都会影响并购方出价。同样，被并购方还价也会受到具体情境的影响。出价、还价是一个循环往复的动态过程，直到找到一个双方都相对满意的平衡点为止。

在并购谈判开始和胶着的阶段，谈判者的讨价还价策略和战术主要受制于 3 个主要的谈判情境，即交易情境、关系情境、平衡情境，还受制于双方的优势及弱点，以及双方的谈判风格。

1. 交易情境中的讨价还价策略

在多数的并购谈判中，双方要谈的议题众多，让步的途径和方式通常是“打包让步”，而不是简单的讨价还价。但是单一的价格谈判，即利益交易的情境也是存在的，面对单纯的讨价还价，谈判者可以采用竞争式谈判策略。

我和我的团队曾经面对这样的谈判对手，对方的公司规模不大，在以规模取胜的啤酒行业艰难生存。其父辈已经实现多元化经营，啤酒只是公司生意的一小部分，而年轻的一辈从事新兴行业的投资和拓展，对传统的啤酒生意没有任何兴趣。出售公司是对方唯一的选择，价格是对方唯一的诉求。双方的谈判自始至终都围绕价格展开，我们的竞争对手也参与了这场价格竞争。这是典型的交易情境，竞争式谈判策略是不二的选择。一方面，我们利用自家公司的财力，让对方相信，如果拼价格，别人不是我们的对手，从而确保对方能够专注于跟我们的谈判；另一方面，我们分析了对方的财报和经营状况，指出对方的现金流存在巨大风险，如果不早点出手，不仅亏损会加大，现金流还会断裂，公司生存都会出现问题。我们善意地提醒对方，如果谈判拖得太久，公司的价值就会越来越小，对方价格谈判的筹码也就越少。需要补充解释的是，战略并购（产业并购）的一个特点是“边打边谈”，谈判双方既是谈判桌上的对手，也是活生生的市场竞争对手，谈判策略和市场举措需要完美地配合。需要给被并购方压力时，并购方可以增加市场投入，挤压对方的利润空间；需要向被并购方表现善意时，并购方可以减少市场投入，给对方相对宽松的市场环境。因此，在交易情境及竞争式谈判策略之下，“边打边谈”的作用也是巨大的。在上述案例中，采取上述措施之后，谈判双方对价格都相应地做出了让步，很快达成了并购交易。

2. 关系情境中的讨价还价策略

在绝大多数情况下，并购谈判不是你死我活的谈判，也不是“一锤子买卖”。并购谈判成功与否要看并购后被并购公司长期的经营业绩，要看长远利益，这就需要依赖并购双方的友好关系。并购谈判是需要双方相互尊重彼此的需求和利益的商务谈判，因此这种在关系情境下的讨价还价，需要采取相互迁就、相互妥协的双赢式谈判策略。

这种策略不仅表现在双方就同一议题的妥协和让步上，还表现在双方就不同议题的交换和要求。例如，如果一方在 A 议题和 B 议题上满足另一方的要求，那么另一方可以考虑在 C 议题和 D 议题上做出让步。

当我们收购一家啤酒公司时，最看重的是对方的品牌和市场渠道，而对方看重的除价格以外，还有工厂是否保留、税收地是否变更、员工的就业问题如何解决等。因此，我们曾经同意剥离被收购方的老工厂，用于“退二进三”，解决老员工的就业问题；而我们在政府提供各项优惠政策的情况下，同意建立新厂，解决产能问题，并提高制造水平。对对方及政府来说，则可以确保未来的税收、员工就业和社会稳定。这样的议题交换确保了双赢的谈判成果。

3. 平衡情境中的讨价还价策略

在更多的并购谈判中，双方的关系和利益都很重要。有的时候，关系和利益是绝对对立的，过度追求利益会不利于双方关系的建立和维系；有的时候，关系和利益是可以兼容的，因为有的利益是共享的，并购完成后，双方成为更大利益的共同体。这种涉及利益和关系的情况属于平衡情境，需运用整合式谈判策略。

因为利益的重要性，所以谈判者应该提出自己的利益要求，交易式的讨价还价不可避免；同时，因为关系的重要性，所以谈判双方会避免在价格上过于执着，价格的激烈竞争具有杀伤性，可能会破坏双方的良好关系和合作前景。在平衡情境下，谈判双方需要通过创造性的工作来融合双方的利益。

在我所经历的并购谈判中，90% 以上都是要兼顾利益和关系的。并购能够成功，是因为双方兼顾了利益和关系；并购不成功，都是因为双方或一方只顾自身利益，忽视对方利益及长远关系。最近两三年我介入的一些初期谈判之所以难以为继，就是因为有太多的预设条件、太多的短期利益诉求，导致谈判的大门生生关闭。

妥协和让步

谈判就是关于妥协的艺术，如果只有要价，没有妥协，那就成了强买强卖。这样的“一锤子买卖”，在没有什么还价空间的超市、在明码标价的饭店、在没有选择权的垄断行业时常出现。这样的交易因为没有讨价还价的空间，所以也就不需要谈判。并购谈判则有要价，有还价，有坚持，有妥协，有承诺，有让步。可以说，根本不存在没有妥协的并购谈判。

没有妥协就不存在谈判

妥协对谈判至关重要，没有妥协就不存在谈判。如果谈判的结果是接受对方的初始报价，那么谈判者将不会感到满意，因为他们会觉得自己本可以做得更好。立即让步比不上缓慢拖延的让步，因为后者会让对方感受到更有价值的退让。好的并购谈判不会以接近对方底价的初始报价开始，而是会留出一定的谈判空间。

妥协对达成交易非常有帮助。研究表明，当谈判包含妥协过程时，谈判双方会更有谈判的成就感，谈判者普遍会感觉更好。谈判者总是希望自己能够影响和说服对方接受自己的条件，这是谈判者能力的表现，而对方能够做出妥协，除了说明双方的交易存在谈判空间、双方客观上具备达成交易的条件，也说明对方认可了谈判者的谈判能力。

也应看到，过多的、轻易的妥协和让步会损害己方的利益，且不一定对并购谈判起到积极的推动作用。轻易的妥协会鼓励谈判对手索取无度，导致谈判节奏难以控制；轻易的妥协在没有得到对方的善意回报时，会显示出妥协方的幼稚、软弱，以及谈判能力与经验的缺失，从而导致妥协方在接下来的谈判里选择强硬和不妥协的立场。可见，一方轻易妥协可能会打乱并购谈判的节奏，给并购谈判带来更多的不确定性。

有效的让步策略

并购谈判中的妥协、让步是谈判双方向并购目标靠拢所做的共同努力。但如前所述，并不是所有的让步都有助于谈判的进程。有效的让步策略体现在让步时机的选择、让步的内容以及让步的尺度上。

并购谈判的初期让步可以大概划定双方的谈判范围，建立双方愿意继续谈判下去的关系基础；并购谈判的中期让步，可以揭示双方谈判过程中的焦点问题，可以扩大双方共识的范围，可以找到更多价值和机会，还可以缩小双方的谈判距离；并购谈判后期的让步，可以让双方做出最后的取舍，求大同，存小异，就并购协议达成一致。

普通的谈判面临单一问题时，可以做出单一让步，如面临价格问题，那就讨价还价；面临产品问题，那就对产品的品质提出要求。并购谈判涉及的问题错综复杂，因此并购谈判的让步比较适合打包让步。即使谈判要解决的是单一问题，打包让步的方式也可能比就事论事、直来直去的单一让步更有效。打包让步可以将非关键问题的大让步和关键问题的小让步结合起来，可以将对一个已基本解决的问题的大让步跟对一个尚未解决的问题的小让步结合起来，可以给自己即将做出的让步附加条件，可以用条件互换的方式，给对方有兴趣己方没兴趣的议题大让步，给对方无兴趣己方有兴趣的议题小让步。

并购谈判中的让步要建立在初始报价的基础上，或者预期价格的基础上，切不可建立在底线价格的基础上。如果你的每一个让步起点都太过靠近你的底线，那你很快就没有了让步空间，且你的每一步让步都微不足道，令对方厌烦。

让步的幅度不能过大，让步的节奏也不能过快。如前所述，过于频繁、密集的让步反而不会让对方轻易满足，这跟人们获得感的“边际效应递减”的道理是一样的。

1. 把自己的让步最大化

每个人都觉得自己的让步是真诚的、实质性的、有含金量的。但重要的不是“我以为”，而是要让“对方以为”。因此，并购谈判者不要轻易做出让步，一旦让步，就要让对方觉得这一让步是巨大的、来之不易的。首先，永远不要做无谓的让步，要把你的让步价值最大化，要表现出艰难和不情愿；其次，强调你的让步已经超出你的能力范围，是在得到公司的特批后才拿到的，暗示这是破例安排；再次，强调这个让步让自己一方承担了巨大的代价和损失，自己一方的代价越大，反衬对方的得益越多；最后，你还可以打感情牌，强调个人承受了巨大的压力，公司可能会追责，谈判队友可能会不快，以博取对方同情。

并购谈判中的让步越能切中要害、解决对方的实际问题、满足对方的最大诉求，就越有价值。但谈判者如果能够把自己的每一次让步的价值最大化，就可以说服和引导对方相向而行。价值最大化切不可虚张声势，要有可信度，要有事实和故事做支撑。

我和团队曾经为了在总部设定的截止日期前完成并购谈判向被收购方做出一项让步：给予其 9 名高管截至其退休年龄的雇用合同，只要他们服从工作安排、不违规违纪，我们会确保他们一直工作到退休，不降低他们的工资，不提前终止他们的劳动合同；一旦公司没有合适的工作岗位给予他们，我们将聘请他们担任公司顾问。这样的安排，短期而言，对我们的平稳过渡是有益的；长期来看，支付给他们的工资与我们的并购对价相比微不足道，而该项并购具有战略意义，因此这一点投入是相当合算的。我们在做出这一让步前，屡次强调这一决定的例外性、获得总部特批的艰难程度、给我们未来日常管理带来的困难，以及我们非常看重对方的长期价值。通过这些解释和说明，我们最大化了这一让步的不易和珍贵，而作为年龄相对较长的对方管理层，这一让步的意义对其确实非同小可。

2. 把对方的让步最小化

和使自己的让步最大化相反，谈判者要使对方的让步最小化。在并购谈判实践中，谈判者常常显示出对对方的让步不感兴趣，并且不断地贬低对方做出的让步。他们对对方的让步不表达任何谢意，否认对方让步的价值，质疑对方让步的时机；他们觉得对方的让步没有新意，觉得对方的让步是天经地义的。谈判者使对方让步最小化的目的，是寻求对方做出更大和更实质性的让步，同时也减少对方期待自己做出相应和同等让步的压力。

谈判者运用将对方让步最小化的策略时要非常谨慎。谈判者不能不加分析和比较，无差别地贬低对方的所有让步；谈判者不能羞辱性地贬低对方的让步；谈判者的贬低必须有理有据；谈判者在最小化对方让步的同时，要表现出建设性，例如，可以说明哪些让步、多大的让步、何种情况下的让步可以带给双方更多的利益，可以有助于谈判的积极推进。

我和团队在收购一家具有区域强势地位的啤酒公司时，对方一直强调其 80 万吨的巨大产能。我们通过考察和尽职调查，发现其在包装环节存在瓶颈，故其实际产能只有 40 万吨。对方在并购价格谈判中适当做出了一些让步，其让步的理由就是实际产能和理论产能之间尚存缺口，需要未来的固定资产投资填平补齐。我们则强调产能过剩是全行业的问题，我们并不缺少产能；对方的设备、技术和工艺达不到我们生产高档啤酒的要求，需要进行改造升级。根据我们采用的估值方法，产能重置的成本是有限的，而在渠道、品牌方面我们已经给予了相当高的溢价。通过这些说明，我们降低了对方让步对我方的实际价值，基于此，我们要求对方再做出更实质性的让步。

谈判的胶着状态

谈判开始以后，谈判者会发现，无论事先准备得多么充分，谈判过程中出现的新问题，也就是谈判的变量一点也不会减少。并购谈判准备阶段就已经察知的变量和并购谈判开局后出现的新变量交织在一起，很快将并购谈判推进到胶着状态。谈判者一定要坚守谈判的目标和策略，保证自己在处理各种新旧问题时，对谈判的全局有清晰的认识。谈判者只要在面对谈判的胶着状态时做到胸有成竹、有条不紊、临危不乱，就会在错综复杂的胶着阶段取得谈判优势。

并购谈判不可能一帆风顺。并购谈判开局之后，所有的议题、矛盾、需求、差距等客观问题，以及谈判双方的态度温差、谈判风格的冲突、谈判方式和策略的博弈等主观问题，会一股脑儿地呈现在谈判双方面前。谈判就这样进入了胶着状态。如何有效地管理谈判，让双方顺利度过谈判的胶着阶段，不仅考验双方公司达成并购交易的决心，也考验双方谈判代表的智慧和能力。

谈判的胶着状态意味着谈判的进展，胶着本身不是坏事。胶着状态将双方的争议和下一阶段的谈判任务清晰地摆到双方谈判代表的面前。尽管眼前一团乱麻，但总好过水下冰山。胶着状态的形成表示，谈判尚未形成某一方的绝对优势地位，双方仍在同一起跑线，谈判的结果仍有各种可能。这时候，并购谈判者要牢牢掌握谈判的主导地位，盯紧谈判的大目标，参照谈判的议程，梳理谈判的议题，列明事项的轻重缓急，以布置下一阶段的谈判任务。谈判的胶着状态最忌讳谈判者领导力的缺失。谈判者不能畏惧眼前议题的杂乱无章、双方立场的巨大差异；不能知难而退，延宕谈判的进程。谈判者需要动员双方谈判人员，快马加鞭，一鼓作气。

并购方的谈判者要主动引导

鉴于并购谈判多为并购方发起，引导双方顺利走出谈判胶着状态的主要责任应由并购方的谈判者承担。并购方的领导力、大局观、战略分析能力、问题解决能力和组织动员能力是解决谈判胶着阶段问题的重要保障。

并购方谈判代表要聚焦关键议题。胶着状态下的议题非常庞杂，不可能一下子全面解决。谈判者要抓住主要议题，聚拢谈判双方，集中时间和精力，优先讨论并购的主要议题。在这个过程中，谈判者要善于倾听，弄清对方的全部意图；谈判者要善于沟通，有理有据地陈述本方的目标和条件；谈判者要高屋建瓴，牢牢把握谈判的大方向；谈判者还要根据各种变量，调整谈判的议程和节奏，通过各种备选方案，确保谈判双方不要离开谈判桌。

谈判者还必须是个平衡师。谈判胶着阶段是谈判双方争夺利益非常重要的时期，谈判双方难免剑拔弩张、针锋相对。对被并购方来说，他们有时候带着利益最大化的任务坐在谈判桌前，有时候带着损害最小化的诉求坐在谈判桌前。由于他们被邀请参加谈判，如果他们的态度相对被动和消极，是完全可以理解的。在胶着阶段，他们更容易不配合、闹情绪。并购方谈判者当然要捍卫自身利益，但更要平衡双方的利益。并购方是主，被并购方是客，主人必须考虑客人的感受。只有兼顾了双方的需求，才能聚焦真正影响交易的关键议题。

一个具有影响力的并购谈判者，一个兼具目标导向和关系导向的并购谈判者，才能确保承载双方谈判任务的巨轮顺利驶过大洋的最宽阔水域，驶向大洋彼岸。

不跟没有决定权的对手谈判

并购谈判最怕的就是，谈到一半才发现对方没有被授权。在并购谈判的启动阶段，由于双方只是进行一些信息交换，没有开始并购条件的谈判，没有开始报价和还价，所以看不出对方有没有被授权。到了开局和胶着阶段，大家谈判的重点就是讨价还价，这时候，谈判者才有机会发现对方的谈判代表现场无法做出任何决定。谈判者的一种情况是，企业没有授权机制，或者谈判者就是老板本人，跟他们谈判的一方总是被抱怨："我可以立马拍板，你们却总要请示。"谈判者要请示，一方面，确实是因为授权以外的承诺必须请示，同时，稳妥起见，授权范围以内的重大进展和决策也需要再次报告决策层，经确认后才能做出承诺；另一方面，跟拥有无限权力的"生猛"谈判对手谈判时，谈判者必须放慢节奏，免得被带偏。谈判者的另一种情况就是，谈判者被老板委派参与谈判，却没有被授予任何权力，所有的决定都需要在跟老板汇报后做出。

有的谈判者以为自己最好能拥有谈判的最终决定权，其实不然。通常情况下，当你告诉你的谈判对手"这里我说了算"的时候，你会有一种大权在握的豪迈感。可实际上，当你这么做时，你就把自己放到了一个非常不利的位置上。当你的谈判对手发现你有最终决定权时，他就会认为只要搞定你就可以了。他会迫使你做出很多当下的决定，不给你回旋的余地。一旦你答应的事情，他就会认为铁板钉钉，而不理睬新变量和附加条件的变化可能带来的对已同意事项的必要调整。可见，宣称自己有权做出最后决定的谈判者，其实是把自己架在火上烤。

告诉谈判对手你只能在总部授权范围内谈判，并不会让你"没面子"。因为总部的授权范围是对对方保密的，这就给了你一个非常大的空间，你可以在对方的要求超出你的授权范围，或者你不想让步、不想承诺的任何时候，告诉对方你需要请示总部。你要请示的可以是总部，也可以是其他模糊的个人和组织，总之他们是你的上级。很多时候，他们也不一定是一个人、一个组织，针对不同的议题，你需要请示不同的机构和个人，他们要么是你的直接上司，要么是地区总部、集团总部、管理层、合伙人，要么是董事会、并购项目领导小组。总之，你要请示的人越多，你就会给对方越大的压力。你的谈判对手想要达成这笔交易，首先就必须彻底说服你，因为只有这样，你才会愿意去说服自己的上司。

当你面对一个没有真正决定权的谈判对手，或者身后有着无数影子老板的谈判对手，或者明明有授权却假装没有授权的谈判对手时，你可以"以其人之道，还治其人之身"，告诉对方你也要请示自己的上级；你也可以暂停谈判，告诉对方，你不能和一个没有被授权的人继续谈判；你还可以建议他先回去解决他们内部的分歧，等他们内部意见统一了，再回来谈判。

当然，无休止地玩"更高权威"的把戏对谈判议程的高效推进危害极大。并购谈判最终能否成功，还是得看交易条件是否合适。只要价钱到位，谈判者就可以穿透所谓的上级和更高权威，直奔并购协议的目标而去。

避免对方得寸进尺，变本加厉

谈判的胶着阶段充满变数，双方攻防不断。到了胶着阶段的后期，大家只看到眼前的差距，而忘记了对方为谈判的议题所做的让步。这就跟服务价值递减或者满足感边际效用递减的原理一样，在讨价还价的过程中，你所做的任何让步都会随着时间的逝去而很快贬值。你的谈判对手会像猎鹰一样盯着你的眼睛，等待你的再次让步，等着你变得越来越孱弱。

因此，当你在并购谈判中做出某个让步时，你一定要立即要求对方给予回报，不要期待对方的善意回应，也不要想着对方会对你感激涕零，更不要指望对方会主动给予补偿。你一定要主动索取，立即索取。只有这样，你才会教育对方——这个世界上没有免费的午餐，任何让步都是要付出代价的；得寸进尺、变本加厉的谈判作风是不能被接受的。

绝对不要折中

公平是一种根深蒂固的观念。并购谈判发生在两个平等的民事主体之间，公平公正也是并购谈判的基本原则之一。但在这个现实的世界上，公平是相对的。即使是两个平等的并购谈判主体，他们的需求也是不同的，目标也是不一样的。因此，在并购价格上，双方的期望值也不可能未卜先知地一致。并购谈判的目的就是不断缩小双方诉求的差距，减少双方的不一致性，最终使并购在大目标上基本一致。可见，要求并购双方在谈判中完全平等是不现实的。

有的谈判者觉得，谈判双方应该在每一个议题上都做出同样的让步，只有这样才是公平的。例如，当双方无法解决价格问题时，各让一步、折中处理是不是一个很好的解决方案呢？事实上，这样做忽视了双方初始报价可能不平等的事实。如果初始报价的天平已经向并购方倾斜，那么无论你折中多少次，并购方都能获取更大的利益；反之亦然。因此，在并购谈判的前期和中期，除非你看到天平向你倾斜，否则折中原则的运用一定要谨慎。

但是，到了并购谈判的最后阶段，如果双方的价格差距已经不大，那么你可以提议折中，大家各让一步，共同填平价格鸿沟的最后一道缺口，皆大欢喜地达成谈判。这样的折中既无伤大雅，又可以让对方感觉自己是这场谈判的赢家，何乐而不为呢？

并购谈判工具箱

1. **并购谈判的开局有四步：以积极、开放、愉快的心态进入谈判；复述前期共识，开启正式谈判；阐述谈判所持立场；开始交换信息。**

2. **初始报价的 3 原则：**

   （1）该开口时就开口；

   （2）不必过分在意谁先出牌；

   （3）乐观报价，同时准备好替代方案。

3. **初始还价的 3 原则：**

   （1）永远不要接受第一次报价；

   （2）学会感到意外；

   （3）坚定态度。

4. **有效的让步策略：**

   （1）把自己的让步最大化；

   （2）把对方的让步最小化。

5. **当谈判进入胶着状态时，要注意：**

   （1）并购方的谈判者要主动引导；

   （2）不跟没有决定权的对手谈判；

   （3）避免对方得寸进尺，变本加厉；

   （4）绝对不要折中。

第 9 章 并购谈判的僵局

并购谈判很少会一帆风顺，出现死结和僵局是常态。如果一场并购谈判只出现一次僵局，就已经十分幸运了。在一个比较复杂的并购谈判过程中，在不同的谈判阶段、面对不同的谈判议题，会出现很多连环套一样的僵局。僵局会使谈判双方陷入进退失据的境地，严重影响谈判效率，降低谈判人员的积极性。僵局可能导致谈判的失败，因此谈判者应尽力避免在谈判中出现僵局。在僵局已经形成的情况下，谈判者要采取适当的措施和策略来打破僵局，使谈判继续进行。

当然，出现僵局也不全是坏事。僵局可以帮助谈判双方更好地面对一些重要问题，并及时解决这些问题。如果忽视或绕过僵局，那么即使谈判顺利完成，这些问题也很可能潜伏下来，成为未来并购交割、并购整合以及被并购公司后续经营中的巨大风险。并购谈判高手会善用谈判僵局，他们能够利用僵局形成的压力，迫使对方做出更大的或者最后的让步。但施压的力度要得当，要小心谨慎，不能把谈判对手逼入绝境，导致谈判崩盘，那样就适得其反了。

并购谈判的 3 种僵局

在竞争式谈判中，因其对抗性特点，比较容易出现僵局，使谈判破裂。在合作式谈判中，由于大家期待双赢和达成交易，僵局相对较少，但双方的立场和诉求不可能完全一致，在达成最终协议之前，当双方坚守自己的立场，不妥协、不让步时，僵局也会出现。僵局一旦不能化解，谈判就会走向破裂和失败的境地。并购谈判胎死腹中的案子不胜枚举。我经历过一些十多年都不能取得进展的并购谈判，很多时候明明出现了曙光，但当双方重新坐到谈判桌前时，却又回到了起点。我也经历过很多最终破裂的谈判，最有代表性的就是 3G 资本收购联合利华的案子。

僵局的出现可能有显而易见的原因，例如，双方就交易价格迟迟不能达成一致，那么僵局产生的原因就是价格的差距。僵局的出现也可能有深藏不露的原因，例如，谈判双方明明谈得好好的，突然就停滞不前了，这使谈判者百思不得其解。再例如，谈判一方对先前的让步感到后悔，但又不能明说、不能反悔，只好先按下暂停键，等待机会翻盘。

当谈判僵局产生时，先想一想究竟发生了什么事，然后问问自己以下问题，如果这些问题的答案找到了，那么僵局背后的原因也就显露出来了。

- 我是否通过回顾已经取得的谈判进展，来提醒对方谈判的目的？
- 我是否劝导对方将注意力集中在主要问题上，而不要为细枝末节分心？
- 如果对方固执己见，陷于困境，我是否应该帮助他们将精力集中在主要目标上？
- 我有没有请对方也思考一下解决困境的方法？

- 当对方玩弄谈判伎俩时，我能否识破？
- 我是否要让对方知道我已清楚他们打算干什么？
- 我能否控制自己的行为？

僵局能否化解，决定了并购谈判能否成功。在具体的谈判实践中，根据僵局的严重程度，我们可以把它分为谈判障碍、谈判困境和谈判死局。

谈判障碍

并购谈判中时刻存在很多有形或无形的障碍，有的双方已经点明；有的一方清楚，另一方还不明就里；有的双方都没有意识到而被堵在一座高墙前，无法越过。谈判障碍会影响谈判进程。例如，如果双方无法就交易结构达成一致，那么其他事项就无从谈起；如果双方对定价机制不能达成一致，那么交易就谈不下去；如果双方对交割条件不能达成一致，那么前面确定好的标的、交易结构、价格统统白谈。只要这些障碍中有一个不能被克服，整个并购交易就不可能成功。从这个意义上讲，它们是实打实的并购谈判僵局。

谈判新手一看到双方在这些障碍前纠缠不休、反反复复，就会一筹莫展、灰心丧气，觉得这个并购项目希望渺茫；而谈判高手看到这些障碍时，会泰然处之，因为这是他们过往经历中常常碰到的问题。

对于谈判障碍，谈判高手会用很多简单易行的办法来克服，例如“暂置策略”。在谈判中遇到诸如交易结构、定价、支付方式、人员安置等重大议题的时候，如果双方争执不下，无法达成一致，那么继续纠缠于这些议题、互不相让，就可能伤了和气，甚至严重拖延谈判进度。这时候，谈判高手会先将这些重大议题暂时搁置起来，先解决一些小问题，为后面的谈判积聚一些正能量，通过解决小问题，让谈判双方看到共同努力的成果。人们通常不太愿意半途而废，不太愿意放弃眼看就要完成的任务。通过逐步完成谈判清单上的众多项目，谈判双方就会形成一些动力，愿意倾注更多的时间和精力来解决比较大的问题。“先易后难”的方法对学习和工作都非常有用，在复杂的并购谈判中，先易后难也是经验丰富的谈判人员常用的谈判技法。搁置只是暂时的，搁置是为了更好地集中精力打攻坚战。

谈判困境

并购谈判的困境往往出现在谈判的中间阶段和后期阶段。在这两个阶段，双方都进入了疲劳期，一些谈判人员甚至开始出现负面情绪。例如，一方对并购协议的某些条款过度地解释和坚持，而另一方可能觉得这是小题大做、浪费时间；一方对另一方的履约承诺不放心，要求增加各种保障和制约条款，而另一方可能觉得受到冒犯，心想：“既然如此不信任和不尊重我方，那还有什么好谈的？”如此针锋相对，另一方可能一气之下拂袖而去。这些问题虽不至于导致并购谈判无法继续，但会导致双方原地踏步，无法取得任何有意义的进展。

陷入谈判困境就像陷入一个巨大的泥潭，单靠自身的力量很难走出去。谈判者必须通过各种方式重新积聚动力，为谈判引入新的力量、新的思路、新的策略。这时候可以采用下列方法：

- 做出较大让步，以鼓励对方相向而行。
- 更换一下谈判地点，选择一个优雅、轻松的环境继续谈判。
- 调整一下谈判气氛，中间增加一些茶歇环节，安排双方共进晚餐。
- 调整一下谈判团队的人员配置，给谈判注入新鲜血液，调走双方都“不待见”的谈判人员。

- 绕开纠缠不休、迟迟不能解套的老问题。
- 寻求双方都更感兴趣的、容易解决的问题，以及技术性的细节问题。

总之，谈判困境不代表谈判的终结。当谈判陷入困境时，谈判双方都要抱着积极的心态，努力地寻找解决方案，尝试做出一些调整，从而改变整个谈判的局面。

谈判死局

最严重的谈判僵局就是谈判死局。这时，双方的矛盾会进一步恶化，进入谈判的死胡同。我和团队曾经碰到过要收购的目标工厂存在诸多问题的情况：土地、建筑都没有相关证照，工厂规划许可证、施工许可证缺失，建筑施工验收、消防验收都没有完成。我们提出对方需要在交割前完成这些证照的手续补办，而对方坚持，这些只能由我们自己办理，他们可以提供协助。作为一家合规的国际性企业，我们当然不能收购法律上有瑕疵的资产，因此这个我们谈了一年多的项目最后只能被放弃了。还有一家目标公司，其大股东要求我们部分并购价款在海外支付，但这家公司和这个股东没有任何海外的业务和海外的关联公司，我们无法直接将款项支付到他们指定的海外账户，而对方觉得我们没有诚意。在他们看来，我们是外资企业，海外付款是举手之劳，但我们不得不拒绝这样不合理也不合法的要求。谈判出现死局，就是因为谈判遇到无法逾越的鸿沟，始终无法取得进展，双方都感到灰心丧气，最后不得不放弃谈判。

不过，通常情况下，并购谈判很少会出现死局。很多并购谈判中的问题，无论有多么冠冕堂皇、稀奇古怪、高深莫测的起因，最终都会转化为钱的问题。“凡是钱能解决的问题，都不是问题”。因此，要想让陷入死局的谈判死而复生，需要大智慧。解决的方法有两个。

（1）一方做出重大让步，将不可能转变为可能。例如，证照问题的最终解决方式就是补办手续、补交罚款。双方完全可以提前申请当地政府介入，就这一遗留问题拿出解决方案。双方也可约定相对较长的交割日，给予卖方充分时间办完手续。双方还可以正常进行交割，同时约定卖方在监管账户保留一定金额，如果在未来一定期限内无法办理完该等手续，该账户的金额则予以释放，由买方支配，用于办理手续，或冲抵任何可能的责任和风险。同样，在海外支付无法进行的情况下，买方可以适当增加交易对价，弥补卖方因不能在海外收款而造成的利益损失。当然，并不是所有的问题都是钱能解决的，这时毅然放弃是最明智的选择。

（2）一方或双方引入第三方，充当调解人或仲裁者的角色。在双方争执不下之际，找一个权威的第三方可能会对问题的解决有所帮助。但要想让第三方力量真正发挥作用，他首先必须是“中立”的，得到双方首肯的。调解人可以促使双方制订解决方案，仲裁者可以强制双方接受裁决。第三方能够解决很多谈判双方无法解决的问题，第三方的介入对于解决法律、金融、价格的计算和调整、特定产品技术和服务的价值与未来趋势等专业问题和技术问题，有不可替代的作用。

我们从如何面对谈判僵局的角度分析了并购僵局，我们把它当成一个问题，其实僵局也可以是个技巧，可以是个机会。好的谈判者会利用僵局，甚至设计僵局，迫使对方在压力面前犯错或让步，从而达到自己的目的。

并购谈判的总体目标就是达成交易，僵局的设置和利用不能干扰或牺牲这个大目标。并购交易的达成总是在一系列条件得到满足的前提下实现的，这样多样化的条件就是谈判僵局出现和得以化解的空间。并购谈判者总是希望自己的利益最大化，条件最优化，但这里的利益和条件通常不是一个确定的数值，而是一个可以实现的数值区间，而谈判对方也有一个类似的数值区间。在多数情况下，双方的数值区间在谈判之初可能相隔很远。谈判的过程就是使这两个区间不断靠近的过程，谈判交易的达成就是这两个数值区间出现交叉，甚至完全重叠。例如，卖方希望公司的出售价格在 1.5 亿元到 2 亿元之间，买方希望最终成交价在 1.2 亿元到 1.6 亿元之间。由于信息不对称，双方不可能知道对方的底牌，整个谈判的过程就是不断迫使对方亮出底牌的过程。僵局的出现，就是为了在谈判的最后阶段极限施压，测试对方究竟能够退让到什么程度。这就很像我们去买衣服，你不断地说“5 折不卖我就走了”，但店主就是不肯松口，然后你终于一只脚跨出了店门，嘴里还是说“5 折不卖我就走了”，这时候，如果店主叫住你，这可能就是成交价了；如果店主任你走开，你就可以回来，再加点价成交。

利用僵局不仅可以试探对方的底牌，还可以通过暂停这个议题的谈判，影响另外一个议题的谈判；可以为推动后面的谈判预留空间；可以虚晃一枪，为真正重要的谈判内容积累谈判筹码；可以利用僵局争取时间，进一步搜寻关键信息；可以利用僵局让第三方参与；可以迫使双方考虑新的思路和方案；可以利用僵局交换自己真正看重的利益和条件。当然，不能过分利用僵局，否则会激怒对方，从而搬起石头砸自己的脚。

打破谈判僵局的策略

谈判者面对谈判僵局很难心平气和，所以一味地保持乐观积极的心态非常困难，有时候也没有必要。谈判者的沮丧和失望可以真实地传达给谈判对方，让对方看到己方真实的处境和感受，但这样的情绪表达必须是克制的，点到为止。谈判者必须保持头脑冷静，面对并购谈判的僵局切莫情绪化，切莫冲动、发脾气。实际上，真正的谈判高手可以从对方面对僵局时的反应，判断这个并购项目究竟有没有希望，对方是否还有让步的空间。

并购谈判本来就不能急于求成，谈判者要想在谈判桌上取得成功，达成并购的大目标，就必须静下心来，善用时间因素，表现出泰山崩于前而面不改色的品质。僵局一方面可以帮助测试谈判对手的耐力和意志，另一方面也可以展示自身的耐力和意志。在我的并购谈判经历中，多数情况下，僵局的化解更多地像一场博弈游戏，就看哪一方先服软。很多谈判高手喜欢设置谈判僵局，进行极限施压，让对手在恐惧的状态下让步。谈判新手大多不愿意面对谈判僵局，但要在谈判桌上取得优势，就必须娴熟掌握打破僵局的技巧。

打破谈判僵局的 4 个实用方法

化解谈判僵局是并购谈判者能力的体现。谈判者需要更大的格局和眼界，要抓主要矛盾，解决主要问题，盯住最终目标！

1. 回顾已经取得的成绩

并购谈判僵局一般出现在并购谈判的后期。我们可以重述已经达成的阶段性协议，提醒对方已经取得的谈判进展，珍惜双方共同的付出和努力。并购谈判是成本高昂的谈判，前期投资银行、律师事务所的分析和建议，会计师及律师的尽职调查，双方谈判代表旷日持久的拉锯战，都需要投入巨大的时间和资金成本。回顾和提醒双方已经取得的成绩，可以让双方增强继续谈判的信心。

2. 分析僵局问题的实质

并购谈判僵局需要解决的问题，通常对双方而言都是至关重要的。但有时候对一方极为重要，对另一方却可能并不重要，也可能双方都“觉得”很重要。好的谈判者要深入地了解僵局问题的性质，分析问题的实质，然后看看是否可以“避重就轻”，是否可以重新描述问题，使问题看起来并不严重，是否可以将问题进行转化，让对方看到新的机会。总之，谈判者可以帮助对方将注意力集中在真正重要的问题上，而忽视那些“看起来”不重要的问题。例如，经过多轮谈判，我方最终同意给予对方并购标的的对价为 1 亿元，对方已经接受，然后我们建议其中的 50% 以现金形式支付，另 50% 以股票形式支付，而对方强烈反对，并表示情愿放弃这次交易，也不接受这样的支付条件。这个局面持续下去当然就是谈判僵局。我们看到的表面问题就是支付方式的问题。我们可以再分析下去：对方为什么不接受这样的支付方式？他们希望的支付方式是什么？是不是有其他的交换条件？也许他们急需现金，也许他们不看好我们的股价走势？也许他们觉得“答应 1 亿元”太爽快了，后悔了，在支付方式这个问题上僵持下去可能有机会在价格谈判上扳回一局？一旦我们了解到问题所在，这个僵局就有了不同的化解方案。当然，我们必须知道自己的底线，也就是我们真正看重的是什么。在知己知彼的基础上，这个僵局就会迎刃而解。

3. 专注于谈判的最终目标

并购谈判的最终目标是达成交易，只要并购谈判代表是认真的，是真诚希望合作成功的，双方就已经有了良好的互信基础，可以继续推动谈判的进程。僵局的出现不只是给并购谈判代表增加了谈判困难，还将双方带离了达成并购交易大目标的正确轨道。因此，并购谈判者要始终牢记并购的目标，专注于并购的目标，无论谈判中发生什么意外，都要保持冷静。并购谈判高手总是在出现困难时提醒对方，双方的首要任务就是不辜负各自公司的信任和委托，集中所有精力，解决谈判过程中出现的问题，向着达成并购协议这一大目标前进。

4. 识破谈判僵局的诡计

前面提到，设置和利用僵局是很多谈判高手的惯用手法。有时候，谈判的僵局是在谈判中由于双方的差距自然而然地形成的。但有时候，谈判僵局是谈判一方故意设置的，目的是迫使对方做出让步。设置僵局的方法很多，以下是常见的几种方法。

- 利用信息不对称，不讲实情，或编造事实，或隐瞒信息，或有选择地披露信息，企图迫使对方接受某一不合理的要求和条件。
- 利用极限施压，在谈判双方即将达成协议时提出额外要求，迫使对方做出重大让步。
- 通过“白脸－红脸”的角色变换，来诱使或迫使对方接受己方条件。
- 突然增加谈判议题，介入新的谈判人员，改变谈判策略和风格，打乱谈判节奏，趁机提出新的谈判要求。

谈判者对这些故意设置的谈判僵局要格外小心，要仔细分析，及时识破，然后（在对方敌意明显的情况下）明确戳穿对方的诡计，或（在对方不是特别过分的情况下）暗示对方他正在人为地增加并购的难度。最后，如前所述，提醒对方应专注于并购谈判的大目标，共同努力，促成交易的达成。

典型的并购谈判僵局及应对策略

并购谈判的僵局有一些共性，例如，它们比较集中地出现在谈判的后期，尤其是在讨论标的范围、定价、支付方式、风险责任、人事安排等棘手问题的时候，甚至会出现在所有问题都已经解决，双方已经在审阅并购协议的时候。并购谈判的僵局有些是双方已经预料到的，甚至是双方故意先易后难，放到最后来解决的，这样的僵局属于双方谈判日程中的一部分，严格意义上来说，不是真正的谈判僵局。典型的并购谈判僵局是双方或至少一方没有预见到的，是突如其来的。并购谈判的僵局对双方的影响并不是平均分配的，谈砸了当然是双输，但僵局带来的压力对双方而言是不同的，双方解决僵局的动力也是不同的。双方的解决方案很可能各自为政，僵局是否化解对双方的影响也是不一样的，这就需要双方合作来化解。有时僵局是一方故意设置的，以便达到某一特定的目的。对于各种常见的并购谈判僵局，谈判者应该了然于心，坦然面对，寻求积极有效的策略，驾驭好并购僵局的谈判。

1. 消除并购谈判的时间压力

我们都知道“二八法则”。比如，公司应该投注 80% 的资源做好主营业务，投注 20% 的资源在蓝海领域，寻找新的机遇；公司 80% 的业绩来源于 20% 的优秀业务员；在商务谈判中，双方所做出的 80% 的让步都是在最后 20% 的谈判时间内完成的。谈判双方在谈判初期很少会做出让步，尤其是在并购谈判中，双方清楚大家面临的议题有多少，谈判过程有多艰难，有经验的并购谈判者不会操之过急，而是会用堡垒战术，步步为营，逐步积累共识。并购谈判者不会一上来就狮子大开口，把对方吓回去。如果谈判中的一方在谈判初期提出太多要求，对方可能会出现防范和抵触心理，因此对方更不太可能在初期做出让步。当谈判进入最后阶段，一方在最后 20% 的谈判时间中提出要求时，另一方反而更容易做出让步。由此可见，时间因素可以在谈判过程中给对方带来难以置信的压力，也可以在谈判中发挥巨大作用。

并购谈判都有时间表，特别是在并购谈判已经为公众所知的情况下。谈判双方在规定时间内完成谈判的压力巨大。就像一场足球比赛，到了完场最后时刻或加时赛的最后几分钟，比赛的激烈程度、运动员的压力甚至球迷的压力都是巨大的。在谈判过程中我们也可以看到，有些精明的谈判者会利用时间压力给对方施压。他们往往会在谈判的最后一天才提出新的要求，或者在谈判的最后一天才同意你所提出的某些条件——但他们早就知道可以答应你——由此导致谈判僵局的出现。

时间压力是中性的，有积极作用，也有消极作用。承受时间压力的一方总是处于谈判的不利位置，没有时间压力的一方总是可以从容应对。故意拖延谈判时间的一方可能得到更多的好处，只要他掌握好度，不让形成的僵局最终破裂。并购谈判高手了解时间压力，知道如何有效利用时间压力。所以，在谈判时，千万不要告诉对方你的最后期限。即使为了提升并购谈判的效率，双方在谈判之初共同订立了一个谈判时间表，谈判者也必须事先给自己预留充足的延展时间，防止谈判在不能按日程表结束时，不会被没有时间压力的对方胁迫着签下“城下之盟”。

即使临近谈判一方内部确定的、保密的谈判截止时间，谈判者也可以通过提高会议频率，放弃一些非关键要求，引入更高权威的决策者等不同的方法加快谈判进程，千万不要自乱阵脚，仓促做出错误决定。谈判者面对时间压力时，必须从容应对。通常情况下，如果对方知道你有时间压力，他们就会放慢谈判步伐，纠缠一些细节问题，以延迟重点内容的谈判，甚至一直拖延到最后一天，而承受这种时间压力的一方，往往会迫不得已做出让步。

除了隐藏自己的谈判时间节点，以及在时间压力面前坦然应对，我们还可以更加友好地面对和利用谈判时间。事实上，谈判双方在谈判中投入的时间越长，就越容易接受对方的某些观点。这有点像恋爱中的日久生情。并购谈判恰恰能提供给谈判双方充足的时间，让大家互相交流。如果我们以积极的态度看待，这段时光可能很美好，很有成就感，很值得回味；如果我们以消极的态度看待，那这段时光可能是度日如年，相看两生厌的。可见，同样的时间，不同的态度会产生不同的影响和后果。所以利用好谈判的时间，潜移默化地传导己方的观念，逐步减少差距，扩大共识，就能避免把太多的异议留到最后一刻，避免把太多的细枝末节转化成谈判的僵局。时间是客观公正的，也是有弹性的，你越有耐心，就越没有时间压力。

2. 打破信息不对称

信息不对称是造成并购僵局的另一大原因。在数字化时代，信息就是资源，信息就是力量。《孙子兵法》云："知己知彼，百战不殆。"在并购谈判这一"商战"中，谈判双方基本能够"知己"。谈判代表通常都是公司的高管，受公司委派。他们对自己、对自己服务的公司、对整个行业还是比较了解的。但要双方做到"知彼"就比较困难了。除了上市公司，一般的收购对象都没有足够的信息披露。这就需要公司在前期的可行性研究阶段拿出足够的时间和资源对被收购公司进行调查分析，力图掌握被收购公司从财务到管理，从市场到品牌，从技术到创新，从采购到物流、供应链，从人事到文化等各领域的情况。之后，在双方达成初步合作意向后，尽职调查会成为获取对方信息更重要的途径。在任何情况下，被收购方都不会百分之百地配合收购方提供所有信息的。特别是在敌意式并购的情形下，被收购方会拒绝配合尽职调查，拒绝提供公司信息。因此，舍得花本钱，全方位收集被收购方的相关信息，是至关重要的。在谈判的过程中，一方对另一方了解得越多，获胜的机会往往也就越大。

信息不对称可以给掌握必要信息的一方带来优势，给缺乏必要信息的一方带来劣势。建立在信息不对称基础上的僵局是很难被打破的。例如，我方要求被收购方在交易完成后结束关联交易，我方的理由可能是鉴于香港上市公司的监管要求；而关联交易是对方极大的利益所在，他们不愿放弃，但他们可能不了解香港特区的上市规则，也不知道其他类似情况下豁免案例的存在，就很难维护自己这一部分的利益。

无论你是否做足功课，在并购谈判过程中，信息不对称的情形都会时常出现。很多技术问题、法律问题、被收购公司的历史遗留问题等，会突然被抛到谈判桌上，收购方是完全没有思想准备的。在这种情况下，如果不影响谈判进程，谈判者可以按下谈判的暂停键，回去专心收集情报；如果时间性很强，信息内容不复杂，谈判团队人手充足，那么也可以让个别谈判代表离开谈判桌，抓紧时间收集信息；如果条件允许，也可以找专业的第三方帮助收集信息。

然而在谈判桌上，很多时候谈判者都没有选择的余地，他们必须在信息不对称的情况下开展谈判。这时候，在谈判中获取对方的信息就显得尤为重要。例如，你可以重复对方的问题，也可以要求对方重复他的问题，以便在他复述的过程中找到蛛丝马迹；你可以暂停、沉默，留给对方时间，让对方继续讲下去，以便了解更多的背景资料；你可以询问对方的感受，了解这一问题的实质，了解这一问题对对方的重要程度；你也可以观察和询问对方的反应，看看这一问题有没有讨论的空间，它究竟是一个可以破解的僵局，还是对方不想再谈了；如果你觉得对方的问题无根、无据、无理，且不合逻辑，但没有足够的信息和理由予以驳回，那么你可以让对方复述他的问题，从不同的角度去复述，从而帮助对方意识到，他的问题可能是个伪命题。

作为身经百战的谈判老手，我相信，这个世界上根本不存在所谓的“糟糕的谈判”，只存在我们不了解对手的谈判。了解对手需要在谈判前做足功夫，需要利用好尽职调查的机会与管理层对话，需要专业机构的帮助，更需要谈判者在谈判桌上察言观色，并聪明地提问。一个信息来源于不同的渠道，且能够互相印证时才能自洽。

3. 化解“随时离开谈判桌”的威胁

“离开谈判桌”是并购谈判僵局的一个极端表现形式。“离开谈判桌”和“离开服装店”的性质是一致的。你试过了衣服的式样、尺寸，你知道了店主的报价，双方也来回还了价，可是你还是选择“离开服装店”，这不是因为你不喜欢这件衣服，而是因为你想最后试探一下店主的底线在哪里。并购谈判中“离开谈判桌”的技巧也是为了在极限压力之下，试探对方是会接受还是会放弃这次交易。当然，两者的区别还是很大的，对并购谈判而言，“离开谈判桌”的技巧不可以滥用，这个尺度不好掌握，后果比起“离开服装店”可严重多了。

“离开谈判桌”这一技巧能够发挥作用的前提是，没有一场并购谈判是必须以成功结束的，没有人会纯粹为了完成一个交易而不计成本、不计代价地答应对方所有的要求。每一个并购项目，在立项阶段就已经预见了不同的结局，达不到一定的条件，并购协议是不可能达成的。这就是“离开谈判桌”的前提。“真戏”可能是谈判确实已经破裂，双方已经不可能在各自的授权范围内找到重叠区域，双方的高层领导也不愿意修改授权，这时候离开谈判桌是“真戏”，赌一把，看看对方有没有可能撑不住。“假戏”可能是对方离我方的要求还有点差距，需要最后推一把，或者对方的承诺已经达到我方的要求，但我方觉得对方的授权还没有用尽，可以再推一把。无论是“真戏”还是“假戏”,“离开谈判桌”都是为了设一个僵局，逼迫对方做出更大的让步。

当我们讲时间压力时，我们希望对方不知道我们有时间压力。当我们想运用“离开谈判桌”的技巧时，我们希望对方相信我们是别无选择的，我们已经亮出了底牌，我们不得不结束谈判，从而让对方也亮出他们的底牌。谈判者要掌握好“离开谈判桌”的时机，因为你不能反复使用离开谈判桌的招数，也不能为了鸡毛蒜皮的事情而离开谈判桌，你还要有后路、有备选方案来支撑。在最恰当的时机，通常是在谈判的最关键阶段，在大家争执不下之际，你的背影才可能造成假象，让对方相信你已经让无可让、退无可退，成败在此一举。这时候，对方才会认真应对，才有可能抛出他们的底价。

“离开谈判桌”创造了一个要么接受、要么放弃的谈判僵局。面临这样的局面，谈判对方不可能感到舒服。假设我们被置于这一尴尬境地，我们如何回应？如果我们真的觉得交易形同“鸡肋”，不做也罢，那我们当然可以强硬回击，以致双方不欢而散。但是，如果我们认为还有回旋的余地，一方面，我们需要义正词严地对对方的消极态度给予批评，也可以暗示对方这是在极限施压，以消解对方的压力；另一方面，我们可以保持镇静，温和地周旋，让对方的最后一击打到软绵绵的棉花上。我们也可以“以其人之道，还治其人之身”，既然对方没有诚意，我们也没有必要再谈。如果这个交易对我们具有战略意义，那么我们可以考虑再做一次让步，但我们要给这个让步附加条件，并表明，这是最后一次让步。

4. 直面最后通牒

在我过往 20 多年的谈判经历中，出现最后通牒的情况不太多。毕竟并购谈判追求的是双赢，是两个人的探戈，不是一个人的独角戏。并购谈判需要双方相互尊重，而最后通牒不是一个友好的沟通方式，运用不当可能会把对方吓走，把自己变成孤家寡人。并购谈判是一个复杂而漫长的过程，需要双方妥协、退让，求同存异，就算双方各为其主，也要斗而不破，最低限度是必须让谈判继续进行，而最后通牒可能会将双方从谈判桌上拉开，从而导致谈判的中断，甚至破裂。

最后通牒可能会在恶意并购中出现，因为双方缺乏友好、畅通的沟通渠道，而一些重大事项的决定又必须在特定的时间点做出，例如对方董事会是否接受谈判邀约，对方董事会是否接受新的报价。在普通的并购谈判中，最后通牒可能出现在双方对某一问题已经反反复复地交涉，但始终无法取得一致时，而该问题如不能解决，整个交易就会泡汤，这时候谈判的一方可能有时间压力，或者已经在放弃谈判的边缘徘徊，他们可能忍无可忍，向对方发出最后通牒。这个局面就是非常典型的并购僵局，也是极端状态下的并购僵局。

最后通牒多是书面形式的，考虑到场面的尴尬，一般谈判者都不愿意在会议过程中当面发出最后通牒。最后通牒是一种非常极端和高调的谈判方式，没有经验的谈判新人在接到最后通牒时可能会惊慌失措。因此，发出最后通牒是并购谈判中的一件大事，必须由最高谈判决策者深思熟虑后做出决定。当发出最后通牒时，必须已经想好了预案，必须做好了将其付诸行动的准备。不可以把最后通牒当成虚张声势的手段。对方有经验的谈判人员可能对此无动于衷，静观其变。如果他们发现我们在最后通牒到期后没有任何动作，就会把我们的最后通牒当成一张废纸。

对于接到最后通牒的一方来说，愤怒或慌张都解决不了问题。你需要理解最后通牒的弱点：最后通牒只有在能吓住接收方的时候才有用。倘若真的留有后手，是不是所谓的最后通牒根本不重要，双方都要继续谈下去；倘若是个无解的僵局，无论你怎么配合，交易都不会发生，最后通牒也是没有意义的。所以，你要做的就是坦然面对，不要急于反应，先静观其变，看看对方的进一步动向再说。你也可以展开调查，了解这份最后通牒的背景和真实意图。你还可以直截了当地询问对方究竟是什么意思。如果你的后路已备，也可以直接回击，明确拒绝，看看对方是会回头，还是去意已决。你也可以转移议题，拖延时间。总之，对付最后通牒这种谈判僵局，最好的方法就是“打太极”“四两拨千斤”。

5. 必须索取回报

面对僵局，化解僵局已经非常不容易，但只是做到这一点还是不够的，并购谈判高手一定会在解决僵局的同时，“顺手牵羊”带走一些“小礼物”。例如，对方要求加价 1 000 万元，否则不能成交，那么你要在同意加价 500 万元的同时，对付款方式提出一些意见。在谈判过程中，无论在什么情况下，只要你按照对方的要求做出让步，就一定要索取回报。索取回报可以让谈判对手知道，在和你的并购谈判中，没有免费的让步；索取回报可以增加对方设置新的僵局的成本，打消对方卷土重来的念头；索取回报可以让对方觉得这个回报物超所值；索取回报也可以部分对冲自己一方做出的让步，这样更容易说服自己的高层领导批准这一让步。

如何面对强硬的谈判对手

在探讨并购谈判僵局的时候，我多次提到，并购谈判高手都善于利用并购谈判的僵局来达到自己的目的。如何与技术高超、态度强硬的并购高手谈判，就是摆在并购谈判者面前的一门学问。棋逢对手的谈判相当于华山论剑，手中无剑，心中有招，较量起来会很过瘾。但并购谈判毕竟具有很大的目的性，成王败寇，谈判者很难有心情来体会高手过招、孤独求败的滋味。无论是新手还是老手，都不愿意面对并购谈判的“老江湖”。

我经历过一次最艰难的谈判。我的英文名是 Frank，我的谈判对手也叫 Frank，双方谈判团队笑称，这是 Frank 对 Frank 的巅峰对决。谈判过程异常艰辛，就像下棋一样，我总感觉对方已经先我一步。当双方一坐下来，他就在开场闲谈中把我们的意图揭开了。当我跟他要一些必要的法律文件时，他几乎从未拒绝，但一直到谈判结束、协议签订，我都没有拿到这些文件。这个并购项目在我们做出极大让步后惨淡完成。后来，我们成为极好的朋友，我把他当成并购谈判的老师。

统一双方的谈判行为准则

谈判高手都有自己独特的谈判风格，他们都遵循一些谈判的指导原则。这些风格和原则构成谈判者在谈判过程中的行为准则。他们会有意无意地依据这些准则开展谈判。我们要设法了解谈判者的这些行为准则，了解哪些是他们自身习得的、哪些是公司的行为准则、哪些是灵活的、哪些是不容谈判的。只有熟悉了对方的谈判行为准则，并且设法使对方了解和尊重我们的谈判行为准则，在两套准则之间找到“最大公约数”，才能减少谈判中的冲突和误解。

与其在谈判中摸索和了解对方的谈判行为准则，不如在开始谈判前花一点时间介绍各自的谈判风格，吸纳双方谈判行为准则的共同点，并且制定谈判中双方共同遵守的规则。在谈判的开始阶段就看到谈判规则的重要性，并且确认双方共同遵守的规则是非常重要的。谈判高手之间过招，好比拳击冠军和武术冠军的较量，如果不事先统一规则，比赛是无法进行的。谈判过程中发现问题以后再修改谈判规则的情况属于亡羊补牢，虽然未尝不可，但容易被误会成一方在谈判受益或受损后，要补充行为准则，可能会被认为是在操纵和利用谈判的优势。

谈判规则可能涵盖谈判的日程安排、谈判的议题、解决纠纷的途径、信息分享的方式、引入第三方的流程、文件的传递和效力等，既有程序性，又有实体性。好的谈判者非常在意自己的形象和尊严，一旦他们确立并接受某些规则，就会认真对待，因为被一方指责违反谈判规则是一件非常难堪的事情。因此，如果你在谈判中有幸或不幸（全看你自己的心态）需要面对一流的武林高手，你明知不是他的对手，但又不得不与他过招，那么你就可以考虑制定一些规则，约束他使用绝招，为你自己争取一点公平的空间。

尊重和利用谈判对手的准则

谈判规则对双方都很重要。在实际谈判过程中，双方的实力是不均等的，优势的一方可能会强化自己的准则，强加自己的准则，甚至制定有利于自己的规则。更糟糕的是，他们有时认为，他们有权打破规则。在谈判中，我们时常看到谈判者不尊重谈判规则。他们看到别人反悔会大发雷霆，而他们自己可以理直气壮地推翻之前的承诺。我曾经和我们合资公司的印度老板谈判合资公司的发展计划，每一天我们都能提出很多好的计划和方案，但第二天他就全部推翻重来，那段时间简直让我崩溃。

面对这样的谈判对手，我们要吃透他们的行为准则，要利用他们的准则来达到自己的目的。利用对方的准则是心理学的一个基本原则，即人们讨厌自相矛盾。所以，如果你让人们在这两者之间进行选择：是和自己的准则相互矛盾，还是和自己的准则保持一致？人们通常都会力争和自己的准则保持一致。当然，任何技巧都不可能始终有效。但是，通过运用这些技巧，你会争取到更多利好。人们违背自己准则的可能性越低，你达到自己目的的可能性就越高。

避免在谈判中争强好胜

并购谈判者必须有积极进取的精神。不畏艰辛，力争赢得谈判，是一个并购谈判者应具有的基本职业素养。但是，要赢得并购谈判，过于争强好胜的表现是十分有害的。最糟糕的是，你的谈判对手可能也好斗、好胜。可以想象，这样的一对谈判对手交起手来是怎样刀光剑影、电闪雷鸣的场面。也许谈判双方是过足了瘾，但对公司来说，这样的决斗是没有意义的。达成一个理想的对双方都有益的并购协议才是真正的目标。

无论是竞争式谈判，还是合作式谈判，在并购领域都必须追求双赢，或者至少使看起来输了的一方也认为达到了自己的谈判目标。如果以最终的交易达成为目标，那么一城一池的得失、情绪的起伏等，就都没有那么重要了。谈判者需要的是专注——不是专注于输赢，而是专注于并购的目标。我们真正需要关心的是，我们的目标是否清晰和坚定，我们制定的策略是否可以帮助我们达成目标，对方的诉求是什么，对方是否接受我们的谈判规则，对方是否可以跟我们相向而行，我们怎么样才能克服谈判的障碍，避免僵局、破解僵局。这些问题的解决需要“双方”共同努力，而不是局限于“博弈”和“胜负”。当我们面对强劲的谈判对手时，不要争强好胜。并购谈判中的斗狠，相当于物理学上的作用力和反作用力，你越要斗，越想赢，对方的反扑就越有力。

善用调解和仲裁

在商务活动中，如果遇到法律纠纷，且双方无法协商解决时，通常一方会寻求诉讼、仲裁和调解 3 种不同的解决方案。这 3 种方式从高到低依次对应纠纷的严重程度和解决的难度。在并购谈判中，因为双方仍然没有达成并购协议，所以也就不存在比较严重的违约或侵权行为，诉讼在解决并购谈判分歧上几乎派不上用场。当谈判遇到僵局，发生纠纷，甚至进入死胡同，而强势的谈判对手又不肯后退时，解决问题的有效方法就是引入调解人或仲裁者。引入调解人或仲裁者的原理和引入谈判第三方的原理是一致的，不同的是，引入前者的目的是解决谈判的僵局问题。

从纠纷解决机制来看，调解和仲裁之间最大的区别就是强制力和权威性的不同。调解人通常没有权力做出裁决，也没有权力来判断是非对错。作为调解人，他们的主要作用就是调节双方的矛盾，尽力帮助谈判双方找到解决方案。仲裁则不一样，在引入仲裁者时，谈判双方已经事先认定仲裁者是独立的、权威的、公平的。双方都同意赋予仲裁者必要的权力来做出裁决，双方对仲裁裁决必须无异议地执行。

当谈判陷入僵局时，适时引入调解人和仲裁者可以避免局面进一步恶化；可以避免双方谈判代表互不相让，导致无法继续谈判；可以以较低的成本，在可控的范围内，以专业精神和中立态度，在保密的前提下，破解谈判僵局、排除谈判障碍，使得谈判可以继续推进。

避免对抗性谈判

谈判者必须熟练掌握对抗性谈判、竞争性谈判的技巧。谈判者必须掌握面对具有好斗、霸凌倾向的谈判老手的技巧，但这些技巧最好备而不用，或者点到为止。我反复地强调并购谈判是双赢的谈判，在并购谈判的开始就必须给谈判定调，即希望通过友好谈判，达成一个双赢的解决方案，为双方创造更大的价值。这也就是为什么每次开始一场并购谈判时，都要强调“把蛋糕做大”这个概念。

我们可以选择以合作的态度进行谈判，但是谈判的另一方可能选择以冲突的方式回应我们。我们可以针锋相对，也可以因势利导。如果我们选择反驳，我们就要预见到对方的立场可能会被强化。因此，我们可以先表示理解，再慢慢地加以解释和引导，以便扭转对方的立场和观念。人们常说“有理不在声高”，娓娓道来，讲清逻辑和事理，比大声反驳更有力量。跟强硬的谈判对手过招，对抗和冲突不是首选。以柔克刚，化堵为疏，强调合作，追求双赢才是正解。

并购谈判工具箱

1. **好的谈判者会利用僵局，甚至设计僵局，迫使对方在压力面前犯错或让步，从而达到自己的目的。**

2. **打破谈判僵局的 4 个实用方法**

（1）回顾已经取得的成绩；

（2）分析僵局问题的实质；

（3）专注谈判的最终目标；

（4）识破谈判僵局的诡计。

3. **典型的并购谈判僵局是双方或至少一方没有预见到的，针对这种情况，可以这样做：**

（1）消除并购谈判的时间压力；

（2）打破信息不对称；

（3）化解“随时离开谈判桌”的威胁；

（4）直面最后通牒；

（5）必须索取回报。

4. **面对强硬的谈判对手，可以：**

（1）统一双方的谈判行为准则；

（2）尊重和利用谈判对手的准则；

（3）避免在谈判中争强好胜；

（4）善用调解和仲裁；

（5）避免对抗性谈判。

第10章 并购协议的谈判及签约

并购谈判最好的结果就是皆大欢喜，双方都是赢家。双方最终就价格和协议达成一致，不是因为价格的科学性，而是因为双方都感到满意，都能从协议中各取所需，都感觉自己赢了。在双方都感到满意的时刻达成协议、结束谈判是最美妙的事情。好的并购谈判需要水到渠成，拖得太久，反而会令双方感到审美疲劳、相看两厌，甚至分道扬镳。并购谈判不意味着慢工出细活，并购谈判需要注重效率，需要在双方已经就主要事项达成一致的情况下尽快收尾，尽快固化谈判双方取得的谈判成果。大功告成在即，谈判者要不失时机地完成并购协议的谈判和签约。

并购协议的谈判是并购谈判取得积极进展的重要标志。并购价格的谈判是从财务角度来说专业性非常强的谈判，并购协议的谈判则是从法律角度来说专业性极强的谈判。在后者阶段，协议的商务条款更多的是从前期的条款清单（term sheet）转换而来的，但更加书面化、全面、准确；协议引入了大量法律条款，这些法律条款看起来枯燥乏味，但对协议的完整性来说是必不可少的，不能掉以轻心。协议条款的谈判需要快刀斩乱麻，需要决断和效率，更需要严谨和细致，一定要防止细节出错或节外生枝。

并购谈判的收官

人们常说，人生在世，重要的是过程，而不是结果，但是耗时耗力又耗钱的并购谈判要的是结果，而不是过程。一个并购谈判项目进行到最后，就像双方一起跑了一场马拉松，如果在比赛结束前双方倒在了终点线的前面，似乎双方都不能接受。如果谈判双方已经商讨过谈判清单的主要议题，凭事实和直觉判断出谈判收官阶段已到，那么这时候谈判的一方就要立即邀请另一方结束谈判，共同完成并购协议的审核和签署。

见好就收，顺势而为

电影是一门遗憾的艺术，电影导演总觉得如果能重拍，那么他一定可以拍得更好。并购谈判也是一门遗憾的艺术，谈判结束后，谈判者也总是觉得有些环节表现不佳，希望能够推翻重来。并购谈判不可能完美，也不可能为了完美而没完没了地推翻重来。并购谈判的最高境界不是追求完美，而是在最恰当的时候，双方都以愉快的心情完成谈判。因此，并购谈判需要见好就收，不能贪得无厌、得寸进尺。

并购谈判接近尾声时，谈判者要抱着对谈判对方的认可和感激，用期待庆祝的心情感染对方，将对方带入结束谈判的节奏。如果谈判对方还深陷谈判的节奏，不妨善意地询问对方：“是否到了开一瓶香槟庆祝的时候？既然我们对所有问题都已达成共识，何不现在就签署协议呢？”

提醒和邀请谈判对方结束并购谈判，有各种方式和途径。谈判者可以开门见山，直接提出结束谈判、尽快签约的想法。在请求结束谈判时，谈判者要避免喋喋不休，要注意观察对方的反应，以和缓的语气请求结束谈判。如果对方仍然犹犹豫豫，那么谈判者可以询问对方：“还有什么事项没有涉及？还有什么影响达成协议的问题存在？”在请求结束谈判时，谈判者要告诉对方，达成协议是很明智的抉择，是双方共同努力的结果。理由要充分，要站在对方的角度思考。谈判者也可以假定谈判已经达成协议，询问对方下一步的安排，如何时签约、在哪里签约、签约仪式细节如何等。谈判者还可以提及并购协议里条款的具体执行，暗示“双方已就主要议题和价格等达成共识，后面就剩如何执行协议条款了”。当然，一些很具体的行动也可以表示双方已达成协议，谈判可以结束，例如安排双方高层见面，着手准备交割条件，甚至组织商量谈判团队一起庆祝，等等。

当然，如果协议中确实还有一些非原则性事项需要商议，对方仍希望进行最后一搏，争取更多的利益，那么谈判者在“正面强调达成协议的好处”仍没有效果的情况下，可以从侧面强调“达不成协议的坏处和损失”。有些人可能对得到什么无动于衷，却非常在意会失去什么。在面对非原则性事项时，谈判者可以提供一些特别的优惠，诱使对方尽早结束谈判。例如，保留对方谈判人员或高管的一些个人待遇，聘任对方担任并购后新公司的顾问，等等。

当双方都可以愉快地同意结束谈判时，以何种方式结束谈判并不十分重要，确保对方有愉快的心情反而更为重要。否则，任何催促结束谈判的请求和暗示都会被当成强人所难。

虽然急于收官，但也不代表不能说“不”。尽管双方都希望尽快结束谈判，但“强扭的瓜不甜”。一方过于渴望成交，则会成为本方谈判的软肋。越想成交，就越处于弱势。相反，越不轻易显示出这种渴望，就越容易取得有利的谈判地位。只有敢于说“不”，善于说“不”，才能更有效地达到谈判目的。

并购谈判是附带条件和底线的，这也在谈判者的授权范围内，谈判者有权否决一项超出谈判底线的并购交易。谈判者虽然不能泄露自己的授权范围，但可以明示“自己已经没有谈判的余地”，如果对方无动于衷，那么谈判者可以视情况委婉地表达或明确地表示：自己将不得不离开谈判桌。在并购谈判的最后阶段，谈判者说“不”的目的，不是单纯地拒绝对方，而是保护自己的利益、获得最好的谈判结果。虽然谈判双方都希望获得圆满的谈判结果，但毕竟并购项目关系彼此切身利益，为此而发生冲突也是在所难免的。因此，谈判者在应该拒绝的时候，就要大胆地说“不”。但在说“不”的同时，最好还是敞开谈判的大门。谈判者可以说：“很抱歉，尽管我们付出了极大的努力，但是谈判协议还是没能达成。我们不得不遗憾地结束这次谈判。接下来的任何时候，如果你们愿意重新考虑我们的立场，我们会随时准备好重回谈判桌。”

收官阶段的 3 种心理

在并购谈判的收官阶段，谈判者的压力会剧增。不同的心理活动和心理反应会对并购谈判的结局产生巨大的影响。

1. 短缺效应的紧迫感

在资源短缺的时候，会出现哄抢现象。这就是短缺效应的体现。短缺效应是指，当我们认为某种事物出现供不应求的趋势时，我们就会倾向于获取更多这种事物。

在并购谈判的最后阶段，导致短缺效应出现的情形有很多。

- 过度的买方竞争会导致短缺效应。并购谈判者可以暗示：如果对方还不尽快同意成交，那么自己将放弃这项交易，转而和其他潜在的并购对象展开谈判。在筹划并购行动时，列出其他潜在的并购对象有备无患。

- 时间节点已到，导致短缺效应。如果双方在谈判前期已经约定了谈判的最后期限，且谈判双方一直严肃对待比事，那么当最后期限来临时，谈判双方的压力会剧增，达成交易的紧迫感也会越来越强。以我自己所在的公司为例，以前我们很多的并购目标都是年度的，我们会提醒谈判对方，如果年底前不能达成协议，那么明年可能就没有此项预算了。有时候我们也会提醒谈判对方：若是还有条件和要求，就请尽快提出来，否则我们的董事会成员要去休假，到时候没有人会审批你们的新条件。谈判者也可以通过最后期限所产生的短缺效应，对某些优惠的条件和条款设定“有效期”，一旦到达设定期限，这些优惠条件和条款就会被取消。
- 一方威胁退出谈判也会导致短缺效应。这也是本书经常讨论的下“最后通牒”的做法。如果对方相信了，那么采取威胁退出谈判策略的一方将有机会在价格条件上再次索取；如果对方看出破绽，则可能会对采取策略的一方不予理睬。

短缺效应是感性反应，而不是理性反应。真正决定并购谈判收官的因素应该是双方的比较优势、双方的利益和并购的大目标。但是，并购谈判者确实可以利用短缺效应产生的紧迫感，促使谈判对方加快步伐，完成并购谈判。

2. 过分执着的赌博感

恋爱越久，双方越可能难以割舍。过分执着在商业领域意味着，如果我们在之前的一个项目中已经投入了大量金钱、时间和精力，却没有成功，那么我们将很难承认失败或接受损失。

并购谈判者在谈判初期会有条不紊、按部就班地遵循谈判的议程，一个议题接一个议题地讨论。但是随着谈判时间的拉长、过程的起落，谈判者的心理会出现微妙的变化。谈判时间拖得越久，谈判者就越不淡定，也越不愿意放手。这就是人们趋利避害心理的一种反应：与其因失败面临很大的损失，不如勉强维持现状，尽力争取一点利益。谈判者在实际谈判中投入的时间、精力和其他资源越多，就越会执着于看到最终的结果。就像久坐赌桌的赌徒，执着地相信自己的财运，期待着“下一把”会有奇迹发生。

执着是谈判者的优良品质，但过分执着对并购谈判却非常不利。有些谈判者喜欢操控谈判的进程，他们故意利用拖延战术，将对方拖入过分执着的泥潭。然后他们往往会说：“你看，我们已经谈了半年了，不要让大家的努力和心血付之东流啊，我们已经做了巨大的让步，现在就看你们能不能再让一步，尽快达成交易了。”这时候，经验不足的谈判者可能扛不住压力，在并购谈判的最后阶段满足对方最后的要求，以挽救此次久拖不决的谈判。

3. 平分结果的公平感

平分差距很可能是使用次数最多的谈判结束技巧。在任何特定谈判的初期，最有可能的共识点就是双方初始报价的折中点。在谈判的收尾阶段，最大的可能就是谈判一方或双方提议平分最后的差距。如果双方最后的报价差距是 100 万元，那么双方各让 50 万元，交易就可以达成了。为什么平分差距这么受欢迎？第一，它激发了我们的公平意识和互惠思维，为将来双方继续谈判打下了良好基础；第二，这种技巧简单易懂；第三，这样做方便快捷。

然而在并购谈判中，绝对平等是根本不存在的。假设在排除其他限制条件、单论价格的情况下，谈判一开始双方离成交价分别差 1 亿元。谈判过程中，一方让步 7 000 万元，另一方让步 3 000 万元；到了收官阶段，一边是 3 000 万元，另一边是 7 000 万元，合计差距 1 亿元。如果按平分差距的方法操作，双方各让步 5 000 万元，最终算下来一方让步 1.2 亿元，另一方让步 8 000 万元。可见，谈判收官阶段平分差距的方法未必公平。

所以我们要看建议的折中点是否真的对自己一方公平。当平分差距危及一大笔资金或某个重要原则，同时双方关系又很重要时，仓促使用这种方法也许会使你失去想出其他创造性方案的机会。

另一种选择：放弃

一份糟糕的并购协议不如没有协议。在我的谈判生涯中，当我对一份勉强达成的并购协议眉头紧锁时，十之八九，在签约后的两三年内，我们都会发现这是一起错误的并购。无论基于什么心理、什么原因，签署一份失败的并购协议都贻害无穷，这不仅意味着大量的金钱损失，还意味着运作团队将花费大量的资源、时间、精力来修补一条“漏船”，而这条船没有任何航向，除了下沉。因此，并购谈判者一定不能有“面子心理”、完成个人目标心理、好胜心理，要把公司的利益放在第一位，坚决果断地放弃明显失败的并购交易。

并购协议是并购谈判的总集成

并购谈判无论持续多久、涉猎多广，最后的成果都要落到纸面上。并购谈判主要是通过口头和书面的形式进行的。谈判者在并购谈判的每一个阶段，甚至是每一次谈判之后，都要通过书面文字将谈判达成的一致意见、双方的分歧所在以及下一次谈判的主要内容记录下来。这样既可以避免双方赖账反悔，也可以提高谈判效率，不断缩小谈判的范围。到了谈判的最后阶段，这些过往的谈判纪要就如同涓涓细流，最终汇成并购协议的大江大河。并购协议是所有并购谈判环节的集大成者，也是并购谈判双方所有承诺的汇总，好比一辆汽车的所有配件全部到位，在总装车间经过最后的组装，成为一辆真正的汽车。

并购协议是谈判承诺的书面材料，它涵盖了并购谈判的所有议题。并购谈判的主要议题构成了并购协议的关键条款。并购协议包含双方一致同意的内容，也包含双方意见不一致的内容。并购协议需要客观、中立、清晰地陈述谈判双方的立场，哪怕这些立场可能是对立的。并购协议也要完整、准确地披露双方提供的有关公司及资产等方面的必要信息。如果公司存在某些潜在风险和责任，资产存在某些瑕疵，那么并购协议都要如实反映。这些各方立场和事实的表述部分就是并购协议的陈述部分。

并购协议是谈判双方一系列约定的书面形式，这些约定里最重要的就是双方的承诺。承诺是双方针对谈判议题的解决方案，是谈判一方对另一方的履约保证。没有承诺的协议是没有实际意义的。承诺生效后既有经济后果，又有法律后果。若并购双方不履行并购协议的承诺，就要承担巨大的违约责任。

口说无凭，立字为据。在并购谈判过程中，要多使用书面文件。在具体谈判实践中，无论双方沟通得多么详细，口头的谈判过程都涵盖不了所有的细节问题。这些细节问题需要在起草协议的过程中阐明。任何一场谈判都不可能按照同一个标准的协议模板来进行，因此协议里的非商务条款一般不会出现在谈判的议题里，但这些条款也是协议不可或缺的组成部分。协议对谈判内容具有补充作用。

用书面形式记录双方的协议是谈判不可或缺的步骤。并购谈判包罗万象，议题千差万别，谈判双方的约定和承诺必须通过正式、规范且具有法律约束力的合同来承载。签订并购协议的目的是保护并购双方的利益。

在正式签署并购协议前，并购谈判者是确保并购协议准确无误的第一责任人。并购谈判者必须仔细、认真地审阅协议的每一项条款，连标点符号都不要忽视。并购谈判者必须要求参与谈判的律师团队审读协议全文，并以书面形式保证协议内容准确、正确、合法、合规。一旦将来发现并购协议有重大疏漏，公司可以据此追究律师的法律责任。并购协议中的商务条款必须让公司的财务及投资负责人审批，以确保数字和公式没有错漏。

千万不要让对方起草并购协议

很多谈判者惧怕并购协议深奥、烦琐、复杂的特点，又希望省下起草并购协议的巨额律师费，故而选择让对方起草并购协议。我的建议是，千万不要让对方起草并购协议，因为这样会让你陷入非常不利的境地。能够起草并购协议的一方占有很多优势：可以尽可能地涵盖对自身有利的所有议题、承诺、条件和条款；可以在尽量中立的前提下曲径通幽地偏向自身的利益；可以在文字润色上稍加调整，比如在最不起眼的地方埋好伏笔，为协议履行过程中可能产生的争议做好准备。很多年前，我之前服务的公司收购了当时国内最大的牙刷厂 70% 的股份，我奉命前往参加整合工作。我们在工作中和对方发生了一些争议。我本能地打开双方签订的由我方律师起草的股权转让协议，协议中居然清晰地约定了出现这些争议时双方的责任和义务，于是问题迎刃而解。这样的解决方案对我方是有利的。如果没有这些约定，那么双方可能会争得不可开交，而这样的约定，恰恰是我方先前起草协议时打下的基础。

在并购协议条款谈判的最后阶段，删除一些内容相对容易，添加一些内容则非常困难；纠缠一些商务条款相对容易，纠缠一些非商务条款及法律条款则让人不快；对部分条款提出异议相对容易，推翻整个协议并重新架构则非常困难。可见，起草协议的一方总是能占得先机。

其实，起草并购协议最好不要等到谈判的最后阶段，而是在谈判之初就起草，这份协议是带有“偏见”的协议，反映的完全是收购方的立场。这份协议当然跟最后形成的并购协议有很大差别，因为我们必须添加对方的谈判立场，修改我们的谈判立场，添加谈判前未知的关键信息。但这份协议草稿带来的好处是巨大的，它可以指导我们进行谈判，帮助我们分析双方差距，最后使我们清晰地看到自己取得了多大的谈判成果，或者做出了多大的让步。当然，这样的并购协议草稿是绝对不能让对方看到的。

以上这些建议主要是给收购方的，因为在并购谈判中，基本上是收购方起主导作用。但其实对被收购方来说，这些建议也同样适用、同样重要。即使被收购方出于地位被动、经费不足、专业能力不足等原因没能起草主要的并购文件，被收购方也一定要确保有专业人士（包括但不限于谈判成员及律师）对并购文件，特别是股权转让协议逐字逐句、仔仔细细地审读，避免任何疏漏和误解。

不要低估并购协议的法律条款

前面已经提到，并购协议的法律条款常常被忽视，在谈判过程中得不到讨论，在并购协议中得不到关注。并购谈判的双方往往把主要的精力放在并购协议的商务条款上，诸如并购标的、定价机制、支付方式、价格调整机制、交割条件等。对于法律条款及其他辅助性条款，不是一带而过，就是完全无视。他们认为这是律师的工作，与他们无关。其实并购协议商务条款以外的条款也非常重要，这些条款包括定义部分、陈述与保证条款、违约条款、签约时间及地点、生效条款、合同完整性条款等。没有这些条款，并购协议就无法成立。这些条款也许在并购协议的履行初期（假设这是一个蜜月期）没有任何作用，但在整合期及其后的运营阶段，一旦发现一些争议事项，这些条款就会发挥巨大作用。

君子协定和补充协议

并购谈判中有时会有一些没有形成书面文字的君子协定和口头协议。口头协议一般出现在相对小型的并购中，一般针对比较具体的问题，在得到双方上级的认可后，会在较短的时间内兑现完毕。口头协议的存在以不影响整个并购协议的有效性和履行为前提。口头协议的弊端也非常明显：口头协议不适合在大型并购中出现；双方一旦发生人员变化，会导致口头协议无法履行；口头协议如果涉及利益输送，则会带来法律风险，且公司难以记录；不履行口头协议虽然不会影响并购协议的有效性，但会影响并购协议的后续履行，给交割和整合工作带来巨大风险。

并购谈判中也常常会用到补充协议（supplemental agreement），这是很正常的现象，因为签订并购协议后，双方有时会发现还有个别议题没有涉及，或某个协议条款的表述不准确，所以双方会就该议题专门签订补充协议。该补充协议与并购协议的效力一样，它作为并购协议的附件，是并购协议的有机组成部分。还有一种补充协议（side agreement），是就并购协议以外的特定事项进行约定，该协议不放入已有的并购协议，而是单独存档，有时还需要高度保密。对这类补充协议最好加以拒绝，对需要监管机构审批的并购交易，以及上市公司进行的并购交易来说尤其如此，因为这些单独存放不予披露的补充协议，很可能给公司带来巨大风险。

签署协议不能随心所欲

并购协议的文本一旦经双方谈判团队和律师审核、确定，双方就应趁热打铁，尽快安排签署协议。多搁置一天，就会多一点节外生枝的可能。签署并购协议既是流程的一部分，也是并购谈判的重要组成部分，谈判者对协议的签署不能随心所欲、马虎大意。

签署—跟进—交流—保密。并购协议必须由合法授权的双方代表签署。谈判者一定要检查双方签字代表的授权文件，并将该文件存档。并购协议是商业活动中非常重要的商务合同，而并购事项又是双方的头等大事，因此并购双方通常会安排相应的仪式来见证这个重要的时刻。也正因如此，并购协议一般都会在谈判现场签署，并伴有一个简短且隆重的签字仪式。对上市公司而言，因为涉及披露问题，所以签约仪式一般不会邀请外部人员参加。对非上市公司而言，如果双方觉得该项目意义重大，那么也可以举办高规格的签约仪式，邀请双方的高层、合作伙伴、当地领导、媒体代表以及谈判团队来共同见证和庆祝这一高光时刻。但从法律层面来说，仪式不是必须的，现场签字也不是必须的，传真签名、电子签名、邮寄签名等方式都是法律认可的。事实上，如今网络签约也已经变得十分常见和可靠。在双方代表签名的同时，谈判者或律师要检查并确保盖章、日期、签署地点等此类细节。如果协议比较厚，为确保以后协议中间不会缺页或被掉包，双方还可以在每页“小签”，或加盖骑缝章。

并购协议的签署只是万里长征的第一步，并购谈判团队不能就此放松或懈怠，而要马不停蹄地投入并购协议的履行工作。为了按照并购协议约定的时间表顺利交割，双方需要继续并肩战斗。签署协议之前，谈判双方各为其主、互不相让；签署协议后，双方就已经在一条船上了，必须携手合作、创造条件、消灭分歧、化解矛盾，向交割的目标快速前进。双方在交割前的合作也会为交割后整合阶段的合作创造良好的基础。对很多成功的并购而言，谈判者在签署协议后表现出的坚守与合作的态度是值得赞扬的。

并购协议签署后，并购谈判高手会喜怒不形于色。他不会因为在谈判中占了上风而得意扬扬，也不会在谈判结束后嘲笑对方；他不会因为在谈判中落了下风而自怨自艾，也不会在谈判结束后揶揄对方。在谈判桌前是对手，而在谈判桌后是谦谦君子。双方在谈判之前可能心怀芥蒂，而谈判之后可以成为真情好友。如果你和谈判对手经常过招，可能你会拿对方的失误开个玩笑，双方也都会一笑了之。如果两位谈判对手是首次进行巅峰对决，那么双方在结束谈判后都要展现君子风度，互相感谢和祝贺。真正的谈判高手总是会虚怀若谷、放低身段，总是会让对方感觉他们自己赢得了谈判；真正的谈判高手即使看到对方的表现不尽如人意，也一样会赞扬和恭喜对方。谈判者给予对方一点鼓励，就是给予曾经同样稚嫩、青涩的自己一点认可。

并购谈判的代表都是专业的商务人士，必须遵从最高的商业道德和职业精神。谈判者总是难免想分享谈判中的精彩故事，甚至炫耀自己的战术和成果，但他必须知道这其中的底线在哪里。谈判双方通常都会对并购谈判的过程约定保密事项，对并购协议约定专门的保密条款，双方谈判代表及辅助人员也都有保密义务。谈判参与者在谈判结束后的若干年内，都不应该对外披露谈判的细节以及并购协议的内容。我所在的公司曾经在全球金融危机期间不得不出售我们在国内一家上市公司的股份，收购方的代表是当时的一位风云人物。虽然对方的谈判策略和表现出来的专业与能力都让我们印象深刻，且谈判的结果对他们而言是一场大胜，对我们而言也勉强可以接受，但很快这位风云人物就在媒体上分享了他参与的这次谈判，我们看到后感到非常不解。

终局阶段的 6 大谈判策略

并购谈判的终局阶段非常关键，因为并购谈判最重要的决定和成果都会在这个阶段尘埃落定。为了在终局阶段获取更大的利益，并购谈判双方都会各显身手，奇招尽出。有的谈判者甚至还会小动作频频，突破商业谈判的道德底线，采用一些不恰当的手段和技巧来最大化自己的利益，并迫使对方签下“城下之盟”。这里介绍几个在并购谈判终局阶段常见的谈判策略。这些策略相对中性，但在不同的情境之下，可能会体现出它的消极作用。由于这些策略在并购谈判的任何时候都会被或多或少地运用，所以本书其他章节也会重复讨论，但在并购谈判的后期，这些策略会集中地呈现。

“白脸 - 红脸”策略

“白脸 - 红脸”策略是最有名的谈判策略之一。当谈判者想给对方制造压力，但又不想让对方产生对抗情绪时，“白脸 - 红脸”策略就非常有效。人们使用“白脸 - 红脸”策略的频率远比你想象中要高，因为这种方法可以在不导致任何对抗情绪的情况下给对方施加压力。通过使用一个模糊的更高权威作为己方的红脸，己方就可以在不惹怒对方的情况下给他制造巨大的压力。

在认识了“白脸 - 红脸”策略之后，我们再来看看如何应对对方的该种策略。首先，要识破对方的策略。虽然应对“白脸 - 红脸”策略的方法不止这一种，但很可能你只要知道这一种就够了。一旦你指出对方的把戏，他就会觉得非常尴尬。当你注意到对方在使用“白脸 - 红脸”策略时，不妨微笑着告诉对方：“哦，好了，你不是在和我玩‘白脸 - 红脸’策略吧？”其次，塑造自己这一方的红脸。除了谈判桌上的红脸之外，你还可以虚构一些比谈判桌上的红脸更加强硬的红脸。再次，直接找对方的上司。有时候你还可以通过红脸来解决问题，尤其是当这位“红脸”的性格不讨喜时。

蚕食策略

并购谈判高手都喜欢在并购谈判的终局阶段使用蚕食策略。即便谈判双方已经就所有的并购议题达成一致，谈判者还是有机会从对方那里得到更多好处，甚至是从谈判开始时对方一口回绝的事项中得到好处。蚕食策略的关键就在于，在谈判进行到尾声的时候，谈判者提出一些看似微不足道的要求，像切香肠一样逐步扩大自己的利益。蚕食策略之所以有效，是因为一旦谈判的一方就主要议题达成了协议，他的大脑就会不断强化这个成果。相对地，对于对方此时提出的新要求，只要不影响已经达成一致的主要议题，谈判的一方就不会有很大的抵触情绪。

在并购谈判的终局阶段，谈判者十分疲惫，巴不得谈判快点结束，这个时候他们往往最脆弱，最容易成为对方蚕食策略的牺牲品。尤其是当谈判者觉得大功告成时，对方的蚕食策略最有可能奏效。例如，当双方已经就并购协议的主条款达成一致时，被收购方突然说："我们最近现金流有点紧张，能不能把首期付款从 50% 增加到 80%？反正交易条件都谈好了，公司马上就是你们的，并购款早付晚付都是一样的，而且你们资金充足，这点差异对你们来说没有影响。"

在并购谈判的终局阶段，当谈判者发现自己的谈判对手正在使用蚕食策略时，一定要有所反应，甚至是反击。谈判者可以重申并购谈判的规则，即双方应该讲诚信，既然已经达成了协议，就不要节外生枝；谈判者也可以告诉对方，如果他们希望得到 A，那么自己也相应地要求得到 B；面对对方提出的新要求，谈判者可以直言相告，自己的谈判授权已经用尽，没有权力答应他，哪怕是这一点额外的小要求；谈判者也可以使用"白脸－红脸"策略，挡回对方的新要求。

虚张声势策略

到了谈判的收尾阶段，如果谈判者觉得对方仍然抱有不切实际的幻想，仍然死守明显不合理的过高的底线，那么谈判者不妨试一下虚张声势策略。谈判者可以突然表示之前的尽职调查有误，新的数据说明对方公司不值这个价码，要求大幅降低收购报价，这对仍然期待着过高收购对价的谈判对方就是当头一棒。谈判者也可以突然要求收回前期已经承诺的某个关键条件，以达到虚张声势的目的。

虚张声势策略风险极大。如果收回并购谈判的核心承诺，并且新提出的条件完全没有合理性，那么对方有可能会被惹怒。对方也可能会识破这一策略，从而“以其人之道，还治其人之身”，这样双方就会难以收场。

锦上添花策略

锦上添花策略的目的是投桃报李。这有点像“买一赠一”，每个人都有贪小便宜的心理。“买一赠一”时赠的都是小物件，但得到的人都很开心。

并购谈判的大团圆结局是最理想的结果，因此谈判高手会在谈判的终局阶段给对方一些“小礼物”，让对方觉得物超所值。这些“小礼物”可能是象征性的小小让步，也可能是协议之外的额外好处和便利。所谓“礼轻情意重”，重要的不是“礼物”的价值，而是“送礼”的时机。

偷梁换柱策略

在并购谈判中，偷梁换柱策略指的是不等价交易原理。在日常生活中，一对夫妻在逛商场，男士买了双球鞋，女士买了只皮包，尽管两件物品的价格相差巨大，夫妻俩却都欢天喜地，因为他们都各取所需。

我一再强调，并购谈判双方的目标并不是完全一致的，其中有交叉的部分，也有截然相反的部分。一方极为看重的议题，另一方却可能觉得小题大做；一方根本没有纳入谈判议程的事项，另一方却可能认为至关重要。并购双方对不同议题重视程度的差异就为偷梁换柱策略的运用提供了空间。

在并购谈判的终局阶段，如果谈判双方已经退无可退，谈判者不妨找一找是否存在这样的事项：对自己而言价值不大，对对方而言却价值连城。如果有，谈判者就可以利用这一事项进行交换。这个过程与并购交易的主议题关系不大，通常来说，主议题不太可能进行不等价交易，因为它更倾向于“关系”的谈判，而不是倾向于“利益”的谈判。使用偷梁换柱策略的目的，还是使已经进入尾声的谈判尽快收官。

做大蛋糕策略

并购谈判绕不开需求和利益。并购谈判双方往往倾向于相信并购谈判是一场博弈和竞争。他们认为，双方的利益就像并购谈判桌上的苹果，你多吃一个，我就少吃一个。谈判到了后期，眼看着桌上的苹果越来越少，谈判者的情绪就起了微妙的变化，他们更想拼命地吃到苹果，且不让对方吃到苹果。但我一直强调，并购谈判不是你死我活的竞争性谈判。并购谈判要为双方创造价值，要扩大双方的整体利益。只有跳出窠臼，谈判双方才能看到合作的机会和谈判的意义。

越是到并购谈判的后期，越不能偏离谈判的目标。谈判者要不断描绘“做大蛋糕”的图景，要让谈判对方看到并购完成后，双方的市场占有率更高，盈利能力更强，效率更高，管理层和员工的发展平台更大。谈判对方就算沽清股份，不再拥有自己的公司，也可以从潜在的协同效益带来的收购溢价中得到更多回报。

并购谈判工具箱

1. 并购谈判要注重效率，在双方已经就主要事项达成一致的情况下，尽快固化谈判成果。

2. 签订一份糟糕的并购协议不如没有协议。

3. 起草协议的一方总是能占得先机。记住，千万不要让对方起草并购协议。

4. 收官阶段的 3 种心理活动：

   （1）短缺效应的紧迫感，产生原因有过度的买方竞争、时间节点已到和一方威胁退出谈判；

   （2）过分执着的赌博感；

   （3）平分结果的公平感。

5. 终局阶段的六大谈判策略：

   （1）“白脸－红脸”策略；

   （2）蚕食策略；

   （3）虚张声势策略；

   （4）锦上添花策略；

   （5）偷梁换柱策略；

   （6）做大蛋糕策略。

第11章 交割和整合阶段的并购谈判

并购协议的签署并不意味着并购谈判正式结束。所有专业的并购谈判者都知道，只要并购交割没有完成，并购协议就是一张纸。即使并购交割完成了，也不代表整个并购项目结束了，因为更为复杂和艰苦的整合工作还在等待着整合团队，而并购谈判团队必须是整合团队的重要组成部分。因此，并购协议签署后，并购谈判团队可以稍加庆祝，然后马上打起十二万分的精神投入并购交割以及交割后的整合工作。

并购交割及其谈判

并购协议签署以后，谈判双方的首要任务就是推进并购协议约定条件的落实，为并购交易的交割创造充分必要条件。这个过程中仍然充满不确定性，并购协议约定条件涉及根据估值计算公式及截至交割日的财务数据计算出的最终并购价格，双方内部、外部的审批，交割前若干法律、财务、业务关系的梳理，诉讼、税务、环境等方面的各种风险的排除或确定，协议中“陈述与保证”条款内容的审查和确认，在尽职调查中收集数据的准确性以及对存疑数据的核实。在这个过程中，尽管有白纸黑字的协议，双方还是有可能产生各种争议和争论。例如，如果协议约定的交割条件由于主客观原因未能落实，那么双方还需要继续讨论是延长交割日，还是终止协议。由此可见，并购协议签署以后，双方谈判代表仍然任重而道远，仍然需要全力以赴，以确保交易能够顺利完成。

并购协议签署日不等于并购交割日

并购协议的签署意味着并购协议生效，并购谈判双方都必须受该协议的约束，勤勉尽职地推进协议的落实。但并购协议签署日并不是并购交割日。并购协议会约定具体的交割日，交割日具有非常严谨的法律含义。从交割日起，被并购公司有了新的股东，其原股东的权利、义务、责任、债权、债务都要转移到并购方，由并购方承担。直白地说，就是被并购公司“换主人”了。当然，被并购公司作为独立法人，仍然依法存续。

并购交割日的确定涉及交易价格的计算。通常，公司的财务报告有月报、季报、半年报和年报，因此为了更方便地计算公司的财务数据，包括销量、销售额、成本、利润、应收账款、应付账款、现金流、资产、负债等，一般交割日都会在季末、6 月末或年末。例如，协议约定的交易价格是息税折旧及摊销前利润的 15 倍，那么双方谈判人员、财务人员需要做的是，确定在交割日截止时间，公司息税折旧及摊销前利润的具体数额，这样交易的对价就可以确定了。因此，通常根据某个公式计算交易价格时，交割日需要对应财务报表的日期。如果交易的价格不是以公式，而是一个具体的数字来决定的，那么交割日是不是财务报告截止日，两者是不是相差一两个月甚至半年，理论上对价格都没有影响，但协议约定的其他条件，如确保运营的常态化、禁止非常规的交易等，都可能导致交易价格的调整。对并购方而言，如果交割日不是对方公司财务报告的截止日，那并购方未来衡量该并购项目的投资回报率（ROI），以及确认该并购项目是否符合预期时，就会缺少一个基准日。一言以蔽之，将交割日定为财务报告截止日是第一选择。

一旦因为一方、双方或第三方的问题不能完成交割，谈判双方就需要对“是延长交割日，还是直接结束该并购项目”这一问题进行谈判。这样的情况常常发生，有时候不到最后一天，双方都不清楚交割能否完成。对于大型并购案，不确定的因素更多。有经验的并购谈判者不希望在发现并购不能交割时才手忙脚乱地讨论如何应对，因此对于复杂的大型并购交易，谈判双方可能会在协议里约定最后交割日，也就是在原定的交割日无法完成交割时，共同确认一个延长期，如 3 个月或 6 个月。如果最后交割日到期后双方仍无法完成交割，并购协议就会自动终止。在实践中，也存在最后交割日一次又一次延长的情况，这可能说明，并购双方相互中意，不愿放弃“联姻”的机会。因此，不要以为协议一签就万事大吉了，并购谈判者要时刻待命。

留足时间处理前置条件

并购协议签署后，也不能保证可以自然而然走到并购交割阶段。并购交割总是附加若干前置条件，而不像“一手交钱，一手交货”那样简单，复杂的并购项目可能会附加几十、上百项前置条件。

并购交割需要并购双方内部的审批。根据双方公司的章程、制度以及相关法律法规，并购协议的生效需要双方董事会、股东大会的批准。部分公司的股东大会可能会根据并购金额的大小授权董事会批准相关并购交易。同样，董事会也可能会根据并购规模的大小授权管理层批准相关并购交易。大型跨国公司则会通过内部审批权限给予大区、事业部等业务单元一定的权力，来审批一定金额的并购项目。在实践中，如前所述，在商讨并购谈判进入实质阶段时，双方需要确定交易的主要条款，尤其是在确定价格条款之前，并购谈判团队都会事先取得自己公司相关部门给予的谈判授权。只不过，这里的授权是对内的。

并购协议的签署和并购交割的批准是相对于谈判对方的，必须是书面的、正式的。谈判者有权且必须核实该并购项目是否得到了对方合法的、有效的、正式的批准。

并购交割需要得到必要的外部审批。并购项目因为涉及股东的变化，所以需要进行必要的股东变更登记，申请新的营业执照。如果并购交易涉及外商投资企业，那么还需要对外经贸部门审批，申请新的外商投资企业批准证书。如果并购项目涉及国有资产，还要经过国有资产招标、拍卖挂牌的流程，得到相关机构的批准。如果并购项目涉及特殊行业、国家监管行业、外商限制性投资行业，还需要事先得到相关监管部门的审批。如果并购项目涉及反垄断审查，则需要得到国家市场监督管理总局反垄断局的审批。如果并购项目涉及战略行业和国家安全方面，可能还会面临国家安全方面的审查。完成这些审查、审批流程有的是一方的责任，有的是双方的责任，需要双方谈判者精诚合作，共同推进。

尤其需要强调的是，大型并购项目可能对相关行业的市场竞争态势产生消极影响，所以需要进行经营者集中审查，通常称“反垄断审查”。反垄断审查可能是并购交易交割条件中最没有确定性的一项前提条件。反垄断审查可能需要同时在若干国家或区域经济组织进行，在全球主要经济体中，只要有一方否决某项并购交易，这项并购交易就会泡汤。反垄断审查旷日持久，没有时间上的确定性。大型经济体在反垄断审查中不可避免地受到地缘政治、贸易保护、本国优先等非竞争因素的影响。这些都会给交易的按期交割带来困难。

一方面，谈判者需要充分考虑反垄断审查的复杂性，留足时间，确保在最后交割日之前通过所有审批；另一方面，反垄断审查非常专业、复杂，需要大量的资料，需要双方的业务部门、财务部门紧密合作，需要和反垄断机构进行反复沟通，这样艰苦、复杂的工作，没有双方的配合绝对无法完成。把反垄断审查的责任都推给并购方似乎无可厚非，但对整个交易项目来说，是非常危险和不负责任的。只有双方合作，共同面对监管机构，才会给监管机构留下积极正面的印象，才能有助于反垄断审查尽快完成。

交割阶段，谈判并没有停止

很多人以为并购交割只是双方履行并购协议的一部分，没有什么需要谈判的，但事实恰恰相反。在并购交割阶段，双方的谈判会持续下去，并且很关键。

并购协议从来不是完美无缺的。协议签署后，谈判双方可能很快会发现以下问题。

- 有些重要的事项没有被包含在并购协议内。例如，确定了违约事项，但没有约定违约责任；确定了价格，但没有确定价格调整机制；确定了风险，但没有确定风险承担机制；等等。
- 有些事项没有约定清楚，双方对条款的理解不一致，甚至有很多分歧。例如，一些变更手续是交割的必要条件，还是可以在交割后办理？价格调整出现异议时哪一方说了算？税务风险承担是否需要约定金额以及承担责任的时间？等等。
- 有些事项的书面表达可能和实际的含义相去甚远，但双方之前都没有发现。例如行使期权时的价格计算公式，因为之前大家更多地都在关注眼下的交易，对未来如何行使这一权利的细节往往不太在意，所以难以发现公式的错误。因此，在协议签署直至并购的交易阶段，双方仍然会面临各种谈判任务，切不可掉以轻心。

我一直主张，并购谈判是合作式、双赢式的。并购协议的履行也需要双方谈判代表秉持双赢的精神，继续合作，共同面对分歧和问题，共同找到解决问题的办法。并购交割牵涉双方公司其他部门和人员，这就需要各个部门通力合作，如果没有双方谈判代表的精诚合作，很难想象双方公司的其他人员会主动走到一起，履行并购协议，完成并购交易的交割。例如，盘货需要双方的生产、物流、销售、财务等若干部门人员的参与，但由于这些人员互不相识，为了完成任务，必定需要双方谈判代表穿针引线。

顾全大局，朝前看

并购交割的谈判不是并购谈判的主体，而是并购谈判的尾声。无论在并购谈判的尾声遇到多大困难，谈判双方都要顾全大局，朝前看，求同存异，创造性地履行合同，创造条件以确保并购交易能按时交割。千万不要固执己见、死要面子，捡了芝麻，丢了西瓜。

谈判者永远不要厌烦谈判。不要以为协议已签就万事大吉，然后把后期工作甩给业务部门。如前所述，谈判可能没有涉及有些事项，这时候，谈判者不能排斥重新谈判，而要尽快恢复谈判状态，和谈判对手紧密合作，达成一致，签订补充协议。并购谈判之路充满崎岖，谈判者走到协议的签署阶段已经精疲力竭，对继续谈判难免有厌烦和畏惧心理，这是完全可以理解的。但职业谈判者拥有坚强的心理素质和专业精神，他们对额外的谈判任务从来都抱有积极和坦然接受的态度。

并购协议的签署好比佳人订婚，交割则相当于领证、办酒席。既然双方已经互定终身，那么双方在这个阶段一定要有“一家人”的思维，要更多地看到美好的未来，看到一路“恋爱”过来的不易，要克服一些眼前的分歧和困难，互谅互让，精诚团结，为并购交割做出具体和实质的努力。谈判者有责任为双方未来的业务整合创造友好合作的氛围，为交割后成为真正的一家人酝酿良好的气氛。

当然，如果是恶意并购，谈判过程中已经充满不信任，且谈判者可能预见到，在交割阶段会存在双方或一方不合作、不作为的情况，那在这种情况下，谈判者就要未雨绸缪，在并购协议中明确约定双方在交割条件达成方面的责任和义务，以及疏于履行的后果。在极端情况下，事先约定巨额的交易“分手费”也是一个好办法。

并购整合及其谈判

并购失败的因素有很多，如战略方向错误，做尽职调查时没有发现关键风险，定价机制错误导致代价过大，没有放弃应该放弃的并购项目，双方公司的业务、管理、文化没有契合点，等等。并购研究人员发现，60% 以上的并购之所以失败，是因为整合不成功。并购整合的成功取决于新的管理团队的整合能力，而并购谈判人员在整合过程中能否持续提供支持也是相当重要的。

并购整合离不开并购谈判者

并购目标的实现，从短期来看，体现为并购整合的成功，从长期来看则有赖于并购整合成功奠定的基础。并购整合的宗旨，就是在确保被并购公司的业务持续经营的前提下，将并购方在并购战略、并购计划、未来业务规划里所设立的目标一一细化并落实，将并购方的企业文化、管理制度、业务模式、创新和技术、合规体系等导入被并购公司，使被并购公司在决策、商务、人事、财务、生产、物流、技术、合规等方面融入并购方，成为与并购方高度融合的企业集团的一分子。

并购整合极为复杂，需要成立整合委员会（integration committee 或

convergency committee）以领导推进整个整合项目。整合委员会通常由并购方总部人员、并购方指派到被并购公司的管理团队，以及被并购方的挽留高管组成。并购双方在组建整合委员会时常常会犯的一个错误，就是排除谈判人员。这与大家通常拥有的并购交割完毕，并购谈判人员的使命也就随之结束的观念有关。整合阶段是并购交易的延续，是并购协议履行的一部分，并购谈判者随时可能需要重回谈判桌，解决双方在协议履行、业务运作、整合推进过程中的争议和问题。整合委员会的存续最好不要超过一年。被并购公司应在交割后立即成立管理委员会，以便立即接管被并购公司，负责日常运作。由于整合委员会和管理委员会的职能存在重叠，为避免不必要的重复工作，整合委员会应在成立后的6个月到一年内，将所有工作移交被并购公司的管理委员会。

整合是一个过程，不可能在交割日一天之内就实现新旧公司、新旧文化的整合。整合需要一年甚至两三年的时间。整合委员会和运作团队的一个关键任务就是确保业务的持续性。很多时候，运作团队急于改天换地，“新官上任三把火”导致被并购公司现有业务陷入困顿局面甚至崩塌。因此，保持现有业务的正常运行才是整合委员会和运作团队的当务之急。如何挽留被并购公司原先的管理团队和专业人士，如何确保其合作伙伴，如经销商、供应商不流失，如何确保广大员工能坚守岗位、尽责尽职，如何避免原先就已经存在的风险和危机，如政府调查、法律诉讼、员工纠纷、经销商矛盾等问题在交割后马上爆发……这些都至关重要，也都需要谈判者的参与，需要谈判双方保持紧密联系。任何问题一旦出现，并购谈判人员都可以立即找到对方谈判人员以及相关负责人，共同商讨应对策略。在整合阶段，谈判者的缺位会给被并购公司业务的持续良好运营带来不确定性和巨大困难。

并购项目设定的目标能否实现，需要被并购公司的配合，当然也就需要谈判者的高度配合。谈判者因为比较早接触对方的业务和管理团队，跟对方的内外部利益相关方比较熟悉，所以可以帮助整合委员会和运作团队加快进入角色的步伐，尽快安抚部分管理人员和员工的不安心理，并描绘更加美好的未来。谈判者可以连同运作团队与被并购公司的高管和关键员工，一对一进行对话与交流，给予对方认可，建立互信的工作关系。谈判者可以帮助安排广泛的沟通工作，包括和全体员工的沟通大会，欢迎新公司的同事加入本集团大家庭，公开透明地阐述新公司的发展思路，介绍集团如何给新公司及其员工提供更大的发展平台。谈判者可以带着运作团队拜访原股东、当地政府、大经销商、大供应商，跟他们分享公司的发展战略，展示双赢和多赢的未来。谈判者还可以陪同运作团队参观、考察被并购公司的所有部门、生产基地、事业部，实地了解其业务的挑战和机遇，研究落实并购战略在未来 3 ～ 5 年的规划蓝图。

世界上没有两片叶子是完全相同的，经济生活中也没有两家公司是完全相同的。即使有两家公司的文化非常契合，也是相对而言的。在现实生活中，两家独立的公司之间必定存在极大的差异。业务互补是并购的一个理由，但这样的互补在整合过程中可能意味着极大的挑战和努力；业务相近可能是并购的另一个理由，但这样的相近可能会给整合带来很多不切实际的幻想。事实上，无论两家公司的差异是大是小，整合的过程都是痛苦的，因而看起来漫长，令人不安、无奈、焦虑，甚至冲突不断，最糟糕的可能是既有业务在很短时间内雪崩式坍塌。

整合涉及战略，一家注重攻城略地的公司和一家注重控制成本、持续盈利的公司，其战略的统一必定需要时间。整合涉及人事变动，这意味着有些高管可能失去饭碗，有些空降高管可能不被接受。所以，确保管理团队顺利交接是非常具有挑战性的。整合涉及双方业务的重新规划，以便减少业务重叠区域，提升渠道及终端的效率，这就不可避免地触碰到某些人、某些集团的利益，进而产生相当多的解释、疏导和协调工作。整合也会涉及员工绩效考评方式、薪酬福利的变化，这方面最有可能引发动荡和不安。文化的整合则需要更多的时间，需要“宣贯”，需要润物无声；而整合都有时间表，为了完成整合进度，整合团队往往疾风暴雨般地进行文化整合，导致被收购公司员工抵触甚至抗争。整合的过程绝不平坦，谈判者的参与可以起到减震器和黏合剂的作用。谈判者可以通过影响谈判对手，进而影响谈判过程中结识的对方高管和关键员工的方法，让他们成为新的企业文化的榜样，从而带动其他员工欢迎和接纳新的公司文化。

一直以来，并购专家对整合需要“充分利用原有团队”还是“依靠空降团队”争执不休。其实这里没有对错之分，原有的团队对业务的过渡和持续发展，及稳定人心有帮助，而空降团队对新的理念、新的文化、新的系统的移植更有帮助。因此，需要看并购策略侧重于哪个方面。需要提醒的是，完全依靠原有团队落实新的企业文化是一厢情愿的；批判地继承双方企业文化的优缺点，避短扬长的想法则过于天真无邪；强调自身的国情、地区差异、公司特点，进而强调文化整合中的例外是无益的妥协。不同公司的产品和服务可以有差异，消费可以有不同趋势和特色，国家和地区的风土人情可以千差万别，但做生意的方式，即公司的文化，只能有一个。统一的、不妥协的企业文化要求文化的整合无论有多困难，无论需要多长时间，都必须毫不妥协，没有谈判的余地。

并购谈判者对文化的整合工作非常重要，从双方开始接触的第一天起，并购谈判者就是本方企业文化的楷模和代表。并购谈判者应该充分展示自己代表的企业文化，给对方树立清晰的、良好的第一印象，不给对方造成困惑。每一个被并购公司都会设法提前了解并购方的企业文化，以考量自己的适应能力和意愿，并购谈判者绝对可以帮助被并购方做这样的预判和心理准备。

我刚加盟我们公司的时候，它还是一家典型的老牌欧洲公司，我们在新天地商圈拥有当时上海最好的办公室，每天西装革履地去上班，出差住最好的酒店。我自己有独立的办公室，朝向太平湖和新天地，景观上佳。2004 年，我们和南美洲的美洲饮料合并，公司进入 3G 资本时代。第一个变化就是我从独立办公室被“赶”了出来，我在公共区域与团队坐在一起。我们也不再整日西装革履，而是每天穿着牛仔裤、球鞋就上班了。此后，这样的故事一次次地发生，当我们把被并购公司的董事长、总经理从他们宽大的办公室“赶”出来，让他们跟他们的团队坐在一起时，我们遇到的阻力之大是常人无法想象的。这个似乎不留情面的变化背后，是公司倡导的新的文化，即鼓励非正式（informal）文化，以便于沟通，减少繁文缛节，提升效率；节省非营业开支（non-working capital），而把真金白银花在品牌建设和消费者服务身上；倡导平等、直接、简单的作风，减少官僚作风。如果你看到了这些变化后面的文化符号，你就会理解为什么公司对高管拥有自己的办公室会如此不宽容。

并购整合阶段谈判的 5 个主要原则

并购谈判者在整合阶段的作用最容易被忽视，很多并购谈判者也乐于在签署并购协议后抽身而去。毕竟旷日持久的谈判对任何谈判者而言，都是一个巨大的考验，谈判中的不愉快经历需要时间来疏解和淡化，对对方履行协议的担忧促使并购谈判者退避三舍。但并购谈判者对并购整合的成功绝对不可或缺。并购谈判者要有强大的心脏，要持之以恒，不可以功亏一篑，提前退场。并购谈判者在这个阶段要发挥好作用，需要遵循下列原则。

1. 摆正心态，积极参与整合过程

前面的分析着重强调并购谈判者参与整合工作的积极面，而不让并购谈判者参与整合工作的消极面也是显而易见的。我们总是希望并购整合的运作团队能够专注于开展业务和推进整合，而不希望他们分心。但如前所

述，并购整合阶段的并购协议仍有部分条款尚未履行完毕；被并购公司仍有很多历史问题需要厘清；双方的合作可能面临新的问题，这时候，并购谈判者的缺位可能会让运作团队疲于奔命，处理他们并不擅长处理的很多棘手的事情。一来他们不熟悉情况，处理的方法和效率未必理想；二来他们肩负整合任务，本来就可能与原管理团队及员工关系紧张，再让他们处理历史问题，就可能事与愿违，导致矛盾激化。并购谈判者的介入，可以帮助运作团队集中精力，全力以赴，完成接管及整合的任务。

2. 双赢是双方行事的唯一准则

整合过程中涉及的问题，其性质已经不同于并购协议谈判过程中的问题。谈判过程中的问题难免有零和博弈的情况，而整合过程中的问题代表着企业的长远利益，代表着双方在并购协议里约定的双方共同利益。无论问题和困难有多大，谈判者都要提醒对方，不忘初心，盯住大方向，行稳至远。要顾全大局，避免小题大做，避免利益的脱钩和冲突，避免双方“同床异梦”。并购谈判者要有博大的胸襟，宽容对方打的“小算盘”，要引导对方求大同、存小异，实现双方利益的最大化。

3. 尊重契约精神，从并购协议中寻求解决整合问题的钥匙

整合阶段的很多问题都可以在协议中找到解决方案，这从另一方面说明了一个包罗万象、严谨准确的并购协议有多么重要。并购谈判者应避免在整合阶段允许对方不断产生新的问题，尝试引入新的思路和方法来解决此类新问题，导致出现和原协议矛盾、冲突的新的结论或协议。离开原来的协议精神会打开潘多拉盒子，导致很多原来已约定好的事项需要被重新审视。重开谈判之门的风险是鼓励对方忽视契约精神，在整合阶段制造事端，或利用整合困难的现状，试图拿回在谈判桌上没有拿到的利益。并购谈判者必须坚守并购协议，毫不动摇。

4. 不要孤军奋战，要充分衔接和利用运作团队

整合阶段的谈判或多或少与运作相关，并购谈判者不宜像并购谈判阶段那样，因考虑到保密的需要，而独自与对方进行谈判。整合的谈判需要运作团队介入，让运作团队及时了解问题的性质及解决问题的进展，保持透明度和一致性。如果涉及的问题是纯粹的运作问题，那么并购谈判者可以直接将问题移交运作团队，避免问题在双方谈判人员之间“踢皮球”、久拖不决。并购谈判者在整合阶段的作用是穿针引线，是在需要时时刻在线；在不需要时隐身不见。并购谈判者不要越俎代庖，不要抱着并购项目不放，除非其有意脱离并购谈判的“苦海”，直接加入运作团队，亲自操刀，以实际行动证明自己“拿下”的并购项目是值得自己付出艰辛努力的。

5. 持续和对方保持联系

并购谈判者所做的就是“人”的工作，谈一个项目交一个朋友是并购谈判者能力的体现。整合阶段的对接工作当然体现了并购谈判者良好的人际关系和极高的情商。我和我的团队在 20 多年前进行了一个并购项目，当时为了确保卖方履行其并购协议的所有义务，我们在香港地区的一家银行开立了共管账户。但由于对方疏于跟进，这个共管账户里面的资金一直没有解冻并支付给对方。斗转星移，我们公司的负责人几经更迭，相关律师事务所已经关闭，银行那里也早就无人问津，只剩我和我的团队还记得这个账户。但我们没有袖手旁观，我们找到了相关人员，查到了原始文件，向银行发出了书面解冻通知。守信、保持长期的联系，避免人走茶凉，这些对一个并购谈判者来说不仅是好的习惯，也是美德。

整合的完成标志着并购谈判的成功

我一直强调，并购是否成功取决于经济效率有没有提升，取决于该并

购业务分析和规划（business deck）后设定的目标有没有达成，取决于该并购项目的投资回报有没有实现。我和我的团队曾经分析了我们2016—2017年分别在江西、江苏、吉林做的3个并购案。与当初设立的投资回报预期相比，我们发现，一个并购项目超出了预期，一个基本符合预期，还有一个低于预期。这3个并购项目都是同一批谈判人马，运用同样的谈判策略，标的都是规模相当的同类公司，然而它们的投资回报结果大相径庭。我们想知道它们的差异是否和并购整合工作的不同操作有关联。

整合模式没有好坏之分，只有合适与否

那个投资回报超出了预期的并购项目是吉林公司的项目。我们发现，在被并购公司，除了董事长和财务总监，即我们的谈判对手，退出了公司的日常管理，其他管理人员和业务团队基本完整地保留了下来。我们从总部空降的整合团队相对比较温和，很多人都有着比较丰富的运作及管理经验。整合团队和被并购公司的关系比较融洽，谈判人员时刻和前董事长及前财务总监保持联系，及时消除了员工罢工的危机。运作团队直接向事业部报告，日常经营管理按部就班地与事业部进行对接和整合。出现问题时整合团队就介入进行斡旋。整个整合期间，既有业务基本没有受到影响。一年期整合结束后，被并购公司完全纳入事业部运营，整合团队完成了自己的使命。

那个投资回报基本符合预期的并购项目是江西和河南公司的项目。在江西的一家公司和在河南的两家公司分别是两个不同的事业部。不同的事业部对整合工作采取了不同的模式。江西公司的并购整合工作基本和上述整合方式相似，大多数管理人员和业务团队保留了下来，事业部团队第一时间介入并主导被并购公司的整合工作，整合团队相对比较低调和务实，主要进行沟通和协调工作。被并购公司起初配合度较高，公司既有业务基本没有受到影响。事业部也给予该公司高管很大的礼遇，在不同场合对他

们的业绩和贡献给予认可。同时，事业部也安排足够人手熟悉和支持被并购公司团队的工作，这一安排也起到了预案的作用，一旦被并购公司团队出现动荡，事业部就可以立即全面接管。果然，不出所料，由于被并购公司的总经理过去得到股东的充分授权和信任，可以完全自主地决定公司的运作。但被并购公司成为我们集团下属事业部的一部分后，原总经理的决策空间受到极大限制，他注重高效决策的一贯作风与我们注重系统和流程的企业文化发生了很大冲突。尽管双方付出很大努力来解决这个问题，但终因公司在文化整合上的不可妥协性，导致双方一拍两散。好在分手的过程非常友好，事业部也早就做好了预案，这一变故完全没有对公司的业绩造成负面影响。一个小插曲是，我一直在这个总经理和事业部负责人之间协调，帮助他们建立互信。这个总经理一直表达他会跟着公司一道发展。哪怕在我们中国区的销售总监已经得到其正在着手跳槽到我们竞争对手公司的消息时，我仍然坚持相信他不会离开。但我的天真和盲目自信很快被“打脸”，这个总经理带着他的销售团队加入了我们的竞争对手的公司。好在由于我们整合工作的细致、周密，这个变故对我们没有任何影响。现在看起来，不能相互认同公司文化的双方如果勉强捆绑在一起，对谁都不是好事。

河南两家公司的整合模式则完全不同。总部派出了独立于事业部的整合团队，整合人员英文很好，与总部及外籍同事沟通顺畅，但他们基本没有一线的运营经验，整合团队也没有得到事业部的认同和支持。整合团队避开两家公司的总经理，直接对两家公司的相关团队开展工作，事业部和整合团队没有统一的整合计划，双方各行其是。很快，两家公司都出现了巨大问题，员工开始罢工，总部外派人员无法进入两家公司，但整合团队强行推行总部的政策和流程，两家公司出现抵触和对抗的情况。加上竞争对手又适时加紧分化瓦解两家公司的销售团队，经销商开始流失。此时，整合团队又在没有政府支持的大背景下开始买断员工的国有身份，导致混乱局面进一步扩大。我在此时被请求介入。我找到两家公司的原总经理，希望他们出马，协调我们和员工之间的紧张关系。我跟他们两位原总经理促膝长谈，其间他们多次泪如雨下，对公司的近况以及个人的际遇感到心酸不已。但经过耐心的安抚和劝导，两位原总经理都愿意出山，发挥他们的影响力，说服管理团队和员工配合我们的整合工作。最终，两家公司的整合工作总算完成，但经此一劫，两家公司元气大伤，没过多久，两家公司都关门大吉。这对我们来说非常惨痛。

那个投资回报低于预期的并购项目是江苏公司的项目，其整合模式跟河南两家公司的整合模式基本一致。交割以后，各方矛盾重重：员工罢工，经销商动荡，公司的业绩每况愈下。整合团队和事业部运作团队相互指责、相互拆台、相互“甩锅”，被并购公司无所适从，销售和经销商利用各种漏洞，最大化个人利益。我们收购了该公司的 4 家分公司，最终关闭了其中 3 家，只保留了 1 家继续经营。

上述 3 种整合模式揭示了一些共性的原则：整合团队要摆正位置，协助运作团队的整合工作；尊重被并购公司，尽可能保留被并购公司的管理团队和关键员工；稳定优先，不急于做出太大动作；即使更换管理团队也要按部就班。

整合模式绝对不止这 3 种，整合模式没有好坏之分，只有合适与否。谈判者应该当好公司高层的参谋，就整合的策略、方式、时间表等提出自己的建议和见解，并随时根据一线的实际情况进行必要调整。

并购谈判者和运作团队要齐头并进

并购谈判团队的持续介入会对整合工作发挥积极作用。谈判者脱离整合工作，甘当甩手掌柜，或被运作团队束之高阁，弃之不用，都会给整合工作带来严重后果。比较常见的组织方面的问题，就是谈判团队、并购团队和运作团队相互指责，而不是统一步调、齐头并进。运作团队可能认为谈判团队让步太多，交易结构不合理，对方的责任和义务约定不充分；整合团队可能认为运作团队过于激进，谈判团队过于软弱；谈判团队可能觉得整合团队和运作团队不讲信用，胡作非为，狐假虎威。三者在内部管理方面也会发生矛盾和冲突，例如，运作团队可能希望一些费用和成本计入并购的一次性费用，实现资本化，从而不影响经营业绩考核，而并购团队往往认为该费用的产生是因为运作团队的错误造成的，发生在交割完成以后，与并购无关，不同意资本化。

并购谈判者和整合团队、运作团队的诉求不一致是非常危险的。从公司高层层面来讲，必须将并购团队的目标考核和整合团队、运作团队的目标考核协同起来。不同的团队当然有不同的年度考核标准，但就同一个并购项目而言，不同团队的任务和目标都是一致的，例如，整合阶段的业绩目标，整合工作的进度目标，整合期间重大项目的推进目标，都必须由谈判人员、整合人员和日常运作人员共同完成。

并购谈判工具箱

1. 并购协议签署日不等于并购的交割日。将交割日定在财报截止日是第一选择。
2. 并购交割阶段，双方的谈判不但没有停止，还会持续下去，并且很关键。
3. 整合是一个过程，不可能在交割日一天之内实现新旧公司、新旧文化的转换。整合需要一年甚至两到三年的时间。
4. 并购整合阶段谈判的 5 个主要原则：

   （1）摆正心态，积极参与整合过程；

   （2）双赢是双方行事的唯一准则；

   （3）尊重契约精神，从并购协议中寻求解决整合问题的钥匙；

   （4）不要孤军奋战，要充分衔接和利用运作团队；

   （5）保持和对方的持续联系。

第12章 并购谈判结束后的关系维护和反思

并购完成后的关系维护对并购项目本身的长期成功至关重要，并购目标公司有些潜在问题可能在并购完成后的若干年才会爆发。这时，根据并购协议，卖方可能已经没有义务出手帮助买方解决问题，而有些问题“解铃还须系铃人”，如果与参加谈判的“老朋友”“老对手”还在保持日常联络，就比较容易请他们出马帮助解决问题，否则很可能是人走茶凉。对公司来说如此，对并购谈判者来说亦是如此。无论谈判是否成功，能够与谈判对手维持良好的人际关系都是并购谈判者高素质的重要体现，也是其十分重要的能力，集中体现了其情商和智商，反映了其人品、人缘、人脉、圈层关系网。这样的素质和口碑对并购谈判者在并购圈的生存和发展极为重要。一个并购谈判大师一定是人际关系和人脉都极为广泛、人情味十足的谈判高手。

远见，全方位的关系维护

如前所述，并购谈判的结束、并购协议的签署不能代表并购的成功。对并购是否成功的衡量，应该放眼未来的3年、5年甚至10年。我所在公司所有并购项目商业模型的建立，都是按至少10年的周期来计算和推演的。并购谈判和并购协议绝无可能涵盖未来 10 年乃至更久的周期内的不确定因素。并购活动的特殊性决定了谈判双方关系的维持是非常重要的，很多未涉及事项、未约定事项、未预见事项，很多歧义和误解的出现，很多突发事件的发生，都随时需要双方谈判团队重新坐到谈判桌前，共同商议解决途径。即使双方已经没有法定的协作义务，即使双方的谈判代表可能已经投身其他项目，曾经洽谈过该并购项目的谈判人员也总归是更加了解背景的，毕竟双方还有更多的接触和交流，很自然地，在这种情况下，双方谈判代表的重新介入有助于更好地解决问题。

我们在东北地区的一家并购工厂，在并购交割后发生了罢工事件，罢工的原因跟被并购方没有关系，根据股权转让协议，被并购方也没有义务协助解决劳资纠纷问题。但我们刚接手不久，新的管理团队跟员工以及当地政府部门都不熟，根本不知道如何面对这一危机。我在了解情况后，给被并购方的原董事长打了电话，他也是被并购方负责该项目的主要谈判人，他跟我保证，3 天内让罢工员工复工。我们很多同事都不相信，但我相信他。最后，他真的做到了。

跟对方谈判团队保持关系很重要，跟谈判中的第三方，如律师事务所、投资银行保持关系也很重要。我们曾经在并购项目结束若干年后，需要找到当年的一些原始文件，跟律师核实一些基本的事实，了解一些“君子协定”的背景，所幸我们一直联络的律师仍在原律师事务所工作，帮助我们找到了许多所需的原始资料。

并购谈判的“大咖”往往非常在乎自己在并购圈的名声和口碑。一个并购谈判者是否成功，不仅取决于他完成了多少交易，为公司创造了多少价值，还取决于他交了多少朋友，在业界得到了多少认可。如果要评价一个并购谈判高手，谈判的对手最有发言权。

并购完成后仍能和谈判对手保持长期关系，说明谈判者在谈判中给对手留下了良好印象，说明谈判者具有极好的社交能力，说明谈判者具有谦和的品质，也说明谈判者对谈判对手的尊重。这种后续关系的维护，从另一个侧面说明，之前的谈判是一次双赢的谈判，否则谈判双方大概率会希望一别两宽，再不相见。

并购完成后的关系维护有利于维持谈判者在业界的良好名声，相应地，也给自己服务的公司加分，这样的谈判者，将非常有利于公司在业内开拓更多的合作机会。近 10 来年，我已经基本不做国内的并购项目了，这些项目基本交给团队的同事直接操盘；但业内有些公司、投资机构的朋友，及中介机构的顾问还时常找到我，希望探讨合作的机会。

“相濡以沫，不如相忘于江湖”是一种态度；“三人行则必有我师”也是一种态度。现代人要立足充满竞争的环境，就要持续学习，不断挑战自我，走出舒适区。我们的学习对象包括我们的竞争对手，在谈判场，就是我们的谈判对手。我们习惯了在谈判过程中分析、了解他们，学习他们的长处。但我们基本没有机会听到对方的反馈，谈判双方的戒备心理很强，同时碍于情面，除了讲些客套话，也不愿意直抒胸臆。反而在谈判结束后，双方都放下了防范心理，如果这个时候双方能够坐在一起，聊聊天，复盘一下谈判过程，交流一下双方的谈判心得，那么对于更好地了解自己的谈判风格和谈判能力，不断提高自身未来的谈判能力是有巨大帮助的。

我几乎跟所有的谈判对手能保持长期的友好关系。后来相聚时，我们常常一边品茗，一边笑谈当初在谈判桌上针锋相对、剑拔弩张、紧张窘迫的场景，回忆双方讨价还价、互不相让的时刻，分析得失、交流心得，感觉非常开心。很多过去谈判中的不愉快都成了过眼云烟，留下的都是成功的喜悦、辛勤的汗水、技能的提升、自己的成熟和进步。其实每个谈判者的老师都是谈判对手，谈判对手的认可会给自己带来巨大的信心。所以，只有在谈判结束后继续交流，才能听到真实的反馈，才能帮助自己不断进步。

当然，维持谈判后的关系不仅适用于对方谈判团队，也适用于谈判中的第三方。这个第三方是广义的，包括对方的股东和管理层，对方的重要合作伙伴，还有双方的律师、投资顾问、传讯顾问等。每个高超的并购谈判者都拥有很多外部资源，这些强大的外援网络不是从天而降的，或继承前同事而来的，而是自己不断积累起来的。并购完成在形式上意味着整个并购团队的散伙，来自各方的中介机构也各自归位。真正“有心”的谈判者要在自己的关系网络中长期维持这样的合作团队，以便不时请教，甚至可以继续携手合作新的项目。

并购谈判结束后关系维护的 4 个关键

并购谈判结束后，如果双方都觉得这是一个双赢的谈判，那么谈判者会倾向于继续保持联系，共同回顾谈判中的精彩瞬间，持续保持双方的个人情谊，互相交流，期待未来更多的合作机会。有的谈判对手可能会由事业的合作伙伴发展成亲密关系。如果双方觉得这是一个双输，或者一输一赢的谈判，那么谈判者可能背负心理负担，对对方存有不满和怨恨的情绪，或者对谈判的失利感到不安和自责。在这种情形之下，谈判双方保持持久关系的可能性不大。正如我一直强调的，并购不是“一锤子买卖”，并购是动态变化的，今年“不来电”不代表未来没有合作机会，商场上没有永远的敌人，只有永远的利益和机会。不以成败论输赢，把格局放在个人面子和得失之前，放宽胸怀，保持尊重对方和坦荡的态度，和谈判对手保持长期友好的关系，这不仅对公司的事业很重要，对个人成长和谈判水平的提升也很重要。

谈判结束后保持长期联系的方式多种多样，没有对错、好坏之分，只要双方感觉舒适、坦诚就好。

1. 谈判结束后，进行关系维护应该采用非正式交流

谈判是相对严肃和正式的商务活动，谈判结束后，双方都可以放下身段，脱去西装，撤下领带，褪去不苟言笑的面具，找个安静的地方喝茶聊天，交流一些信息和心得。双方可以讨论业务、个人发展和际遇、家人和朋友、爱好和追求，也可以谈谈国内外大事。双方交流的范围越广，说明关系越和谐、越密切，说明双方已经从刀光剑影的谈判大战中彻底走了出来。

谈判者一定要有张有弛。谈判是具有高度压力的心理活动，容易导致焦虑和不安，谈判者不能持续处于谈判的高压状态。但想要在自己无法掌控的谈判过程中放松，常常是奢望。谈判结束后，谈判者要尽快走出谈判的“战时状态”，无论输赢，都应尽快将工作抛诸脑后，给自己放个假，陪陪家人和朋友。在这个阶段，和谈判对手的交流就要在放松的、非正式的情境下进行。就算双方在谈判中针锋相对、锱铢必较，这时候也要“相逢一笑泯恩仇”，一杯茶，一杯酒，在轻松的氛围中互诉衷肠，一起找回朋友的情谊和生活的乐趣。

2. 寻求帮助，使谈判双方保持健康关系

除了业务的需要，谈判结束后双方继续保持联络，多半是因为志趣相投，惺惺相惜，彼此对对方抱有好感。情商高的谈判者往往都会放低身段，在谈判结束后给予对方好评和认可，即使己方明显在谈判中取得先机，也要在谈判后祝贺对方，赞赏对方在谈判中的风度和专业度。表达自己敬意的一个好的方式就是请对方“不吝赐教”，给予对方指点自己、帮助自己的机会。寻求帮助并不是一件不好的事情，也不是消极和惰性的表

现，而是有很积极的意义。人与人的交往，最重要的就是双向性，讲究有来有往，礼尚往来。如果一味索取和施舍，这样的关系是无法持久的。谈判结束后寻求帮助，是双赢式谈判策略的继续。它为双方铺垫了人际关系的基础，让双方在平等、互利的基础上，维持健康、积极、长期的交往关系。

3.“买卖不成仁义在”

工作和生意不是生活的全部，并购和谈判也不是生命的一切，人际关系的范畴也不全是合作伙伴或竞争对手。生活丰富多彩，商场瞬息万变，谈判没有常胜将军，并购的输赢亦是没有定数的。如果囿于一场谈判的得失，耿耿于怀，那你就不是一个谈判高手。谈判者要勇于跳出谈判看世界，要相信花无百日红，赢一时不是赢一世，也要相信“塞翁失马，焉知非福”。商场上“买卖不成仁义在”。一场战斗的胜负不代表一场战役的胜负，即使是已经失败的谈判，也还有再来的可能。在动态的、乐观的情绪下结束一场谈判，拥抱谈判对手，期待未来的合作机会，相约共同切磋谈判技艺，携手缔造更多、更大的并购交易，对谈判双方才是无量之福。

我从 2004 年就开始参与浙江一家合资公司的谈判，十多年寒来暑往，苦于一直没有进展。对方曾多次更换谈判代表，而我与团队一直没有放弃，持续跟新老谈判对手保持长期联系，终于守得云开见月明。还有一次，我们在参与深圳一家公司的并购项目时，有幸结识了对方的谈判代表和管理团队，虽然我们基于战略考虑，放弃了这个并购项目，但我一直非常敬重在谈判过程中认识的业界同仁。后来这个项目结束后，他们当中的一些人选择离开，顺势找到了我，我们又在不同的领域找到了合作的机会。

4. 顺其自然，不必勉强

并购谈判追求双赢，但双方的感受不可能完全对等。感觉在谈判中赢了的一方不必骄傲，要继续谦虚谨慎，因为另一方身上总有值得自己学习的东西。感觉在谈判中失败了的一方，也不要气馁，不要消极回避，以至于不愿意继续跟谈判对手照面。要知道，“打不死的小强”都是千锤百炼的结果。要想在谈判中不断进步，就要学习对手，并保持尊敬。输赢不在一战，百炼才能成钢。

尽管我建议谈判者在谈判结束后与对方保持联络，但不能回避的是，恰恰是因为谈判双方对谈判结果和过程的感受与评判存在差异，所以他们对谈判结束后保持联络的态度可能大相径庭。如果一方不想联系，那么另一方不宜太过主动，穷追不舍，给对方咄咄逼人的感觉。这个时候，我们只要表达一下我们随时愿意聚一聚的态度，逢年过节问候一声，就足够了。或许对方从此音信杳无，又或许过了一段时间，并购大战的硝烟已经完全散去，对方也觉得可以平和地坐到一起了。总之，并购虽然重要，谈判虽然艰辛，但都不过是人生中的一段经历而已，顺其自然，人生可以过得更潇洒、更惬意。

反思过往并购谈判的表现

并购谈判能力的提高是个持续的过程，不可能一蹴而就。一场并购谈判结束了，并购谈判者要立即反思谈判的得失。好的做法可以在接下来的协议履行阶段及以后的并购谈判中继续使用；不好的做法要在未来的并购谈判中引以为戒。并购谈判者还要养成习惯，每 3 ～ 5 年反思一下过去所做的并购谈判项目，看看有没有达到当初设定的目标。如果没有，看看原因何在。反思的目的，是帮助自己找到差距，百尺竿头，更进一步。

一个好的并购谈判者要像鸟儿爱惜羽毛一样爱惜自己的名誉。人过留名，雁过留声，好的并购谈判者总是在业内受到人们的尊重。

从3个角度进行反思

对一场并购谈判的总体评价分两个部分，一是谈判双方设定的各项经济指标是否达成，二是谈判过程中双方谈判代表的表现是否令人满意。相应地，我们反思一场并购谈判，看它是否成功，可以从以下几个方面切入。

1. 总结并购谈判的目标有没有实现

任何一场并购谈判，只要跑到了终点，其结果不外乎三种可能：第一种，谈判之初设定的各项谈判目标完全实现了，你很满意、很欣慰；第二种，谈判之初设定的各项谈判目标都没有实现，虽然并购交易达成了，但你会有挫败感；第三种，谈判之初设定的谈判目标有的实现了，有的没实现，你觉得总体还行，但也有点遗憾。在你评估谈判结果的同时，你的谈判对手也在评估这次并购谈判的结果，他们得出的结论可能跟你一致，也可能截然相反。这一点不奇怪，并购谈判双方设定目标时都是盲人摸象，且各有各的诉求，双方的目标自然会有很大差异。当然，重要的不是数据，而是双方的感觉，如果双方都觉得自己赢得了谈判，那么这场并购谈判就值得打高分。

每一场并购谈判都是提高谈判水平的一次宝贵机会。但是如果不及时总结，就会白白浪费这次机会。并购谈判者看到一个满意的谈判结果，可以增强自己的信心，可以在未来的谈判中将它们转化为自己的谈判风格；如果结果不尽如人意，谈判者就需要总结，问问自己，究竟是哪个方面出了问题，是情报、目标和策略，还是态度、基调和技巧。

2. 总结并购谈判的表现如何

并购谈判结束后的总结要指向自己，拷问自己的灵魂：我的表现如何？我对自己的表现满意吗？无论公司的并购目标有没有实现，无论内外部对这次并购项目的评价如何，你都要对自己在谈判过程中的表现和作用进行评价，看看自己在哪些方面处理得好，在哪些方面有待改进。其实，这样的总结不仅在整场并购谈判结束后要做，在每一场、每一阶段的谈判结束后也要做。当然，阶段性总结可能是暂时的、片面的，整场谈判结束后的总结是更客观、更全面的。因此，并购谈判结束后，我们在庆祝之余，也需要尽快平静下来，回到公司会议室或者外面安静的地方，和自己的团队成员一起，像围棋棋手赛后复盘一样，共同讨论和反思整个并购谈判过程中的得失、经验和教训。我们可以问自己以下问题。

- 在并购谈判过程中，我们的目标描述得清晰吗？
- 我们的初始报价合理吗？
- 哪些变量和信息我们没有考虑到？
- 对方还有让步空间吗？
- 我们承诺得太快还是太慢？
- 时间在我们这边，还是在对手那边？
- 面对对方的挑衅，我们的情绪控制得到位吗？
- 谈判中最大的意外是什么？
- 我们的妥协是不是换来了合理的回报？
- 我们的备选方案管用吗？
- 双方走投无路时，我们应对僵局的办法管用了吗？
- 对对方谈判团队里的“刺头”，我们的应对方式得当吗？
- 如果谈判重来一次，还有哪些地方是我们需要改进的？

总结自己在并购谈判中的表现，要敞开胸怀，深刻反思，不讳疾忌医，同时，还要听取谈判团队成员的反馈，从他们的眼里看到自己的长处和不足。成功之处，我们要继承和发扬；不足之处，我们要“吃一堑，长一智”。如此，才能更好地迎接下一次挑战。

3. 听取并购谈判对手的评价

一笔并购交易只有在其对双方都有益时，才能称为双赢的交易。并购谈判完成后，从谈判对手那里听取反馈意见，一定是件很有趣的事。

然而，多数情况下，并购谈判结束后双方就各奔东西。如前所述，如果能找到机会，请对方的谈判代表一起聚一聚是个不错的选择，一来放松一下，二来加深友谊，三来悉心求教，听取对方对整个并购谈判的观感，以及对自己表现的反馈。虽然来自对方的评价未必完全准确，但如果你足够诚恳，你就会听到除了客套和奉承之外的金玉良言。这些反馈直接、生动，还带着刚刚过去的谈判的温度，对你谈判能力的提高和谈判风格的塑造是非常有益的。

当然，别人的反馈和评价不一定是真理。我们把谈判当成艺术，艺术虽不能当饭吃，但艺术让我们意识到问题、矛盾和欲望的存在。别人的评价能够帮助我们看到自己的不足，看到更大的发展空间。我们要积极面对别人的评价。面对负面评价，有则改之，无则加勉。

系统回顾过往的并购项目

一次并购谈判的反思只能收获有限的反馈，对若干次并购谈判的反思才能收获更加全面客观的反馈。

我和我的团队，大大小小的并购项目做了几十起。我们曾经做了一项研究，抛开实际情况，只看我们的投资回报计划，并购后 3 ～ 5 年内，我们看到大抵 1/3 的项目超出了预期，1/3 的项目勉强达到预期，1/3 的项目没有达到预期。如果我们单纯从并购谈判团队的角度来看，这些并购项目都是成功的。

这些对一定周期内的并购项目的回顾，可以使谈判者更加宏观地看出公司的并购战略是否正确；公司的谈判团队是否采取了正确的谈判策略和路径，是否为公司争取到了最大的利益，是否排除了最大的风险；公司的整合工作是否有效。这样的回顾可以帮助谈判者克服短期行为，克服目标、任务至上的心理，克服自我中心的心理；可以让谈判者看问题更加宏观，更加豁达，更加关心公司的长期发展和长远利益，为未来的并购谈判做好准备。

运用并购谈判清单找差距

并购谈判的总结不要走过场。“并购谈判的准备工作”这一章中建议谈判者拟定一份谈判的准备清单。我建议，在总结阶段，也可以列一份并购谈判总结清单。经济指标的完成情况可以直接用数字衡量，谈判中谈判代表的表现情况可以单列一份清单，让参与谈判人员逐项打分，每项从不满意到满意分别打 1 ～ 5 分。这样，我们就可以量化每一次并购谈判中谈判人员的绩效。坚持做几次，看看你的总得分是不是呈现上升的趋势。

谈判的老师就是实践

实践出真知。要想提高自己的谈判能力，发挥自己在谈判中的影响力，必须拥抱谈判本身，在谈判的大风大浪中摔打自己。

持续学习，不断提升并购谈判水平

谈判者对谈判技能的学习体现了终身学习的理念。如前所述，优秀的谈判者在每次谈判结束后都要进行分析总结，反思谈判中的不足。除此之外，谈判者也要定期从专业的谈判培训大师那里“取经”。谈判者要养成记笔记的习惯，及时记录自己的心得体会，并制订清晰的发展计划，督促自己不断改进。

谈判者不能指望一觉醒来就掌握所有技能，而要在并购谈判的实践中不断学习和积累技能，不断试错，不断纠偏。每次并购谈判前，要全面地、有条不紊地制定出本次并购谈判的策略。但这不代表你制定出的所有方法和策略都能派上用场。谈判策略的选择取决于各类因素，你需要看清谈判的全局，才能知道哪个策略在哪个环节可以发挥作用，而这些策略都是通过实践获得的，也是通过实践不断检验的。更多的策略会随着你自信心的建立而逐步获得。即使发现某些策略没有奏效，只要不消极地放弃，认真研究其不奏效的原因，这些策略终将在下一次并购谈判中派上用场。

围绕并购谈判的主要矛盾提高谈判技能

提高并购谈判的技能不是盲目的。我们要围绕并购谈判的主要矛盾来提升自己的并购谈判技能。

1. 在并购谈判目标的设定上，是索取价值，还是创造价值

并购谈判的任何一方都希望索取价值，使己方的利益最大化。但如果各方坚守自己的立场，并购谈判就会止步不前，甚至一拍两散。只有从创造价值的角度去看待并购谈判，双方才有更大的积极性坐在一起，继续探讨合作的可能。并购谈判本身就是一项巨大的投资，没有价值驱动的并购

谈判无法取得立项。所以，谈判者在确定并购谈判策略时，不能只顾自己，也要考虑对方的感受，对方的配合程度。

2. 在并购谈判中，是坚持立场，还是灵活机动

并购谈判中的任何一方都希望牢牢坚守自己的原则和立场。他们视妥协和让步为耻辱。有时候，一方相信对方之所以没有让步，是因为自己的立场还不够坚定，坚守的时间还不够长，因而在后续的谈判中变得更加僵化和保守。其实，谈判本身就是妥协和让步的艺术，没有妥协和让步，这样的交往就不再是谈判。谈判水平的高低不在于是否坚持立场，而在于是否顺势而为、随机应变，最大限度地满足双方的需求，最终达成交易。

3. 在并购谈判中，是坚持既定战略，还是妥善处置新变量

并购战略在谈判之前就已经确定，在并购谈判中，谈判者必须坚定维护既定战略。但并购战略的制定也是建立在情报收集的基础上的，如果情报不准，势必导致并购战略的动摇。很多时候，情报不准的情况是在谈判过程中才被发现的。但一般的谈判者会忽视这样的变量，死守教条。优秀的谈判者会认真对待谈判中的变量。有的变量会带来新的挑战，有的变量会带来新的机遇。谈判者需要客观理性地审视这些变量，如果变量没有产生颠覆性影响，那么谈判者可以根据事先准备的备选方案进行处置；如果变量产生了颠覆性影响，那么谈判者应该暂停谈判，立即报告公司，重新研究并修订公司的并购战略。总之，并购谈判者不是某个战略的捍卫者，而是公司利益的捍卫者。

4. 在并购谈判中，是做道德楷模，还是利益至上

在并购谈判中，我们最大的困惑就是，我们应该诚实、开放，还是保

守、封闭。如果要诚实，我们应该在多大程度上表现出诚实，是将信息和盘托出，还是有选择地披露；如果要保守，是否可以隐瞒核心信息，是否可以误导对方，是否可以否认事实。所有的并购谈判者都会面临这样的矛盾。我们知道，绝对的诚实在并购谈判中是不可取的，毕竟大家各为其主，各取所需；绝对的封闭和保守也是不可取的，那样只会让对手鄙视、厌恶，谈判也无法进行下去。优秀的并购谈判者总是恪守道德底线，努力寻找平衡点，既要守住商业道德，也要取得谈判优势。以我个人的体会来说，就是：我可以沉默，但我不会撒谎。

5. 在并购谈判中，是信任对方，还是持怀疑态度

我在生活中是偏向于信任他人的。因此，在并购谈判中，我也倾向于信任谈判对手。我曾多次跟谈判对手达成大大小小的“君子协定”，至今没有被任何谈判对手背叛过。但在谈判的某个时间点，就一两个具体的谈判细节，我也确实碰到过不愉快的情况，例如，对手前一天答应、承诺的事项，第二天就改口了。很多谈判者面对不熟悉的谈判对象时，很难与对方建立信任。他们常常会怀疑对方，怀疑对方提供信息的真伪，怀疑对方承诺和让步的诚意。

我们可以维护自己的声誉，却无法规定别人如何做人，是否诚信。就我个人而言，我会公平地给予我的谈判对手信任的机会。但是，一旦他辜负了我的信任，这个信任就会消失无踪。我会公开、透明地告诉对方，我不会接受这样的行事方式，要么他改正，要么他们换人，否则谈判就此中止。信任就像空气，它在的时候，你没有感觉；它不在了，你无法呼吸。如果没有了信任，并购谈判也就无法继续。

并购谈判工具箱

1. 并购谈判结束后关系维护的 4 个关键：

（1）谈判结束后，进行关系维护应该采用非正式交流；

（2）寻求帮助，使谈判双方保持健康关系；

（3）“买卖不成仁义在”；

（4）顺其自然，不必勉强。

2. 总结一场并购谈判是否成功，大体可以从 3 个角度切入：

（1）总结并购谈判的目标有没有实现；

（2）总结并购谈判的表现如何；

（3）听取并购谈判对手的评价。

第13章

跨境并购谈判

跨国公司的成长和发展是现代经济史上极其重要的一笔。跨国公司的野蛮生长和扩张离不开跨境并购业务。布雷顿森林体系的建立给经济的全球化创造了制度条件，使国际贸易和国际投资业务进入快车道。中国的经济腾飞进一步助推了经济全球化，经济全球化给跨境并购创造了极为有利的条件。跨国公司是跨境并购的主力军。除了西方发达国家传统的大型跨国公司，中国新兴市场的新型跨国公司和国有企业，新经济催生的互联网“巨兽”，投资机构等各式各样的投资主体也纷纷加入跨境并购的大潮。中国企业曾经在跨境并购领域叱咤风云、高歌猛进，然而几年前，中国的跨境并购业务“急刹车”。跨境并购总是带给企业极大的期待，但很多跨境并购案例并不成功。不同于境内并购，跨境并购面临更多的不确定性，跨境并购的失败给企业带来的负面影响更大。跨境并购谈判的成败，对跨境并购的成败影响也极大，相比于境内并购谈判，跨境并购谈判的难度更大，给谈判者的压力更大，对谈判者的要求也就更高。

影响跨境并购谈判的 6 大因素

跨境并购谈判之所以比境内并购谈判更加难以驾驭，就是因为影响跨境并购谈判的外部因素和内部因素的数量都远超境内谈判，即影响跨境并购谈判的变量更多。有跨境并购谈判经验的谈判者，对不同的影响因素是有预期、有准备的，而不具备相应训练和实战经验的谈判者非常不适应，甚至“找不到北”。跨境并购谈判的一个重要的“家庭作业”就是要全面了解对方国家的历史、政治、经济、人文、风俗、环境，以熟悉对方国家的国情和风土人情。

从宏观层面看，影响跨境并购谈判的环境因素，是指任何一方谈判者都无法控制但确实影响着谈判进程的外部因素。了解环境因素的作用对掌握跨境并购谈判进程是非常重要的。在环境因素中，跨境谈判比境内谈判更具挑战性的 6 个方面是：政治和法律多元化，国际经济环境，外国政府和官方机构，地区的不稳定性，意识形态和文化。

（1）政治和法律多元化。在不同国家之间建立贸易和投资关系的企业，会与不同的法律和政治体系打交道。企业遵循的公司治理准则，企业支付的各项税费，企业必须遵循的劳动法规，企业间交易要遵循的合同法规和强制执行标准，企业必须遵守的市场竞争法规，企业面临的各种经济政策、产业政策和执法环境等，都可能会有所不同。这些在跨境并购谈判前都要充分地考虑到。

（2）国际经济环境。国际经济环境会呈现周期性变化，这导致国际贸易和投资趋势的周期性变化，各国政府也可能会随之进行政策的调整，表现为对贸易和投资的促进与便利化，或者对贸易和投资的约束与掣肘。国际货币的汇率也会经常发生波动。因此，在不同的国家以及不同的时期进行跨境并购谈判时，必须考虑国际经济环境这个因素。

（3）外国政府和官方机构。不同国家的政府对企业的管制程度不尽相同，对投资并购的监管模式也可能千差万别。同一个国家在不同的时期、不同的体制下，也会调整经济政策、法规和监管措施。这些变化可能会直接、间接地给跨境并购带来促进或阻碍。跨境并购谈判者必须随时跟进目标国家政府机构情况的变化，以应对其可能带来的积极或消极影响。

（4）地区的不稳定性。如果跨境并购涉及的目标公司处于动荡的、不稳定的地区，如政权更迭频繁、种族纠纷、战乱、经济危机等，并购谈判者必须及时掌握当地局势的变化情况，随时做出并购战略的调整及谈判策略的更新。我们当然不建议在这些区域进行跨境并购，但很多时候机会与风险并存，一旦公司决定进行该等跨境并购谈判，谈判者所能做的就是做足功课，做好各种预案。在这里，我建议谈判者事先画定底线，一旦越过红线，必须撤退和止损。

（5）意识形态。在跨国投资合作过程中，意识形态问题始终存在。不同国家的企业家、投资人以及政府机构对企业的自主权、经济自由化、政府的职能等都可能带有不同的成见。这些认知可能会在谈判过程中呈现，给谈判带来困惑和误解。跨境并购必然涉及有不同意识形态的双方的谈判，除非双方不可调和——那样的话，根本就应该放弃并购合作的机会，否则并购双方必须求同存异。

（6）文化。来自不同文化背景的谈判者有着不尽相同的谈判方式。除了行为不同，不同文化背景的人对谈判的基本流程也可能会有不同看法。文化差异对跨境并购谈判的影响是最微妙的，这也是下文专门讨论如何处理文化差异对跨境并购谈判的影响的原因。

跨境并购谈判是跨文化的谈判

任何谈判都是人与人之间的谈判。每一个人的血液里都有不同文化的基因。不同文化背景的人之间进行谈判时，可能面临更多的困难，因为他们有不同的语言、思维习惯、生活方式、宗教信仰、价值观等。跨境并购谈判面临的大背景是：共同的利益追求将两家公司的谈判人员召集到一起，他们认同谈判的规则、谈判的进程，他们使用共同的语言，他们接受通行的法律框架和法律文本；可是，他们的谈判却常常出现重大分歧，因为他们常常词不达意，常常因为善意而冒犯对方。这些分歧、误会甚至冲突都是不同文化背景导致的。举个简单的例子，我所在公司的文化相对比较随意，我们进入谈判场所时，会随便找个位置坐下来，同事们陆续到达，互相点头示意后自己入座。一次我们在韩国的谈判室等待对方高层的到来，当我们正和对方代表闲聊时，对方高层进入会场，对方所有人员齐刷刷站立鞠躬，迎接他们的高管，这一幕发生得如此之快、如此自然，搞得我们手足无措，下意识地跟着站了起来，好一阵才反应过来。

任何谈判都是谈判双方基于一定文化背景的谈判。如果谈判双方有合影，那么照片的“背景板”就是文化。只不过境内谈判的文化背景板是大体相同的，跨境谈判的文化背景板则显现出相当大的反差。

文化是一种习得行为。了解了谈判者所习得的不同文化，就了解了他们谈判风格的文化背景。如我们所知，东西方人群之间存在着很多观念上的差异。

（1）个人主义和集体主义。西方人崇尚个人主义，重视个人的自由、选择和责任；东方人崇尚集体主义，重视家庭和社会的利益。个人主义和集体主义的差异体现了一个社会围绕个体或群体组织起来的程度。谈判既是个人的行为，也是集体的互动，谈判者倾向于个人主义还是集体主义，当然会影响谈判的组织和进程。

（2）权威。东方人对权威比较尊重，克己复礼；而西方人更相信自己，蔑视权威。对权威和权力的态度决定了组织中低权力成员对权力不公平分配的接受和容忍程度。很显然，相信权威的谈判者在谈判中对权力的信任和依赖更胜一筹，而不迷信权威的谈判者可能更多地聚焦在事实、数据、证据以及他个人的判断上。

（3）事业和生活的平衡。东方人觉得事业的成功更体现个人价值，因而在工作和生活的平衡中更倾向于工作；而西方人可能更注重生活质量。可以预见，在谈判过程中，西方谈判代表可能因为和家人约定的休假计划而中断谈判，无牵无挂地去度假了；而东方谈判代表可能为"三过家门而不入""轻伤不下火线，重伤不下战场"感到光荣。

（4）不确定性。东方人对不确定性感到很适应、正常、自在，西方人则厌恶和规避不确定性。对不确定性的态度表明了不同文化背景下的人们对不稳定的环境所感到的适应或者不适应程度。谈判的过程是瞬息万变的，新的情况层出不穷。谈判双方追求稳定的可预见的谈判进程是正常的。但当不稳定结构出现时，东方人更多地使用"可能""应该""也许"等词来描述不确定性，西方人则希望用"百分比"来确定"不太可能"（unlikely）、"可能"（likely）、"很可能"（very likely）的程度分别是多少。当我们说这个建议对方很可能会接受时，我们的外国同事常常会问："究竟有多大的可能性？"然后，我们会说："70%。"不了解这样的差异，双方可能会浪费很多的时间来搞清楚为何一方是"含糊不清"的，而另一方是"纠缠不清"的。

（5）形式和实质。中国人讲"名不正则言不顺""生意宁不做，规矩不能破"，有时给人以"形式大过实质"的感觉。西方人却不大在意表面的东西，不太讲排场，他们看重的是目标和利益。文化差异会增加谈判方式的复杂程度，增加双方之间的误解。2008 年，英博收购了百威，新的公司名字不是“英博百威”，而是“百威英博”。对此，很多中国友人不理解，常常问我究竟是谁收购了谁，我笑答，按西方的习惯，名在前，姓在后。我们自己开会报名字或者宴会定座位，通常都是随机的，但是一旦有中国本地的合作伙伴参加，我们就会很小心地排位，确保不怠慢别人。在商务谈判，尤其是并购谈判中，无论你是东方人还是西方人，标的金额、控制权、责权利的分配才是谈判桌上最重要的问题，无论你来自哪个国家，受到哪种文化的熏陶，不要偏离谈判的目标才是最最重要的。

（6）双方关系。中国人喜欢把并购谈判形容成谈恋爱，因此跨境并购就变成了跨境婚姻，谈判过程就是谈婚论嫁，谈完了就大摆筵席，变成一家人，然后希望早生贵子、白头偕老。如果谈不成，也希望“买卖不成仁义在”。可见，中国人谈判非常在意人际关系的建立、维护和管理，这种关系是个人的，有强烈的感情色彩，有喜欢和厌恶之分；而西方人会更多地看到一致的利益，看到建立合作伙伴关系的可能性，不太在意谈判对手的个人背景，不太关注和谈判对手关系的密切程度。不了解这个背景差异，则可能带来很大的感情落差，仿佛大家不在一个同温层。尽管最终的谈判结果未必由双方谈判代表的个人关系来决定，但这一关系的好坏、疏密，对谈判还是有很大影响的。

文化差异对跨境并购谈判的影响

文化差异对跨境并购谈判的影响是全方位的。当美国人与中国人谈判时，美国人的个人主义文化价值观和中国人的集体主义文化价值观可能会通过多种方式影响谈判。一个国家所拥有的文化可能不止一种，而一种文化也可以同时存在于多个国家。跨境并购谈判是一种内嵌于更广大背景下的社会互动过程。当涉及谈判活动的国家与文化逐渐增多时，谈判情境的复杂性也随之增加，这就使得跨境并购谈判成为一种高度复杂的社会互动。

文化背景不同对跨境并购谈判的影响没有好坏之分，没有对错之分。重要的是谈判双方的代表要认识到己方文化价值观与对方文化价值观的不同，进而尊重对方的文化背景，尽可能适应对方基于其文化背景的谈判风格，同时在发生误会和分歧时坦然、透明地向对方解释自己的观点，以及行为背后的文化、传统、风俗的差异。

文化差异影响谈判节奏

文化差异隐藏在跨境并购谈判的表面之下，构成了谈判中的“不可见”的模式。在错综复杂的谈判遭遇战中，不同文化背景的人趋向于以不同的速度和顺序完成并购谈判的各个环节。例如，西方工业国家的任务导向型（task-oriented）谈判者常常快速通过信息交换这个环节，急于“直接拿出建议”，并开始认真考虑谈判开局和让步的问题。随后，他们会花更多的时间交换、评估提议并进行辩论。来自亚洲、非洲、南美洲和中东地区的关系导向型（relationship-oriented）谈判者，则更喜欢不慌不忙地交换信息，以便在讨价还价前建立一定程度的互信。建立这种关系后，双方在做出明确让步的阶段耗时极短。

我记得我们有一次和国有行业巨头谈判股权出让事宜，那是双方的第一次正式会谈，地点是在对方公司香港地区湾仔的写字楼里。我们从纽约来的同事面对满屋子的谈判代表、投资银行经理、律师，直来直去，开门见山，照本宣科地把我们的提议念了一遍。作为谈判双方指定主谈人的我和对方主谈人都还没有来得及暖场，我们的同事就已经念完稿了。对方主谈人沉默了好一会儿，现场气氛十分地尴尬，谁也不敢出声。过了一会儿，他淡淡地说：“既然这样，没有什么好谈的，谢谢大家。”然后起身离开会议室。我吓了一跳，立马起身，请他留步。我说："这只是我方的提议，目的是便于双方谈判代表确定谈判主题和方向。"我建议休会，由我和对方主谈人私下交流一下，半个小时后再恢复会议。经过私下交流，我们又回到了谈判桌上。

另一次谈判发生在纽约，还是同样的谈判人员。一大早刚开始会谈，对方主谈人指着自己的一身西装说："我今天穿了西装来，是对你们的尊重，尽管我知道你们习惯了穿便装。这身西装价值 4 000 美元，但我觉得它只值 1 000 美元。我有很多套西装，我根本没有买这套西装的欲望和冲动。可是这家裁缝店的店主是我的好朋友，他给了我很大折扣，只要我付 1 000 美元。我最后还是决定买了。"这段开场白他讲得慢条斯理，这让我们来自纽约的同事十分着急。茶歇时，他问我和我们的首席财务官，对方为什么要讲他西装的故事。我们的首席财务官说，他的意思就是，你们的股份我不需要，除非你们打巨大的折扣。

上面两个例子生动地体现了西方人任务导向的谈判风格和东方人关系导向的谈判风格之间的巨大差异。令人叫绝的是，东方人的智慧把关系导向的谈判运用到了极致，对方主谈人在似闲聊、似寒暄的暖场过程中，已经把谈判的诉求传达得无比清晰了，但他一个字都没有提到双方的谈判主题。

文化差异影响谈判决策权

不同文化对谈判桌上的人的身份存在不同的敏感度。一些重视礼节的文化要求谈判者必须是相同级别的，而其他不太讲究礼节的文化，则是将职能、经验和决策权力作为挑选谈判者的标准。这种差异可能导致谈判中的误解，甚至谈判的崩溃。

国内企业通常将并购视为极为重要的战略决策，因此企业的大股东、董事长、首席执行官等一定会亲力亲为。很多时候，他们会亲自参与谈判。西方企业尽管同样重视并购这一战略性商业决策，但往往更多地赋权给专业的团队，由他们主导整个谈判的过程，企业的高层只在重要的时间节点听取汇报、参与讨论、给予谈判进一步的授权。在跨境并购的谈判桌上，常常出现谈判双方代表职级严重不对等的情况，但这丝毫不意味着西方的企业对中方谈判代表的不尊重。

很多国内企业还保留着家长制作风，其优点是决策链较短、决策环节较少、决策效率很高，出席谈判的大老板往往可以现场拍板。西方企业则层层授权，决策依赖于流程，谁也不敢越雷池一步，因此决策效率很低。在这种情况下，中方谈判代表常常抱怨谈判对手不停地请示汇报，甚至要求更换能“说话算数”的谈判代表。

我曾代表所在公司启动了多个谈判项目，安排了双方高层会面。双方同意由我方提交建议书，展开进一步谈判。通常对方会以为我们一两周内就可以拿出初步方案，而实际上我们可能需要两三个月，因为内部大量的流程需要通过，各方的意见需要协调，建议书或计划书需要专业的投资银行帮助制订。在这个过程中，由于缺乏持续交流，对方很可能觉得我们的诚意不够。尽管我们的计划书可能看起来很漂亮，但谈判的最好时机可能已经错过了。

跨文化差异对跨境并购谈判的影响方式还有很多，举例如下。

（1）对谈判定义的理解不同。什么是谈判，以及在谈判中会发生什么，会随着文化的不同而变化。美国人倾向于将谈判视为讨价还价的过程，日本人则将其视为信息共享的机会。

（2）谈判策略的差异。谈判者使用分配式谈判策略还是整合式谈判策略，也是会受到文化影响的。西方人可能比较喜欢优势式、竞争式的谈判策略，东方人则偏爱合作式、关系式的谈判策略。

（3）谈判人员的选派和安排差异。选派谈判人员的标准因文化的不同而不同。西方人比较喜欢数字感好、反应敏捷的人；东方人更可能选择能言善辩、情商较高的人。

（4）谈判礼仪的差异。文化使得谈判的礼仪或者谈判双方的关系形式不同。前面提到过，西方人比较务实、直接，对礼仪不是很看重；东方人则非常看重礼仪和程式。

（5）交流方式的不同。文化会影响人们的交流方式，包括语言交流和非语言交流。简单来说，西方人比较直接，东方人相对间接和含蓄。

（6）时间管理方面的不同。文化在很大程度上决定人们对时间的看法，进而影响谈判。西方人比较看重日程表，比较关注时间和进度；东方人可能比较看重重要的议题，时间观念相对比较薄弱。

（7）风险偏好的不同。文化影响人们愿意承担风险的程度。西方人多半愿意承担风险，相信风险和回报是正相关的，而东方人多半都倾向于规避风险。

（8）集体主义与个人主义的不同。强调集体主义还是个人主义会因文化的不同而不同。这是显而易见的。

（9）对协议本质的看法不同。文化对所达成的协议和协议的形式方面也有重要的影响。西方人依赖协议，协议往往复杂而冗长，东方人则看重关系和君子协定。

（10）谈判者感情表达不同。文化在某种程度上也影响着谈判者情绪的表达。这些情绪可能是有意针对使用的策略，也可能是对谈判期间各种积极的和消极的环境的一种本能反应。西方人比较开放，感情比较直接，而东方人比较内敛，感情不轻易流露。

跨境并购谈判的 3 大策略

我们的共同利益和共同价值观反映在跨境并购谈判的科学性和规律性上，跨境并购谈判建立在常识之上，并非完全不可捉摸；各个国家的文化差异造就了跨境并购的艺术性和创造性，双方谈判代表完全可以通过谈判、交流更好地认识和欣赏对方，建立更加持久和稳固的友谊与合作关系。

策略 1：理解、包容文化差异

这个世界的美好就在于它的多样性。在与有着不同文化背景的对手谈判的过程中，我们要抛弃生活中司空见惯的一些成见，例如有些种族比其他种族更擅长体育运动，某些文化中的人更善于跳舞，某些种族的人比较有生意头脑等。其实，每个种族都有风格各异的人群，并非千人一面。这个世界是和而不同的，我们拥有共同的价值观，我们有共同的利益，那就是全人类的福祉。只有当我们看到不同文化的差异，尊重和包容这样的差异，而不是让成见和误解蒙蔽我们的眼睛时，我们才有机会跟拥有不同文化背景的人开展交流和合作。

策略 2：正确处理文化差异

看到跨境并购谈判的差异时，要用积极的态度去面对。即使是跨境旅行，都会面临文化差异带来的不便，更何况是需要双方精确地、专业地沟通、讨论、解释的非常复杂的跨境并购交易。经济的全球化、人类文明的发展都和跨文化交流有着密不可分的关系。积极面对文化差异，抱着好奇、虚心、热诚的态度，学习、欣赏、了解异域文化，享受谈判的过程，不仅可以帮助公司达成跨境并购交易，还可以为公司的国际化发展做出贡献，同时打开自己的心胸和眼界，增加自己的阅历和体验，迅速提高谈判技能。因此，与其说跨境并购谈判是挑战，不如说跨境并购谈判是机会。

跨境并购谈判是一个消除隔阂和偏见的过程，是一个相互交流和学习的过程，是一个不断改善关系的过程。跨文化谈判的困难主要是由双方对彼此的偏见和误会造成的。在双方还没有见面之前，谈判者已经在描画对方的风俗习惯、思维特点、谈判风格、沟通方式、行为习惯了，已经产生晕轮效应甚至畏惧心理了。提前熟悉和了解对方谈判人员的文化背景十分重要，但了解的目的不是印证自己对对方的刻板印象，而是更好地准备谈判，更好地铺垫谈判的氛围。我们一直强调，并购谈判是一个追求双赢的谈判，要双赢就必须建立良好的关系，这是合作和互信的基础。对对方的文化了然于心，将帮助自己更好地和对方打交道，甚至交朋友。

对于文化的差异，无须刻意回避，或假装没有看到，假装没有影响。谈判一方也无须掩藏自己的文化背景。我在很多跨境并购谈判的场合都会说，“我是个典型的中国人”。我希望坦诚地告知对方，我的一些反馈和表达方式是基于我们中国人的文化背景的；否则对方可能以为我的风格已经相对国际化，而对我的一些反应难以理解和接受。所以在谈判过程中，如果对方出现了疑惑和不解，那么可以主动向对方解释，我们为什么会有这样的传统习俗；如果对对方的一些举措感到不满和怀疑，那么我们也要给予对方机会，让他们解释清楚他们的某种表达的背景和原因。克服文化差异，需要双方开诚布公地沟通和交流。

在实际进行的跨境并购谈判中，由于双方都经历过境内并购谈判的历练，甚至不少谈判者都已经参与过很多跨境并购谈判，加之双方都可能聘请专业的投资银行人士和律师参与谈判，双方真正面临的文化冲突是可以被大大消减的。在这种情形之下，双方在谈判前花一点时间交流和商议谈判的规则、谈判的流程以及谈判的主导方式，对克服谈判过程中因为文化差异带来的波折是有极大帮助的。谈判前的交流要充分地把双方可能因为文化差异带来的问题讲清楚，使双方都有充分的心理准备，一旦谈判过程中因为文化差异导致误会，双方就不必情绪化，可以更多地关注专业和规则、双方的共同目标，求同存异。

文化的差异必然带来商业行为准则的差异。在关系型社会里，商人们把关系当成生意的一部分，每个人都在一定的商业网络中生存和发展，人脉成了生意场上最有力的武器，合作双方的私人关系备受关注；而在注重规则的社会里，关系可能是生意的敌人，符合市场规则的关系是健康的合作伙伴关系，不符合市场规则的关系则可能被当成利益冲突、关联交易，让合作方望而生畏、高度警惕。文化差异对跨境并购谈判的影响，完全体现在上述商业行为习惯和规则中。尽管在经济全球化的浪潮下，规则在不断地统一，但基于文化差异的商业行为准则差异仍然广泛存在。我们和印度人的谈判不同于和美国人、日本人的谈判，不同于和澳大利亚人的谈判。认识到文化和商业之间的关系非常必要。

策略 3：随机应变，调整谈判方式

与有着较大文化差异的跨境并购谈判对手谈判时，谈判者很可能无法随机应变——“到哪座山唱哪首歌”，即不能有效地修改自己的谈判方式。即使谈判者可以有效地修改自己的谈判方式，也并不意味着会相应地取得很好的谈判结果。研究表明，与相同或不同文化背景的人进行谈判时，谈判者会很自然地采取不同的谈判方式。适当地调整谈判方式可能比“入乡随俗”更有效。

如果跨文化谈判涉及低熟悉度的文化背景，那么比较好的方式是聘请代理或顾问。对对方的文化熟悉程度较低的谈判者，可以聘请对两边文化都熟悉的代理或顾问。还可以聘请一位调解员，在跨文化谈判中可能会需要多种类型的调解员，他们的职责包括在谈判伊始进行相关介绍，然后退出；接手参与全程谈判并对整个谈判过程负责。当然，你也可以引导谈判对手采用和你同样的方法。

如果跨文化谈判涉及中等熟悉度的文化背景，那么你可以偏向谈判对手的谈判方式。谈判者可以有意识地改变自己的谈判方式，这样可以更加吸引对方。另一种选择就是谈判双方都做出多方面的调整以找到适合谈判的共同方法。

如果跨文化谈判涉及高熟悉度的文化背景，那么你可以完全采纳对方的方法。你也可以以开放的态度，由双方讨论并选择倾向于任意一方的文化。只要双方觉得合适，双方甚至可以选择倾向于第三方文化。

并购谈判工具箱

1. 影响跨境并购谈判的 6 大因素：政治和法律多元化、国际经济环境、外国政府和官方机构、地区的不稳定性、意识形态和文化。

2. **跨境并购谈判的 3 大策略：**

- 策略 1：理解、包容文化差异；
- 策略 2：正确处理文化差异；
- 策略 3：随机应变，调整谈判方式。

第四部分

并购谈判的精进

第 14 章 并购谈判中的心理因素

并购谈判是人与人之间的交锋，涉及人持续的心理活动。并购谈判的巨大压力需要谈判者拥有一颗强大的心脏。我多年从事法务合规的工作，常常跟同事讲，我们需要坚强的意志、博大的胸怀、强大的心脏，因为我们每天面对坏消息。并购谈判中的好消息可不多，各种挫折、反复、失望、茫然，会导致谈判者不安、焦虑、情绪低落。这些消极情绪反过来又影响谈判的进展，导致恶性循环。谈判本身就不是一项愉快的工作，特别是在你还没有变成一个江湖老手之前，你无法享受谈判的过程。你需要一个积极、健康的心态，从容应对谈判中的煎熬和痛苦，直到有一天，你可以用“痛并快乐着”的心态来面对艰难的并购谈判工作。

并购谈判涉及较高层次的需求

谈判是人与人的谈判，双方坐到谈判桌前，一定是为了实现某个目的，有着某种需求。这是谈判一个非常简单却极为重要的前提。无论面临什么问题，为了实现共同的目的，所有协议都必须由各方共同努力才能达成。我们需要了解人类最基本的需求，以及人类共同的行为模式，掌握这些需求和行为模式如何影响一个人在谈判桌上的行为，从而预测对方的行为举止。人类的行为具有可预测性，这也是大数据和人工智能的工作原理，即依据大多数人的行为去推测和判断某个人在相同的情况下会有怎样的举止言行。但现实生活中总有意外。

每个人在人生的不同阶段以及不同的生活环境下，都会自觉或不自觉地对自己的需求进行排序。诚如马斯洛所说："需求层次的顺序不是一成不变的，也并不适用于所有人。"有些人会认为尊重需求比归属需求更重要，有些善于创造的人会认为审美需求是生命中最重要的需求，有些年轻人则可能把自我实现的需求放在最重要的位置。

并购谈判是比较复杂的人际交往活动。并购的需求通常都不是低层次的生存需求，并购的需求涉及公司的战略发展，公司的未来走向，公司股东或管理精英的梦想和情怀，等等。这些高层次的需求决定了并购谈判者的需求也是较高层次的，涉及诸如求胜、求知、自我实现、获得尊重等方面。这些需求代表着比较高层次的心理活动，需要谈判者调动感知、认知、情绪等诸方面的能力来实施和管理复杂的并购谈判过程。

当然这也不是绝对的，如果一家企业朝不保夕，濒临倒闭，急于寻求重组或出售，那么其谈判者会把生存、安全、保障等基本需求放在更重要的位置。但这样低层次的需求一点都不意味着谈判者的心理活动也是简单的和低层次的。恰恰相反，这些低层次的需求可能意味着更大的压力，谈判者对交易的达成可能更加渴望，谈判过程中情绪、情感的介入可能更深、更广泛。**了解人类需求层次的基本知识非常重要，基于这些知识，我们可以凭借自己的观察力和理解力去发现谈判对方的具体需求，从而进行更高效的谈判。**

如何管理感知、认知和情绪

在各式各样真实的并购谈判场景中，和风细雨、彬彬有礼不是常态，唇枪舌剑、针锋相对、嬉笑怒骂、乐极生悲、否极泰来的戏剧性场面才是家常便饭。谈判桌之所以如此精彩，就是因为谈判不全是理性、理智和有逻辑的，谈判中夹杂了谈判者的七情六欲，饱含谈判者的感知、认知和情绪。在了解人类需求的基本理论后，我们再看看并购谈判过程中，有哪些心理因素会影响谈判的进行。

人类的基本心理因素包括感知、认知和情绪。感知、认知和情绪是构成包括谈判在内的一切人际互动的基本组成模块。理解感知、认知和情绪在谈判中的角色非常重要。感知的偏差会导致谈判中的判断偏差；认知的偏差会影响谈判的进程；情绪和心境会干扰、塑造、成就或摧毁谈判。了解感知、认知和情绪，可以帮助我们在谈判中更好地管理和利用它们。

常见的感知偏差与框架效应

谈判者对每种谈判情境的理解受制于谈判者对以往谈判情景的感知、对当前谈判场景的感知、对对方行为的感知，以及对这些感知的正确引导和支配。

1.4 种感知偏差

感知是最基本的心理活动之一，是个体同周围环境相联系的过程。并购谈判的目标之一就是准确地感知和解释自己一方的信息、立场和态度，以及感知和解释谈判对方的信息与行为所表达的内容及含义。感知不是简单地照镜子、拍照片。例如，同样是细雨绵绵，有人感知到“好雨知时节，当春乃发生”，积极、浪漫，富有诗意；有人却感知到“清明时节雨纷纷，路上行人欲断魂”，消极、压抑，让人揪心。感知是感官和心灵一起合作的一个意义建构的过程。人们通过感知来认识世界，解释他们所处的环境，以便能够做出恰当的反应。

人们的感官并不可靠，人们的大脑和心灵也不是机器，所以感知偏差不可避免。人们对感知的要求越多、越快、越好，就会牺牲越多感知的准确性，就会遇到越多的感知偏差。

除此之外，人们自身的梦想、追求、审美和经验，也会对感知产生引导、误导和干扰。海森堡量子力学的“测不准”原理，讲的是测量工具本身也会扰动测量的对象。这个“测不准”原理放在人的感知领域就是人的感知会受到人自身的影响。

在并购谈判中，谈判者基于自身的需要、期望、动机以及过往经验，可能产生关于谈判对方的某种感知倾向，加之其他外在因素，就是导致对对方感知偏差的主要原因。心理学上常见的 4 种感知偏差包括：刻板印象、晕轮效应、选择性感知和投射作用。刻板印象和晕轮效应都是由于概念化某些事物而导致感知失真的现象。人们运用少量的信息得出对于个体的总体性和普遍性的结论。选择性感知和投射作用则是由于人们预测、预期他人具有某些特征和品质，从而导致对他人感知失真的形式。感知者为了保持自己的感知和自己对他人的预测、预期的一致性，会自觉或不自觉地对感知进行过滤和曲解。

（1）刻板印象是人们感知过程中出现的一种非常普遍的失真形式。当人们以某一特定社会群体或人口统计学特征为依据，而将某些特性强加给他人时，就会产生刻板印象。例如，人们常觉得法国人浪漫、德国人严谨、日本人文明；有的人觉得中国人都会功夫，巴西人都会踢足球，印度人都用手抓饭。

刻板印象一旦形成，将很难改变。当我们和西方人对垒，我们会觉得对方直截了当、专业高效。当我们和中国人谈判，我们会担心他们客客气气，但就是不见兔子不撒鹰。但在实际的并购谈判案例中，上面的刻板印象没有一个被证明是正确的。不过，刻板印象也不是一点积极作用都没有，毕竟一类人、一个行业、一个区域总是有不少共性，我们可以适当利用这些特点。

（2）如果说刻板印象是"以全概偏"，那么晕轮效应就是"以偏概全"。晕轮效应发生于当人们基于对个体的某个特征的了解，进而归纳出其他各种特征，而没有以个体的群体成员身份作为分类的依据。例如，一个面带微笑的人被认为比一个紧锁眉头或愁容满面的人更诚实，其实微笑和诚实之间没有必然的联系。关于一个个体的综合判断的特征越显著，那么这个特征被用于衍生出与最初判断感知上一致的信息的可能性就越大。晕轮效应最可能发生于：当对一个人在某方面几乎没有任何感性认识之时；当这个人很出名时；当这些特征具有很强的显著性时。我们觉得喝酒脸红的人更好相处，但在谈判桌上，一个人好不好相处，跟他喝酒脸红不红根本没有关系。

晕轮效应是谈判中常见的感知偏差。谈判者倾向于基于最初的非常有限的信息很快地形成对对方的印象。如诚实或不诚实、道德或不道德，这些判断很容易影响到对对方其他各种特征的感知。

（3）选择性感知发生于感知者仅支持或强化先前的一个信念，而过滤掉不支持先前信念的信息之时。选择性感知具有保持刻板印象或者晕轮效应的作用：在基于有限的信息做出对某人的快速判断之后，人们可能就会过滤掉有悖于最初判断的进一步的证据。

以我所在公司为例，当我们得知某个收购对象的现金流紧张的信息后，我们感知到并购机会的来临。事实上，除了对方现金流困难这一条信息，我们并没有掌握对方的其他信息，我们也没有意识到现金流紧张并不是出售公司资产的充分必要条件。但是，基于我们多年渴望收购这家公司的愿望，借助对方现金流枯竭、经营困难的信息，我们强化了“收购机会来临”的预期。果然，接下来的谈判进程非常艰苦，对方没有表现出非卖不可的紧迫感和焦虑感，对方对价格的期望大大高于我们的目标收购价格。于是，我们故意拖慢了谈判的进程，我们相信现金流的困难会逼迫他们很快做出让步。结果出乎我们的意料，对方的管理层，同时也是公司的股东，通过质押其他资产，拿到了银行贷款，解决了现金流问题。虽然后来我们还是完成了收购任务，但我们付出的对价比他们当时的要价还要高。这是一个典型的选择性感知的案例，我们被自己的执念和预期蒙住了眼睛，作为专业的并购谈判人员，我们当然应该知道，出售公司不是获取现金的唯一途径。

（4）投射作用常常发生在自我感觉良好的人身上。过于自信会导致人们把自我强加于别人。投射作用的机制，是人们放大自己的某些特征和品质，然后将自身的这些特征和品质强加给他人。这时候，这个人心目中的他人只是自己的幻觉，这个人对他人的感知是完全失真的。投射作用通常是出于保护自我形象的需要而产生的，即将自己视为极致的和优秀的。谈判者在谈判中可能会不自觉地假设：如果对方处于自己的位置，也会以同样的方式做出反应。

过去 20 年，我所在的公司在市场上取得了不俗的并购战绩。我们对自己的并购战略、并购策略、并购经验、谈判能力和整合能力深信不疑。我们直截了当、简单粗暴、快速高效、追求控制权、攻击性明显的谈判风格是业内人所共知的。也因为如此，当我们开始新的并购谈判项目时，我们都期待对方已经熟知我们的谈判风格，从而理解和接受我们的一些“粗野”的作风，同时也配合我们的谈判节奏。多数时候，这些都不是太大的问题，即使对方心里不高兴，面对我们这样实力强劲的谈判对手，以及早已耳闻的谈判风格，对方会尽量理解和迁就我们。但是，当我们遇到一些强劲的谈判对手时，投射作用不但无效，反而会像拳击高手对垒太极大师，完全使不上力，而且还会遭到对方的反制，如冷落、拒绝，或者激烈的反抗。

2. 框架效应

框架效应是认知、决策、沟通等研究领域一个非常流行的概念。框架的最终形成及不断改变通常离不开认知，但框架的雏形和框架效应的出现开始于感知，并且在之后的框架重构过程中始终离不开感知。框架是人们的心理机制，指人们通过感知、评估和理解情境，确定某一事物的共同属性、定义和边界，从而引导人们采取某一行动，或避免采取某一行动。框架的确定和重构，是人们与他人和环境进行信息交换，以及对收集到的信息进行整理和分析的过程。

框架定义了一个人、一个组织、一件事物、一个行为，并且将它们从周围的复杂世界中分离出来。我们生活中无数的名称、术语、概念就是对无数不同人群、事物和行为的框架确定。框架确定的重要性在于，即使是处于同样情景下，或者遇到同样复杂的问题的两个人或者多个人，也常常以不同的方式来看待或者界定这些情景或问题。因为人们有着不同的背景、经历、期望和需求，所以看待人、事件和过程的框架也不同，而且这些框架还会随着观点的改变而改变，或者随着时间的流逝而改变。

框架在并购谈判中非常重要。我们在并购谈判的初期或中期常常会签订一份“框架协议”。框架协议不是最终的并购协议，但框架协议的作用是巨大的。框架协议可能建立在谈判者对过去谈判经验的感知和认知上；框架协议可以涵盖并购谈判的所有主要议题；框架协议需要确定谈判的议程、谈判的时间表；框架协议可能包含谈判规则的约定。框架协议没有最终的法律约束力，它像一把大伞，包罗了谈判双方将要面对的所有问题和方案。

并购谈判的框架协议和心理学上的框架确定以及框架效应完全对应，框架协议使得一个特定的并购谈判项目有了自己独特的定义、范围和特征，可以区别于其他并购项目的谈判；框架协议也约束了谈判者下一步的行为，划定了双方活动的范围，谈判双方都会受到框架先入为主的指引；当然，框架协议最终会被并购协议所取代，这个取代的过程就是框架基于新的感知和认知进行重构的过程。

框架效应在并购谈判中的作用，比上文例举的框架协议要复杂得多。因为谈判双方可以在同一阶段采用多种框架，也可以在相同阶段采用不同框架。谈判各方的需求差异、议题差异、目标差异、谈判者个人的差异以及谈判策略的差异都会导致谈判者对于同一事物的感知和认知不同，从而出现不同的定义域，导致框架的不匹配。谈判者可以将不同的框架用于不同议题的谈判；谈判者也可以在谈判过程中根据自己对新的变量的感知和认知，对同一个框架进行改进和完善。

并购谈判要想取得成功，至关重要的就是框架的重构过程。对早期框架的执着以及对其他框架的排斥是并购谈判失败的主要原因。因此，我们看到，并购协议达成的过程，就是通过对若干小的框架的重构以及互相协调，最终双方找到一个由共同的需求、条件、承诺所组成的体现双方共同利益的大的框架。这个过程依靠的不是单纯的妥协，而是双方不断寻求和定义一个新的重叠的框架，从而最大限度地扩大和包容更多的共同特征。就像一台老式相机，不断地调焦，最终排除重影，从而将影像（框架）清晰地固定和呈现在底片内。

总而言之，框架确定就是我们对周围世界进行理解以及再定义的过程。并购谈判的框架限定了谈判各方定义的核心议题以及他们展开谈判的方式。谈判各方各有诉求和偏好，都会努力让对方认可和接受自己偏好的框架。谈判双方都有框架，双方框架的靠近过程就是讨价还价的过程，而双方框架渐行渐远意味着并购谈判出现僵局甚至破裂。不同的框架解决不同的问题。框架可以改变，可以转换，最终的并购协议则是整个并购谈判的最终框架。

常见的认知偏差

我们已经分析了内外部信息是如何被感知的；感知如何出现偏差；感知的事物如何经过过滤、整理、定义进入特定框架内，以及感知偏差和框架效应如何影响并购谈判。接下来我们将分析认知和认知偏差，以及认知偏差对并购谈判的影响。

认知是在感官收集信息的基础上对信息的分析、综合、归纳，并利用信息做出决策的心理过程。人不是万能的，人也不能无所不知，每个人都有自己的局限性。这些局限性有的源于人的智商、性格、身体状况、教育背景和人生经历，也有的源于外部的政治、经济、社区、团体、家庭和自然环境。人的局限性导致人们无法完美、准确地分析、处理信息，因而会导致认知的偏差。

在并购谈判中，谈判者的局限性导致的认知偏差会影响并购谈判的绩效，导致谈判过程出现曲折、反复，偏离方向。下面我们一起看看心理学上常见的认知偏差以及它们对并购谈判的影响。

（1）承诺升级。承诺升级的常见形式就是错上加错。承诺升级是指人们倾向于做出维持错误行为的决策的心理现象。承诺升级的部分原因是个人在感知和决策上存在偏差。一旦决定采取某一行动，谈判者通常会寻找支持性的证据，同时忽略或者不愿意去寻找否定性的证据。对一致性的渴望，常常会因为人们希望在他人面前不丢面子或保持专家的形象而加剧。没有人愿意承认错误和失败，当对方会将这种行为看成一种软弱的行为时尤其如此。

我所在的公司有一位外籍并购总监，在我们跟一家合资公司谈判成立合资商务公司前，他提出合资公司的股份占比完全按照双方并入该合资公司业务的息税折旧及摊销前利润值计算，结果是我方占 97%，对方占 3%。尽管双方在该市场的占有率各占 30%，但由于对方主要销售中低端产品，其息税折旧及摊销前利润值很低。一看到这样的建议书，我们就指出，对方是不会接受的，而这位并购总监坚称这一估值法是世界通行的估值法，因此坚称这一股份比例是合理的。我们越是建议他考虑对方的市场占有率、渠道及终端的价值、品牌的价值，他越是坚持这一估值法是正确的。最后的结果可想而知，谈判双方不欢而散。

（2）蛋糕固定。许多谈判者都假定，在一切谈判中，“蛋糕”的大小是固定的。谈判者常常将整合式谈判机会看成零和谈判，即我赢你输的竞争式谈判。认为“蛋糕固定”是很多并购谈判者的本能反应。我和我所在的团队曾经和一家初创科技公司谈判入股。我们根据对方的估值 5 000 万元，提出我们出资 500 万元，占股 10%。这就是典型的蛋糕固定思维。对方当然不会同意，因为这个估值没有看到公司未来的价值，也没有考虑现有股份在转让时的溢价。在并购实践中，这样出价是达不成交易的。

（3）锚定效应。锚定效应是价格调整中出现的认知偏差，与谈判者在初次报价后做出后续调整所依据的标准有关。锚定点一旦确定，谈判各方就会倾向于将其作为一个真实有效的基准。这个基准将被用来调整其他的判断。在谈判的整个准备阶段，都需要有故意唱反调的人，对事实进行检查，以防止出现锚定和调整的错误。锚定效应也是我们要坚持让并购方在谈判开始时主动报价的一个原因。

（4）厌恶风险。厌恶风险是指谈判者可能对预感到的损失反应过度。人们在谈判中对风险持有不同的态度，有的谈判者愿意冒风险，有的谈判者选择规避风险，有的谈判者对风险采取中立的态度。在并购谈判中，谈判者或多或少地会表现出是规避风险还是偏好风险。当谈判者倾向于规避风险时，他们害怕损失，很可能接受任何可行的报价。相反，当谈判者倾向于偏好风险时，他们倾向于等待下一个更好的报价或者进一步让步。

（5）赢家诅咒。赢家诅咒是指谈判者在快速解决一个问题后，对来得过于容易的谈判胜利感到懊悔的倾向。避免赢家诅咒的最好方法就是做好前期准备工作，避免仓促提出报价，结果意外地立即被对方接受。充分地调查和准备，能使谈判者对合适的解决方案的价值做出独立的判断。

（6）自负心理。自负心理是指谈判者过于相信他们自己是正确的。自负心理有双重的影响，它能强化谈判者对错误的或者不恰当的立场的支持程度；它能导致谈判者低估对方判断的价值和有效性，从而切断了从对方处获取必需的信息、利益和可选方案，以完成一个成功的整合式谈判策略的可能性。

（7）小数法则。在决策理论中，小数法则是指人们具有从小样本中得出大结论的倾向。在谈判学中，小数法则是指谈判者从自己的经验中学习和推断的方式。每个谈判者都倾向于认为先前并购案的成功之道，可以应用于新的谈判项目。事实上，没有任何谈判项目是一样的。我所在公司曾经花费 1.5 亿元收购一家公司 70% 的股份，然后又花了 6 亿元收购了其余 30% 的股份。前后出价天差地别，没有可比性。

（8）归因偏差。人们常常通过归因来解释他人的行为，要么归因于人，要么归因于环境。在“解释”他人的行为时，有一种倾向就是高估个人因素或者内在因素的作用，而低估环境因素或者外在因素的作用。人们常常将自身的行为归因于环境因素，将他人的行为归因于个人因素。这种倾向产生于并购谈判中，也产生于公司日常的经营活动中，例如，我们可能说，这个月完成了销售指标，是因为我们工作努力、方法得当；下一个月没有完成，是因为天气太冷、对手促销太猛。

（9）禀赋效应。禀赋效应是指人们过高地评价自己所拥有或者即将拥有的物品的价值的倾向。在谈判中，禀赋效应可能导致对某些资产价值的过高估计，这会阻碍交易的达成。这就是前文举例所说的，当我们觉得我们是以高端产品为主时，我们怎么高估这些高端产品的价值都不过分，而非高端产品，无论对方市场规模有多大、渠道有多强，我们都会觉得它一文不值。

（10）忽视他人。谈判者常常不关心对方的观点和想法，这种做法使得他们在谈判时只能运用不完整的信息，忽视对方的感知，使得谈判者对原本复杂的过程的思考简单化，从而导致他们采用更具竞争性的战略，无法认识到双方的行为和反应具有的偶然性。这种情况常常发生在一方优势比较明显的谈判中。

（11）反射性贬值。反射性贬值指人们仅仅因为让步是对方做出的，便贬低让步的价值。反射性贬值会导致谈判者最大限度地低估令他厌恶的一方做出的让步，不愿意对此做出相应的让步，或者在对方做出让步后谋求更多的让步。

别让情绪成为谈判的障碍

人们普遍认为，并购谈判的过程肯定是理性的、有逻辑的，因为并购是一个涉及经济、投资和管理的行为。但这种看法忽视了情感和情绪在谈判中的作用。近年来，越来越多的并购谈判理论和实践开始关注情绪和情感的作用。

情绪和情感是有分别的，情绪与情感相比表现得更发散，也不够强烈，持续时间较短；情感则表现得更强烈，并且针对多个具体的目标。情绪和情感在谈判的各个阶段都起着非常重要的作用。但本书只讲述“情绪”的相关内容。

情绪是人的一种持续性的或短暂的心理状态，通常先于思路、想法、理智和决策而出现，它来源于需求和欲望，来源于人对自己和外部世界的感知以及对跟自己有关的事实的心理反应。在谈判过程中，没有比情绪更强烈的心理因素了。

很多心理学家认为，界定情绪是一件非常困难的事情。在谈判时，我们不仅要考虑自己的情绪，还要留意谈判桌旁其他人的情绪。积极的情绪能促使我们与对方合作，并变得友善。如果我们流露出积极的情绪，就会令对方感觉很自在，也能让对方感觉到我们的气量；如果我们表现出消极的情绪，就会使我们显得好斗而不友好。这些消极情绪会成为谈判的障碍。

谈判者是带着情绪参与谈判的。谈判者如果喜欢谈判，看好这个并购项目，主动请缨参与谈判，那么他的情绪一定是积极的、乐观的；谈判者如果畏惧谈判，突然被老板派了差事，极不情愿地前来参与谈判，那他不可能有好的情绪。一方谈判者带有的情绪马上就会传染给对方，而谈判的另一方本来又带有情绪。这不是绕口令，是实实在在的谈判情绪图。并购谈判本身的议题、议程和进展状态又不断让谈判双方带有新的情绪。并购谈判也许是所有商务谈判中情绪表现最激烈的一种商务活动，谈判双方仿佛陷入了各种情绪混杂的大染缸，难以自拔。

1. 积极情绪和消极情绪对并购谈判的影响

积极情绪对谈判有积极作用，比如：

- 积极情绪可以增加谈判者必胜的信心。
- 积极情绪可以使谈判者对对方产生积极的看法。
- 积极情绪更可能促使谈判双方向合作的方向发展。

当谈判者在谈判过程中抱有积极情绪时，谈判各方自然会变得更容易合作和妥协。积极的情绪也能创造出一种更为开放的环境，使得人们更愿意去倾听。高效的谈判者能够调整他们的情绪，以便能适应谈判团队中其他人员以及谈判对手的情绪状态。

有趣的现象是，积极情绪也可能对谈判起到消极作用。并购谈判太过复杂，绝对不是靠一种情绪状态就可以完全驾驭的。我们前面讨论的很多并购谈判策略，需要营造紧张、焦虑、对抗的谈判氛围，才能奏效。可以想象，积极的谈判情绪可能让那些策略完全无法发挥其效能。具体来说，拥有积极情绪的谈判者可能不会进一步考虑他人的观点，他们可能更容易被对手的策略所影响进而受到欺骗；拥有积极情绪的谈判者不太会注意对手的观点，他们采用的策略可能达不到最理想的结果；如果因积极情绪产生强烈的积极的期望，那么谈判者在结果不甚理想时就会非常失望。

消极情绪会对并购谈判产生消极作用，对谈判成果产生不利的影响，比如：

- 消极情绪可以削弱谈判者准确判断形势的能力。
- 消极情绪可能导致双方的冲突升级。
- 消极情绪可以导致谈判者将谈判情境定义为竞争型。
- 消极情绪可以导致双方产生报复心理，阻挠合作型谈判的进行。

同样，消极情绪也可能对谈判产生有利的结果。例如，消极情绪可以帮助大家看清实际、认清形势，从而使得谈判者对整个谈判过程保持清醒头脑，规划出更加切合实际的谈判日程表。

我常常和同事讲的一句话是，乐观能解决问题，悲观也总是正确的。意思是，悲观、消极的人总是清醒的、冷静的；而乐观、积极的人会撸起袖子，马上行动。最后抓住机会、解决问题的通常是乐观的人。当然并购谈判中的情绪相当复杂，真真假假，难以一概而论。我的体会是，好的并购谈判者既要做真实的自己，不隐瞒、不伪装自己的情绪，也要有平常心，把控好自己的情绪。再怎么样，那也不过是一笔交易而已。

2. 情绪失控对谈判的影响

消极情绪会影响谈判进程，情绪失控则会对谈判造成很大破坏。感情用事者不宜谈判。一旦把情绪带到谈判桌上，人就会表现出愤怒，而愤怒就会把事情搞砸。情绪化的人无法倾听，他们常常会变得难以捉摸，很难专注于自己的目标、利益和需求，也无法进行有效的沟通。相反，他们会将注意力放在惩罚、雪耻和报复上。

谈判中会出现很多导致谈判者情绪激动的情况，比如对方歪曲事实、出尔反尔；对方通过侮辱、威胁、敌视等手段让你觉得丢脸；对方质疑你的权威性或可信度；对方贪婪或以自我为中心，提出无理要求；对方对你的善意无动于衷；对方举止散漫、自以为是。

谈判者有时候会利用伪装的情绪，让对方按照自己的意愿行事，这种行为偶尔为之无可厚非，但如果过于夸张或出于恶意，就可能转化为一种欺诈行为。我们在前文专门讨论过，谈判者这样做是为了让对方变得情绪激动，或心惊胆战，或心花怒放，从而去做一些他们在心平气和的状态下不会做的事情，而且这些事情往往不符合他们的最佳利益。

保持积极乐观的谈判心理

并购谈判是代表双方公司利益的商业谈判。谈判的标的、条件和承诺最终都会转化为冰冷的数字和生硬的协议条款，唯有双方的谈判者是有血有肉、有感情、有喜怒哀乐的。并购谈判是人与人之间的谈判，是思想的碰撞、感情的交流、情绪的交融或对抗，充斥于谈判的整个过程。我们不赞成并购谈判只能严肃、紧张、理性、克制这一观点，我们要欢迎并购谈判中感情和情绪的自然释放。所有的并购谈判者都喜欢心理健康、态度积极、心态开放、谦虚诚恳、认真可靠的谈判对手和谈判伙伴。因此，并购谈判中不是不要情感和情绪，而是要积极、乐观、健康的情感和情绪。

掌握相关的心理学知识和术语

并购谈判是情报战、经济战、技术战，也是双方的舌战，更是双方的心理战。谈判者一定要了解心理学的基本知识和术语，以便在谈判中警惕各种感知和认知偏差，更好地管理自己的情感和情绪，更好地理解和应对谈判对方的情感和情绪。这里和大家分享一些跟并购谈判相关的心理学术语。

（1）文饰作用。“文饰”即“粉饰”的意思。人们会选择用对自己最有利的方式来解释一件事情，这就是文饰自己。文饰行为在并购谈判中很普遍。当谈判者在持续施压、对方仍未让步，而谈判者自己迫于某种压力

（如时间压力）不得不放弃施压时，谈判者可能会解释他之所以不再坚持自己的要求，是因为这个要求其实没有那么重要，是为了给对方面子，是为了谈判的大局，等等。谈判者这样解释，其实是为了隐瞒自己的抓狂和失望。这有点像心理学上的“酸葡萄心理”，越是吃不到，越是装作不想吃的样子。

（2）投射作用。投射作用是指人们将自己的动机加之于别人。可能是无意识的强加，也可能是有意识的强加。投射作用在并购谈判中极为常见，具有谈判优势的一方更倾向于使用投射作用。我们在感知偏差那部分对投射作用作了分析，这里就不再赘述。

（3）移置作用。移置作用有点像我们经常说的“甩锅”行为。移置是指人们发现问题后，往往不是反躬自省，而是迁怒于无辜方，拿人家当出气筒或替罪羊。我们在谈判过程中常常见到那些无缘无故就发脾气的人，例如谈判不顺利，就怪会议室太冷或太热；自己遗漏了重要信息，就怪助理不负责，或电脑不好用；自己仓促做了决定造成不良后果，就怪队友没提醒、没拦着，这些就属于移置作用。

（4）压抑作用。压抑作用是一种过激反应。谈判者因为特定的原因不喜欢某人或某事，就会有意识地排斥这个人和这件事，并伴随有厌恶或痛苦的情绪。在并购谈判中，谈判者不喜欢的人和事实在太多了，专业的谈判者通常都能隐忍。如果需要有意识地排斥和抗拒某人某事，说明已经到了厌恶的程度，隐忍起来当然很痛苦。例如，你不喜欢合资，如果有人把合资的议题摆上谈判桌，而你又不能阻止他们，你就不得不压抑自己，那么你的厌恶情绪就会很严重。

（5）反应形成。反应形成有点像作用力与反作用力，像弹簧——压得越厉害，反弹得越厉害。反应形成是压抑作用的后续行为。人们经常压抑强烈的、不可接受的某种行为和决定，时间一长，就可能会按照完全相反的方式去思考和行动。同样的例子，你抗拒合资，如果对方死缠烂打，你可能会更加坚定、毫无商量余地坚持100%股权收购。

（6）角色扮演。并购谈判者在并购谈判中拥有一个清晰的角色，但在不同的谈判情境里，并购谈判者可能会扮演不同的角色。作为谈判的主谈，你的角色是管理和控制谈判的整个流程，但是当大家在争议一个法律问题时，拥有律师资格的你，则需要以法律专家的角色发表你的观点。更复杂的是，谈判者可能还会在谈判中创造和扮演不同的角色，例如，在一个议题上，你是一个温和的合作者，在另一个议题上，你却变成了情绪失控的竞争者。一些心理学家认为，一个人在和别人交流时可能会有3种人格参与其中，即真实的自己、想象中的自己以及表现出来的自己。请想象一下，并购谈判有那么多人介入，要想仔细分辨每个人扮演的角色是多么不容易的一件事。

态度决定一切

积极、健康的谈判心理需要正确的谈判态度来保证。谈判者要有正确的谈判观念；要尊重谈判对手、态度诚恳，又要不卑不亢；要和谈判对手建立信任关系，但也要确保信任不被滥用。谈判者要克服内心冲动的魔鬼，保持冷静，不被自己以及对方的情绪所驱使。谈判者只要有一个好心态，就不会面临太大的心理问题。

（1）树立执行式谈判观念。并购谈判者必须是一个行动力、执行力很强的人。并购谈判不是坐而论道、纸上谈兵，而是需要谈判者亲力亲为，保持专注和高效。并购谈判者从一开始就要牢记谈判大目标不动摇；要坚持双赢和合作的原则，将协调一致视为双方共同的责任；要视对方为合作伙伴，帮助对方做好准备，更好地进入谈判状态；要保证信息的一致性；要具有项目管理的能力，将并购谈判当作一项业务流程进行管理。如果并购谈判者以积极的行动和合作的精神投入谈判，那么谈判过程中的矛盾和冲突就会大大减少，很多常见的心理问题也就不会发生。

（2）提升谈判的掌控力。并购谈判者取得公司的授权参与谈判，但这个权力不是拿来控制和支配他人、发号施令的，而是拿来掌控和驾驭谈判全过程，确保双方的谈判不出轨，确保并购交易目标的最终实现。终日热衷于追名逐利而忽视了责任的人，绝对不可能取得谈判的成功。谈判者的权力越大，责任也越大。对于成功的并购谈判者，他的领导力体现在引导和管理谈判的过程里，来源于达成双方均告满意的交易的成就感和自我价值的实现。谈判者强大的领导力，可以防止谈判过程中出现过多的消极情绪、冲突或干扰。

（3）强化自我意识。并购谈判者自尊心很强，都希望强化自我意识和自我形象。但一个谈判者受人尊重不是靠出人头地、自抬身价，而是靠自己强大的内心、艰苦的努力，以及谈判对方的重视和认可。一个自我意识很强的人自我感觉会很好，会把自己看得与众不同、能力超群，但无论怎样，谈判者的自我意识不能成为谈条件、做交易、解决问题、达成协议的障碍。在这种情况下，谈判者要将自我意识从谈判中剔除，使自己的行为和整个谈判的目标、节奏、风格融为一体。只有这样，谈判者才可以在强化自我意识的同时，不让个人情绪影响到谈判结果。

（4）营造宽松的谈判环境。前文多次提到，一个非正式的、宽松的、舒适的谈判环境，对谈判的进程起着重要作用。特别是在双方情绪状态不稳定的谈判阶段，局促、紧张、不舒适的谈判环境可能会恶化双方的情绪。在一个宽松的环境里，谈判者更愿意发表自己的看法，也更愿意倾听。强调并购谈判者对营造谈判环境的重视，主要是从维持积极、健康的谈判心理的目的出发的。

（5）鼓励诚实和直率。我分析过在并购谈判中诚实和直率的风险，但我仍然鼓励谈判者诚实和直率，因为我看到，很多的谈判心理问题都是源于一方的不诚实，从而导致另一方产生消极、挑衅或防御性的心理反应。比起偶尔带来的风险和不利，谈判中诚恳的态度带来的好处实在太多了。

（6）使用积极和建设性的语言。谈判中顺畅地沟通，可以减少感知和认知偏差，减少误会和误导，增加正面框架，减少负面框架。谈判者可以经常使用积极的和建设性的词，鼓励双方更多地交流和配合，这些词包括“取得共识”“效果显著”“共同努力”“立即行动”“积极参与”“同舟共济”“相向而行”等。积极的语言有利于维持积极的谈判情绪。

（7）保持理性和清醒。在并购谈判中需要谈判者坚持理性，保持清醒的头脑。谈判者在你来我往的理性较量的谈判情境下，保持理性不太难；但谈判者在互不相让的情绪冲突的情境下，保持理性就很难。但是，在混乱的环境里保持冷静和清醒的一方才能占到谈判的上风。同时，为了谈判的成功，我们需要在引导和推动谈判的进程中尽量减少思维障碍，我们需要有一种“能做”（can do）的态度。“能做”的积极思维会为创造性建议搭建起交流平台，帮助我们冲破谈判的心理障碍。

（8）激发对挑战的兴奋感。并购谈判是一项艰苦的任务，是对谈判者的一个巨大挑战。谈判者必须对谈判抱有热情，对挑战产生兴奋感，才能直面并购谈判的艰难险阻。此外，在并购谈判的过程中，意外、变量、情绪对抗，都会成为谈判者新的挑战。只有把挑战当作机会和激励，只有坚持目标驱动、发扬“我能”的进取精神，谈判者才能在并购谈判的进程里克服恐惧心理和畏难情绪，顺利完成并购谈判的艰巨任务。

尊重对方

尊重谈判对手是谈判者保持积极、健康心理的另一个重要因素。并购谈判难免有输有赢，但并购谈判的谈判者追求的是双赢。因此，并购谈判者需要把谈判对手当作自己的合作伙伴。想要让谈判对手“给你想要的东西”，你就要尊重对方。在日常生活中，我们经常见到“你敬我一尺，我敬你一丈”的场景，这在并购谈判中不大可能出现。但设身处地地想一想，如果对方尊重你，你是不是愿意给予他们更多呢？

并购谈判中，并购方的注意力要放在对方身上。一是，你已经相对比较了解自己；二是，没有被并购方的合作，你也不可能强买强卖。因此，你必须关注对方、尊重对方，承认对方的实力和能力，鼓励对方跟你交谈，宽容对方在压力之下的一些情绪反应。因为帮你完成谈判的正是坐在你对面的谈判对手，他的情绪、心理和心境直接关系到并购谈判的成败。

不仅要尊重自己对应的对方谈判人员，还要尊重对方谈判团队的每一个成员。你可能倾向于尊重对方阵营里看起来权力最大的谈判代表，但实际情况是，权力越大的人可能越少关注对方的需求。在对方的谈判团队中，你“最可靠的”谈判伙伴可能是一些资历较浅的新人。因为他们更渴望成功、更愿意交往、更愿意合作。

建立信任关系

信任的好处是巨大的。互相信任的谈判意味着更顺利的谈判进程、更令双方满意的交易价格和条件、更低的交易成本，以及更丰厚的利益回报。如果谈判双方缺乏信任，就会让双方付出高昂的代价，或者直接导致谈判的破裂。并购谈判必须以谈判双方的信任为基础，更需要以一个诚信的社会大环境为基础。

信任难以建立，却易于破坏。在双方关系不确定的情况下，人们选择不要轻信别人。信任的建立需要很多的信任的累积，而信任的失去却只需要一个谎言。

并购谈判工具箱

1. 4 种感知偏差：刻板印象、晕轮效应、选择性感知和投射作用。
2. 对并购谈判产生影响的常见认知偏差：承诺升级；蛋糕固定；锚定效应；厌恶风险；赢家诅咒；自负心理；小数法则；归因偏差；禀赋效应；忽视他人；反射性贬值。
3. 并购谈判中不是不要情感和情绪，而是要积极、乐观、健康的情感和情绪。
4. 谈判者建立好心态的方法：
   （1）树立执行式谈判观念；
   （2）提升谈判的掌控力；
   （3）强化自我意识；
   （4）营造宽松的谈判环境；
   （5）鼓励诚实和直率；
   （6）使用积极和建设性的语言；
   （7）保持理性和清醒；
   （8）激发对挑战的兴奋感。

第 15 章 并购谈判的道德底线

并购谈判是没有硝烟的战场。虽然谈判双方达成并购交易的大目标一致，但谈判双方的需求和利益却常常不一致，双方对最终结果的满意程度也会不一致，尤其是竞争性的、零和博弈的并购谈判。为了争取更大的谈判利益，谈判双方会采用各种谈判策略、战术、技巧和手段。两军对阵，兵不厌诈；并购谈判，各为其主。谈判者是否可以不择手段，为所欲为？答案是否定的，并购谈判必定是有规则和底线的。并购谈判者必须遵守法律和法规，绝对不可以窃取商业秘密、伪造文件、威胁、恐吓、诋毁、欺诈和霸凌；并购谈判者也必须遵守商业道德，相互尊重，平等互惠，诚实守信，追求双赢。

商业伦理和并购谈判

谈判者在并购谈判中常常感到困惑，对对方的一些谈判手法感到不满和抗拒，会对自己一方在谈判中使用一些计谋和手法感到不安和疑惑。一旦在并购谈判中，你对某个谈判的策略和技巧产生了不舒服的感觉，那这里面可能就出现了商业伦理的问题。因此，谈判者必须了解商业伦理，思考如何将商业伦理应用于并购谈判中；谈判者必须了解并购谈判中可能会出现哪些商业伦理的问题，以及为什么会产生这些问题，它们有什么样的后果；谈判者也要学会如何应对并购谈判中的不道德行为。

伦理和道德是有差别的，商业伦理和商业道德也是有分别的，本书并非伦理道德方面的专业书籍，因此在使用“商业伦理”“商业道德”时不作区别，它们的含义是一样的，都是指谈判者在谈判中必须遵守的行为规范和准则。

4 种商业伦理

伦理是一个评价和教化的体系，它是在具体的情境下，评判人们行为对与错、好与坏的社会标准体系，以及建立这些标准的过程体系。伦理在商业活动中的体现就是商业伦理。人们通过商务活动，获取和扩大自身的经济利益，这是商务活动的本质。但是，如果这些潜在的经济利益跟他人及社会的公众利益发生了冲突，跟公司的社会、环境及道德责任发生了冲突，那么这样的商务行为就产生了商业伦理问题。

每个人眼里的伦理道德都是不一致的。一个缺衣少食的人和一个富可敌国的人，他们的伦理道德观很难完全一致。在商务交往中，人们对商业伦理的看法和感受也是不同的。这取决于人们从哪个立场和视角来看待商业伦理。

（1）“结果伦理”认为，一个商业行为是否正确，是由其最终结果来决定的，因此评判一个商业活动的策略和手段是否符合伦理，主要是看结果，尤其是经济收益。

（2）“责任伦理”认为，商业行为是否正确是由其是否符合法律法规、社会标准、行为准则等决定的，因此商业活动的策略和技巧的选择必须遵从法律和道德的要求。

（3）“契约伦理”认为，商业活动是否正确受到某一团体的习惯做法和规范的制约，认为商业活动的策略和手段只要符合公司的使命、价值观、行事准则和公司战略，就是正确的。

（4）“人格伦理”认为，凭良心做事是第一原则，认为商业行为是否正确主要是由个人自己的良心和道德标准来决定的，人们往往根据自己的良心是否过得去来选择或放弃一种商业活动的策略和手法。

商业谈判的商业伦理观

谈判作为商业行为的一部分，也要符合商业伦理。前面我们讨论了人们如何看待商业行为和商业伦理的对应关系，这里我们再梳理一下商业谈判的商业伦理观。

1. 虚无主义的纸牌游戏理论

有人认为商业谈判就是一个纸牌游戏，谈判双方按照游戏的规则出牌，最后赢得牌局。他们假设所有人都将商业谈判视为游戏，他们假设所有人都会遵守统一的谈判规则。在谈判游戏中，双方都可以虚张声势，都可以唱“红脸 - 白脸”，彼此心照不宣，没有什么大不了的。但在实际生活中，不是每个人都这么随便的，不是每个人都视商业谈判如游戏。在谈判中，谈判双方都不会绝对认同并信守谈判规则。很难想象缺乏法律约束力的谈判规则会被双方一致认可并严格遵守。

2. 理想主义的原则至上理论

带有理想主义色彩的谈判者认为，商业谈判是社会生活的一个方面，并不是拥有独一无二的特殊规范的法外之地。理想主义者相信商业谈判遵循的规范和规则就是当下整个社会的规范和规则。理想主义者希望在谈判桌前表现得正直无私、坦率诚实，即使面对利益的诱惑或对方的施压，也不应该放弃最高的道德标准。理想主义者最大的问题，就在于他们脱离了商业谈判追求效率和效益的本质，排斥对方的谈判作风，甚至因为至高的道德标准放弃自己的谈判优势，这就会令商业谈判很难以现实的方式进行下去。

3. 实用主义的“有用”理论

在商业谈判的实践中，更多的情形是，你既关心实质性的谈判结果，关心公司的商业利益，也关心是否能维持谈判双方的合作关系，同时也十分在意维护个人的名誉，追求自己良心上的满足。这种寻求平衡的谨慎心理就是实用主义的“有用”的心理。实用主义者不排斥一些不合适、不恰当甚至不道德的谈判策略和手段，例如发布不全面的陈述和不准确的信息来误导对方，只要没有其他更好的实用可行的方法。实用主义者的立场听起来是解决纸牌游戏和原则至上两者不足的好方法，但实用主义者的立场给自己造成的麻烦一点也不少。“有用”和“实用”没有客观的标准，当下“有用”的不道德行为可能损害双方未来的关系和利益，在利益追求和坚守原则的钢丝上寻求平衡不是易事。

商业伦理观在并购谈判中的呈现

作为并购谈判的谈判者，如果你相信最终结果伦理，那么你有可能会为了获得最好的结果而用尽一切必要手段，这个最好的结果可能是并购交易的达成，也可能是谈判一方的利益最大化。如果你相信责任伦理，那么你有可能会维护并购谈判的纯洁性，表现得诚实信用，公平合理，拒绝欺骗和说谎，拒绝和道德败坏的对手继续谈判。如果你相信契约伦理，那么在并购谈判中，你所在公司的文化和行事方式就会成为你选择谈判策略的基础。如果你的公司不择手段、利益至上，你就会合理化自己的说谎和欺骗行为，如果你的公司具有攻击性文化，你就会咄咄逼人，居高临下。如果你相信人格伦理，那么你的良知会在你的并购谈判策略选择中占上风，你在并购谈判中的行为方式将取决于你个人的价值判断和道德标准。以上基于不同伦理的行为方式和谈判策略的选择，都会产生不同的后果，没有绝对的对与错，需要在具体的谈判情境里加以具体分析。

并购谈判中的商业伦理问题

针对并购谈判中的商业伦理，有些尖锐的问题：究竟哪些谈判策略是违反商业伦理的？哪些谈判策略和技巧是并购谈判中可以正常使用的？如何判断和把握并购谈判策略是否符合商业道德，划分界限在哪里？我们可以确定故意欺骗和隐瞒肯定是不符合商业道德的，但是如果一方故意拖延谈判时间，那又是否符合商业道德呢？如果一方夸大自己的让步，贬低对方的妥协，是否符合商业道德？如果一方不说实话，甚至撒了谎，但他们是为了对方好，为了交易的最终达成，那这是否符合商业道德呢？这些问题回答起来不那么容易，每个人的看法都可能不一样。

判断某个谈判策略在并购谈判中是否可以实施时，大体面临 4 种选择。

1. 很明确，这是“可行”的，这本书里分享的绝大部分策略都属于这一类，它们要么是积极、有效、正面的谈判策略，要么是效果有限但中性的、无害的谈判策略。
2. 不太明确，看起来可行，但总觉得有点不安，有点犹豫，是否实施需要分析情境、审慎对待。
3. 相对明确，但也不是那么确定，主要是指那些不道德以及明显不合适、不恰当的谈判策略，这些是谈判中“不宜”采取的。

4. 很明确，但是完全不合规、不合法的谈判手段，这些谈判手段是要在并购谈判中绝对禁止的。

对于可行的和禁止的谈判策略，道理显而易见，所以我们不需要专门讨论。我们主要讨论的，是需要审慎对待的，也就是在商业道德、商业伦理边缘徘徊的谈判策略，我称之为“边缘伦理的并购谈判策略”，以及我认为的不符合商业伦理和商业道德的“不道德的并购谈判策略”。

“边缘伦理的并购谈判策略”

如果并购谈判者追求道德完美，在谈判中只说真话，不说假话，连偶尔的虚张声势和必要的保守秘密都排斥，那么他在并购谈判中一定会居于下风；如果他对谈判对手抱以同样的“道德绑架”，大概率这场谈判是无法进行下去的，双方可能扮演了道德楷模的角色，但失去了合作机会。公司委任这样的谈判代表是不能胜任利益多元、议题复杂的并购谈判任务的。现实中，谈判者为了实现自身利益的最大化，虚张声势、夸大其词、隐藏或者操纵某些信息，在并购谈判中都是经常发生的。并购谈判高手会信手拈来，而专业的谈判双方也习以为常。这些谈判策略肯定不是我们在社会生活中倡导的。它们游走在道德与不道德的边缘，判断它们是否是道德的需要看其动机、背景、目的和具体的情境，因此我称之为“边缘伦理的并购谈判策略”。

并购谈判中涉及的大多数伦理都与谈判者的诚信有关。但谈判者过于追求诚信会导致并购谈判陷入诚实困境和信任困境。诚实困境是指谈判者把自己一方的强势和局限、需要和利益、目标和候选方案都如实告诉对方，但结果可能并不理想。一来对方可能压根不信，二来对方可能利用这些宝贵的信息迫使对手做出巨大让步。信任困境是指谈判者完全相信对方所说的话，完全不设防、不论证，最终谈判者会被对方玩弄于股掌之间，彻底被对方所操控。并购谈判策略大多既不是道德高尚的，也不是道德沦丧的，而是处在中间地带。就像人们欣赏艺术，阳春白雪和下里巴人都不是主流，通俗、流行、大众的艺术才是主流。因此，我们会看到，谈判者会选择完全开诚布公和完全欺诈隐瞒之间的中庸之道。

不同的并购战略对谈判策略的道德性也有影响。隐瞒和伪装在成功的分配式并购谈判中可能是恰当和有效的，而到了传统的竞争型并购谈判里，则可能走到另一个极端，变成不合适、不恰当的。

并购谈判中一些默认的、约定俗成的游戏规则是允许“边缘伦理的并购谈判策略”存在的，如选择性的信息披露、报价和还价时的虚张声势、面临压力时的情绪操控、互换条件时的避重就轻，这些“虚假”和“不诚实”的行为都是可以接受的，也是符合并购谈判潜规则的。

运用“边缘伦理的并购谈判策略”的决策模型

“边缘伦理的并购谈判策略”稍微走偏可能就会变成不道德的谈判策略，谈判者究竟如何界定自己选择的“边缘伦理的并购谈判策略”是否合适呢？首先，谈判者需要看该策略的效果如何；其次，谈判者要看采用该策略以后，谈判者是否感觉良好，是否会不安，甚至有负罪感；最后，还要看谈判对方，或参与谈判、观察谈判的中立第三方如何看待和评论这一策略。如果三个层面的结果都是积极的，那么说明采取这个稍有争议的谈判策略还是合适的，如果更多的结果是消极的，就说明采取这一策略是不妥当的。此外，无论在何种情况下，谈判者如果能对该策略的采用做出解释和说明，让对方了解自己的出发点和动机都是积极正面的，那么对这一策略被认可也是有帮助的。

“边缘伦理的并购谈判策略”的动机

在并购谈判中，使用“边缘伦理的并购谈判策略”旨在增强谈判者的谈判力。只要能够增强谈判者的谈判力和优势地位，谈判者就会乐于采用“边缘伦理的并购谈判策略”。以信息和情报为例，信息是谈判的力量来源，通常情况下，谁拥有更有利的信息，或谁能更好地运用信息，谁就能在谈判中居于优势地位。因此，谈判者就会在发现对方没有掌握足够信息或关键信息，以及自己对整个谈判局势不清楚的情形下，倾向于采用隐瞒、夸张和误导的信息交换策略。

并购谈判者的个人动机也会影响其采用“边缘伦理的并购谈判策略”，无论他的动机是追求双赢、促进合作、打败对手还是个人英雄主义，都会影响他在谈判中选择何种策略。进一步讲，如果谈判者是竞争型的，他们往往只是追求自身利益最大化，而不顾给对方带来的后果，他们采取“边缘伦理的并购谈判策略”的可能性就更大。合作型的谈判者则对这一谈判策略的选择没有太大变化。这就说明，谈判者也会基于对谈判对方谈判风格的预期和预判，而合理化自己采用“边缘伦理的并购谈判策略”的决定。竞争型的谈判确实是一个巴掌拍不响的，如果谈判者预测别人也会这么做，自己也有样学样，压力就会小一点。

常见的“边缘伦理的并购谈判策略”的道与术

“边缘伦理的并购谈判策略”有很多，本小节不可能完全涵盖，因此这里罗列一些比较常见的谈判策略。

（1）虚假授权策略。并购谈判必须有授权，人们不愿意跟没有授权的人谈判。因此，这就给了没有授权却有重任在身的谈判者虚构和虚假陈述其拥有谈判授权的动机。当然，也存在谈判者实际上取得了授权却宣称没有被授权的情况，其目的是在谈判的胶着和僵局阶段可以祭出“更高权威”的撒手锏。

（2）过分执着策略。过分执着策略也叫拖延时间策略，谈判者故意拖延谈判过程，迫使对方耗费大量时间精力，然后在时间压力下，不得不接受不利或不理想的条件。

（3）“红脸 - 白脸”策略。这是一种常见的谈判策略，如果没有夸张和虚构的成分，“红脸 - 白脸”策略是相对中性的谈判策略。谈判者利用“红脸 - 白脸”策略就是为了给谈判对手传达相互矛盾和混淆的信息，诱使对方接受“看起来”比较合理的条件。

（4）礼尚往来策略。谈判者给予对方一点好处，但这个好处并不是实质性的让步，谈判者也没有付出什么代价，但谈判者根据互惠原则要求谈判对方给予回报。谈判者要求的回报是实质性的，其价值远超谈判者给予的好处。

（5）买一赠一策略。谈判者在并购协议即将达成之际，要求对方再给予一些小利益。好比买手机时，离店之前再跟店员要一个手机壳当赠品。谈判者提出的新的小要求可能微不足道，但他没有为此付出额外对价，他得到的利益就是纯收益。

（6）移花接木策略。谈判对方要求的是条件 A，谈判者能够给予谈判对方的是条件 B，且条件 B 看起来像条件 A。于是谈判者稍加粉饰，把条件 B 描述成条件 A，以迷惑谈判对方。

（7）声东击西策略。谈判者会故意转移谈判对方的注意力，将谈判对方的注意力从真正重要的谈判议题转移到不太重要的谈判议题上，或将一个重要的谈判议题转移到另一重要的谈判议题上，目的是回避这个自己没有优势的重要议题的谈判。

（8）虚构竞争对手策略。并购谈判中，如果双方谈得不顺利，并购方可能会声称有别的潜在卖家正在迫不及待地想和并购方开启并购谈判。被并购方同样会声称，大把潜在买家愿意出更高价格来收购自己。

（9）撤回条件策略。谈判者可能会突然收回一个早已承诺的条件，原因是另一方坚决不同意接受某一重要议题的解决方案。其实，谈判者收回条件并不是真正的目的，其真实的意图是施加压力，迫使谈判对方解决目前悬而未决的议题。

（10）糖衣炮弹策略。谈判者可能会选择一些议题，将这些议题的重要性和优先级提高，然后在这些议题上设置非常吸引对方的条件。在对方开始关注该等议题后，谈判者表示愿意给予较大的让步和优惠条件，而当谈判对手接受了这些好处时，谈判者会不经意地呈现这个议题关联的其他议题，得了好处的谈判对方可能不得不接受这个关联议题的附加条件。

如何识别“边缘伦理的并购谈判策略”

识别“边缘伦理的并购谈判策略”看起来非常难，但事实上，如果你做足了准备工作，拥有足够的信息，知彼知己，掌控谈判的主动权，那么对你来说，识破并正确应对对方的该策略就不难。

（1）对交易型谈判情境保持警觉。在交易情境中，并购谈判采取“边缘伦理的并购谈判策略”的可能性要比其他情境高。如果在谈判中形势不明朗，双方竞争激烈，那么采取“边缘伦理的并购谈判策略”的可能性会更高。因此，谈判者要对交易型谈判情境以及竞争型谈判情境之下的谈判策略保持警惕。

（2）尽可能依靠关系。我们一再强调，关系型谈判会降低使用“边缘伦理的并购谈判策略”的必要性。在谈判中花费一点时间和精力维护和谈判对手的关系，并让对方知道和你建立关系很重要，双方采用“边缘伦理的并购谈判策略”的必要性就会大大降低。

（3）调查研究。要想识破和避免谈判中的“边缘伦理的并购谈判策略”，需要展开调查研究，掌握第一手资料；需要始终保持注意力集中，避免被对方“忽悠”；需要认真倾听，犀利提问，并且察言观色，这样就会发现对方是否前后不一，或虚构隐瞒，或虚张声势。

不道德的并购谈判策略

不道德的并购谈判策略不像“边缘伦理的并购谈判策略”，需要在具体情境下具体分析。顾名思义，不道德的并购谈判策略是“不道德”的。在社会生活中，不道德的行为总是被人们批评和摒弃，而在并购谈判中，不道德的并购谈判策略却常常大行其道，谈判另一方也能坦然面对。不道德的并购谈判策略总是打着有利于并购谈判的幌子，但如果谈判者不能在并购谈判过程中有效管理和控制该策略，那么并购谈判就会如同脱缰野马，横冲直撞，最后损害谈判双方的利益。

如何判定不道德的并购谈判策略

不道德的并购谈判策略种类多样，在并购谈判中最常见的就是“故意欺诈”的行为。该行为有以下几种情况和后果。

- 谈判中的欺诈行为是故意的、蓄意的，谈判者积极主动地从事欺骗和欺诈活动。

- 谈判中的欺诈行为涉及“虚假陈述”，只有在谈判者确实做了歪曲事实的陈述后，欺诈行为才能成立。
- 谈判者陈述的虚假信息必须是“重要的”。
- 谈判者陈述的事实是虚假的，没有“事实”根据。
- 并购谈判的另一方已经“依据陈述内容”，已经信任谈判者陈述的内容，采取了下一步的行动。
- 谈判对方依据谈判者的虚假陈述采取的行动令自己“遭受损失”。

如何应对不道德的并购谈判策略

面对以上情况，我们究竟如何识破谈判对方的欺诈行为，从而避免损失呢？面对谈判者不道德的并购谈判策略，我们应该如何应对呢？

- 首先，我们可以向欺诈者提出尖锐的问题，直指对方陈述内容的真实性，迫使对方不得不退缩或说谎。如果退缩，则可以避免他在其他议题上故技重演；如果他说谎，他的狐狸尾巴马上就会露出来。
- 其次，可以试探对方，可以问对方一个你已经知道答案的问题，看他的回答是否诚实。
- 再次，可以直接挑明，清楚地告诉对方，你已经知道对方在编造事实、散布谎言。当然，如果你要与对方维持良好关系，考虑到对方也不是“惯犯”，那你可以用更委婉的方式，暗示你已经知道对方在说谎。然后，如果欺骗涉及的事项不会导致谈判的大方向出问题，你也可以采取完全不理睬的策略。
- 最后，你也可以针锋相对，以其人之道还治其人之身，但这样做没有建设性。

不道德的并购谈判策略的事后补救

在并购谈判中，不道德的并购谈判策略并非只有消极后果。并购谈判的复杂性和曲折性给予了不道德的并购谈判策略使用空间——如果最终交易达成，双方皆大欢喜；如果不道德的并购谈判策略没有给双方带来实质影响，反而确实推动了并购谈判的进程；如果不道德的并购谈判策略也没有给任何第三方带来损害；如果谈判双方或者任何旁观者都没有提出异议——可以说，这样的不道德的并购谈判策略似乎是有效的。但偶尔的、在多种限制条件下的积极成果不能抵消不道德的并购谈判策略整体上的破坏性。谈判者如何最小化不道德的并购谈判策略的破坏性呢?

谈判者在采用不道德的并购谈判策略时，应尽可能地加以解释和说明。例如，你可以说明，采用这一策略是为了双方的利益；采用这一策略是为了维持谈判的继续进行；采用这一策略是不可避免的；采用这一策略没有产生负面影响；采用这一策略是为了减少损失，避免更糟的后果；采用这一策略是被迫的；采用这一策略是因为大家都这么做。这些解释听起来像是狡辩，但如果你言之有据，实事求是，在某种程度上，你的解释和说明有助于合理化你采取该策略的原因。

无论谈判者如何补救，不道德的并购谈判策略从长远来讲不会提升谈判者的谈判力，反而会给这些谈判者打上不诚信、不可靠的记号。巴菲特说过，一家公司打造良好的公司声誉需要 20 年，但是要毁掉它，5 秒钟就够了。对于一个专业的并购谈判者，维持良好的声誉比声誉受损后再补救要容易得多。

恪守并购谈判的商业伦理

每个并购谈判高手都熟知各种谈判策略和技巧。新晋的谈判者也应该多学习和掌握不同的谈判策略，正所谓技多不压身。然而，多年从事并购谈判工作的经历告诉我，过多地使用技巧，有时会适得其反。一个每天策略翻新的谈判老手会让人觉得老谋深算，从而心生厌烦，戒备心陡然提升；一个每天花样百出的谈判者，会让人觉得这个人巧言令色，不踏实、不可靠、不诚实。真正经得起时间考验的策略和技巧其实最简单，那就是要符合我们大家都认同的传统价值观和良好的道德水准。认真、勤勉、踏实、真诚、靠谱、谦虚，这些美德的力量超过 100 个并购策略和技巧的力量。一旦业内对你的谈判人品赞誉有加，这种赞誉就会成为你巨大的财富，在你未来的并购谈判生涯中会给你带来无尽回报。

坚持道德底线

我们要坚持做自己，做最好的自己，坚守自己的道德标准。如果使用不当的谈判策略，导致自己良好的谈判记录出现污点，你就会被看作一个不可信的谈判者。如果你在谈判中违反道德原则，你就失去了批评和抵制谈判队友、谈判对方不道德行为的资格。

谈判者必须把道德摆在第一位，而不是最后一位。道德和谈判策略本身不冲突，但在具体谈判情境下，一旦谈判策略和道德发生了冲突，你的第一反应应该是按道德标准行事。尽管遵循道德标准可能让你付出代价，但你要相信，并购谈判作为关系型谈判、合作型谈判，看重的是长期利益、长期关系，你一时有损失，却会在整个并购交易的大目标实现时，在并购项目未来的投资回报超出预期时，得到更大的补偿。但是，如果你的道德标准太宽松，你可能得到了眼前的蝇头小利，但你会失去整个并购交易的大利益，你的谈判者形象也会一落千丈。

展现诚实品质

诚实在并购谈判中不一定表现为知无不言、言无不尽；诚实在谈判中可以表现为不说谎（除了善意的谎言）。面临巨大的利益，你可以回避、沉默、婉拒，但不要故意说谎。你的专业形象依赖于你的诚实。在并购谈判中，必要时要依靠专业人员和专业机构的建议和仲裁，他们之所以能够被并购谈判各方认可和接受，就是因为他们专业、可信、中立。你无法想象他们会说谎，一旦他们说了谎，他们的专业形象就崩塌了。并购谈判中的谎言也不会长久，每个谎言都有被戳穿的一天，到那时候，你需要更多的谎言去圆谎，而谈判对手会让你付出更大的代价来重新取得他的信任。

严守法律底线

还要强调的是，不道德的谈判策略和手段其实离违法并不远，从拉拢和讨好对方谈判人员，到窃取对方商业秘密，这中间没有明确的界限；从隐瞒、夸大公司信息，提供虚假情报，到伪造文件、伪造经营业绩和财务信息，欺骗投资者，不当行为的性质就发生了变化；从谈判中给予对方小恩小惠和向对方索取好处，到商业贿赂和侵犯公司财物，也不过是一步之遥。因此，我们不能把道德问题和法律问题完全割裂开来，我们讲并购谈判策略的时候，心中的商业道德、社会责任和法律法规，一样都不能少。

我们时常看到“我们绝不跟魔鬼谈判”“我们绝不跟恐怖分子谈判”的誓言，这些事主要发生在其他领域。并购谈判领域大概没有这样作奸犯科的人。我很幸运，在我的长期并购经历中，从未碰到一个我完全不能够与之谈判的人。经济领域有逃废债务、卷款而逃、敲诈勒索、坑蒙拐骗、行贿受贿、鲸吞国有资产的负面事件；在并购领域，谈判双方联手牟利，损害双方公司及股东利益的事情也时有发生。因此，我们对并购谈判领域可能存在的违法行为需要保持高度的警惕。

维护公司利益

我们绝对不要忘记，我们被授权参与或领导并购谈判，是为了争取和维护公司的利益。这个利益必须是合法的利益。并购谈判是谈判者的舞台，但谈判者不能任意妄为；并购谈判不是谈判者的大草原，可以任由谈判者信马由缰。谈判者的一言一行都代表着公司，谈判者不可以把自己凌驾于公司之上。因此，评判一切谈判策略的最高标准，不是谈判者的个人好恶，不是谈判者的精彩表演，而是公司的合法利益。

并购谈判工具箱

1. 谈判者评定选择“边缘伦理的并购谈判策略”是否合适的标准：

（1）看该策略的效果如何。

（2）看采用该策略以后谈判者是否感觉良好，是否会不安，甚至有负罪感。

（3）看谈判对方，或参与谈判、观察谈判的中立第三方如何看待和评论这一策略的采用。

2. 常见的边缘伦理谈判策略和招数：

（1）虚假授权策略；

（2）过分执着策略；

（3）“红脸－白脸”策略；

（4）礼尚往来策略；

（5）买一赠一策略；

（6）移花接木策略；

（7）声东击西策略；

（8）虚构竞争对手策略；

（9）撤回条件策略；

（10）糖衣炮弹策略。

3. 识别“边缘伦理的并购谈判策略”的方法：

（1）对交易情境保持警觉；

（2）尽可能依靠关系；

（3）调查研究。

4. 针对不道德的欺诈策略，我们可以：

（1）向欺诈者提出尖锐的问题，直指对方陈述内容的真实性，迫使对方不得不退缩或说谎。

（2）问对方一个你已经知道答案的问题，看他的回答是否诚实。

（3）直接挑明，清楚地告诉对方，你已经知道对方在编造事实。

（4）以其人之道还治其人之身，但不具建设性。

第16章 并购谈判中的CSR与ESG

谈判者只在并购谈判中坚守道德底线是远远不够的。谈判者要在谈判中展现格局和人格魅力，要不断提升自己的谈判能力，既要在谈判中维护公司利益，又要令谈判对手心悦诚服，要对自己高标准、严要求。除了不断在技术层面磨砺自己、提高自己，还要展现企业家精神、创业者精神、职业经理人精神、公司主人翁精神以及专业人士的工匠精神。

谈判者身上的正能量集中体现在这些精神层面。考虑到并购谈判的特点，有三方面尤为重要，即谈判者必须是公司文化的使者，谈判者在谈判中要兼容企业社会责任（CSR），谈判者在谈判中要突出环境、社会和公司治理（ESG）的先进理念。做好这三方面，谈判者不仅会给并购谈判确立正确的原则和导向，为谈判的进程带来积极能量，而且会潜移默化地影响谈判对方，帮助对方更好地了解并购方及其文化，为未来两家公司的整合起到非常好的铺垫作用。

谈判者是公司文化的使者

谈判者不是孤胆英雄，不是一个人在战斗，也不能把并购谈判打上过多的个人印记。谈判者是在代表公司进行并购谈判，要展现公司的形象、公司的魅力，而不是突出自己、喧宾夺主。谈判者要在谈判的所有场合，在整个谈判过程中扮演公司文化使者的角色。

谈判者的双重身份

谈判者在谈判中拥有双重身份：一是作为谈判者个人，包括个人的性别、学历、职务、性格、爱好、经验、素质、能力等，其个人的背景和特质使得一个谈判者不同于另一个谈判者；二是作为公司代表，也就是并购方和被收购方，它们才是谈判的真正主体，谈判者只是奉命行事，代表各自的公司，表达诉求，提出要求，做出承诺，讨价还价。

上述两个身份是混合的，必须协调一致，不能互相冲突。谈判者必须具备必要的经验和能力，才能不负重托，完成公司交代的使命。公司必须给予谈判者必要的和充分的授权，使得谈判者可以全权代表公司和对方展开谈判。在这里，谈判者是公司的代理人，在授权范围内的所作所为是受法律约束的。谈判者要勤勉尽职，努力为公司争取最大利益；谈判者也不可以越权，擅自做出让步和承诺。谈判者更不能恣意妄为，在谈判中为个人或任何其他人谋取私利。

一场并购谈判会不可避免地带上谈判者的个人色彩，特别是当这个谈判者是个谈判高手，在过往谈判中身经百战，已经形成鲜明的个人特色时。我在公司共事的第一个谈判高手，是个非常享受生活、非常享受人际交往的人。他的最大特点就是善于和目标公司的老大建立关系。他喜欢红酒和雪茄，他的口袋里总有一大把各个餐饮场所的贵宾卡，他愿意花很长的时间和对方交往，把对方带去各色餐厅享受美食和美酒。他可以把并购任务放在一边，优先与对方建立起长期的、互信的个人关系。在谈判中，他愿意倾听，愿意考虑对方的立场，愿意让步，展现出很大的灵活性。他的这些个人特点在公司刚刚进入中国市场时非常管用，我们完成了很多并购项目，基本都是通过合资的形式。没过多久，公司的文化发生突变，我们开始注重效率和速度，我们更加强势，谈判的风格更加具有侵略性，我们不喜欢合资，我们要 100% 控股。我们的年度目标中常常会出现“在某某年内完成 5 项收购任务”这样激进的指标。当全球总部发现我们可能会选择 5 个容易下手的项目，或者说 5 个不大的项目进行应对时，总部立即把下一年的目标改成“在某某年内完成 80 万吨销量的收购任务”。在这种公司文化的主导之下，这位并购高手的谈判风格完全行不通了。可见，个人的谈判风格只有和公司的文化、公司的经营理念一致起来，才能发挥作用。

谈判者要创造性地开展工作，发挥自己的主观能动性，积极主动地促成交易完成。但这个主观能动性不能走过头，不能把自己摆在公司之上。谈判者发挥自己的才干和个人魅力的前提必须是把公司的授权放在第一位，必须是把公司的最高谈判目标放在第一位，必须是把公司的文化放在第一位。

公司文化存在于谈判者的基因之中

我和我的团队最怕的就是完全外聘的人士一走马上任立即担当起并购谈判的大任。在过去十多年，不断有外籍人士、不讲普通话的华人或者多年在外的“海归”人士加盟并主导我们的并购工作。他们不仅不了解我们公司，甚至都不了解中国国情。我们曾经多年和我们的一家合资上市公司探讨“更紧密的合作”，我们在该上市公司拥有近 30% 的股份，我们的目的昭然，那就是“我们来控股该上市公司”。我们曾经拿出无数的合作方案，虽然谈判总是无果而终，但双方仍然可以继续交流，而最新的方案却是我们定向增发，给他们我们的股票，然后他们退市。我一看到这样的计划书立即头皮发麻，让一家国有控股的上市公司退市！？对方及当地政府如何才能答应？我一再解释，多一家上市公司都是当地政府的光荣，都是当地投资环境良好、经济具有竞争力的表现，如何让当地政府和对方接受这样的条件？这样的建议只有完全不了解中国国情的人才能拿得出来。谈判的结果可想而知。

外聘人士一定是有竞争力的、具有丰富并购谈判经验的专业人士。但外聘人士不了解公司的历史、公司的现状、公司的优势和不足，尤其是不了解公司文化。尽管并购谈判有其自身规律，并购项目的着重点是并购目标的达成，是经济效率和效益的实现，但不了解公司文化的谈判者仍然可能给并购谈判尤其是未来的整合带来困难。

我的一位同事在海外生活很多年，他喜欢单枪匹马地和对方高层交往和谈判。他在谈判中叼着烟斗的形象很酷。他喜欢出入高档场所，喜欢打高尔夫球。这些个人的嗜好在当年给他的谈判带来很多便利。然而，这一切跟我们公司讲究简单化、非正式、紧抠成本、艰苦奋斗的企业文化格格不入。他的谈判风格给对方比较大的期望值，让对方觉得我们财大气粗，谈判氛围很友好，但一到关键时刻，谈判就进行不下去，而他所做的就是不停劝说公司答应这个条件、答应那个条件。所以，我们看到并购谈判谈得风生水起，却没有看到什么交易达成。在寥寥无几的成交项目里，完全看不到对方的满足和兴奋，似乎我们的让步也没有让对方感激和满意。相反的一个例子，公司收购百威期间，我和我们亚太总裁到当时百威在国内的一家上市公司（百威持有其 27% 的股份）拜访，我们和对方的董事长、总裁在当地最高档的五星级酒店共进晚餐，商议未来合作大计。晚餐结束后，主人要送我们上楼休息，以表示他们的礼数。我们当时很尴尬，不得不如实相告，我们住在附近的一家三星级宾馆。与我们同行的百威美国高管恰恰就住在这个高档酒店。后来我跟百威美国同事在中国出差，同样，他住高档酒店，我住公司指定酒店。很多年前，我们在第一次和百威中国前高管一起去酒吧喝酒买单时，我们这边每个人平摊费用，我还记得前高管们万分诧异的眼神。这些似乎不近情理的做法恰恰体现出我们公司的文化，而且这个文化在并购谈判中也没有妥协。谈判对手看到我们在谈判中的工作作风，自然会设想未来我们就将用这样的一套文化和理念来管理被收购的公司，这对日后的整合工作会有很大帮助。

我在公司工作了 18 年，已经完全被公司文化“洗脑”。我在谈判中的举手投足，都带有公司文化的影子。我们的公司具有非常强势的公司文化，公司文化是每个员工的基因，公司文化是不可谈判的。我们的同事在一起，使用共同的语言，遵循共同的思路，追求共同的目标。一些常常跟我们打交道的人可以轻易分辨出我们来自哪个公司。我们相信梦想、人才、高效、简单化、客户至上、极致地控制成本（即零基预算）、不走捷径。我们的文化和作风深深地渗透进每一个并购交易。

谈判者是公司文化的传导者

公司的文化流淌在每个人的血液里，是我们工作的信条，是我们行事的准则，是我们的基因。我们希望并购谈判代表是已经在公司工作了一段时间的人员，就是因为他们已经受到公司文化的熏陶。并购谈判代表是公司的文化大使，他们最先接触被并购公司，在并购交割前，他们几乎是对方唯一可以见到的收购方的代表，他们的一言一行不仅代表自己，更代表自己身后的公司，他们给被并购公司留下的印象极为重要。

当然，并购谈判代表的主要任务是达成交易，而不是文化传导或文化整合。谈判代表展示公司的文化是自然而然的，不是刻意伪装的。并购谈判过程中，公司文化因素并不是谈判过程中的僵局因素。即使双方的文化理念相去甚远，并购谈判也仍然可以进行，交易仍然应该继续。只不过，更多的文化冲突会在整合阶段表现出来。

谈判中的 CSR 因素

CSR 是企业社会责任（Corporate Social Responsibility）的英文缩写。企业社会责任这个概念出现的时间并不长，只有 100 年左右。原因很简单，在这之前，普遍接受的观念就是，企业的责任就是赚钱，就是为股东谋取最大化的利益。直至今天，讲到企业社会责任，仍然有人（甚至是经济学家）觉得这个概念偏离了企业的本质。诚然，企业作为法人，其本质是通过商业运作赚取利润，维持再生产，并可持续地盈利。企业的这个性质使得它区别于慈善机构、公共服务机构和政府组织。但当金钱至上成为企业唯一的生存法则时，赚起钱来就可能不择手段；当弱肉强食的丛林法则盛行时，企业的发展可能破坏环境，伤及社会利益；在资本野蛮生长、企业拼命扩张的时代，资源可能被浪费，人们可能失去工作，社会可能出现动荡；在企业跑马圈地、赢者通吃的大环境之下，竞争可能被打破，创新、创造可能被抑制。因此，企业只追求经济利益，而罔顾法律、社会、环境、道德的利益的情形是非常可怕的。

因此，拥有良好声誉的企业都会把自己当作地球村的公民，积极主动地履行企业公民的义务和责任。企业的社会责任代表着企业的使命和文化，代表着企业的商业行为准则。企业社会责任就是在企业的经济责任之外，在企业的法律责任之上，履行企业针对社会和社区，针对环境和生态，针对慈善、教育和扶贫济困等企业的日常经营范围以外的领域所要承担的社会、环境和道德责任。

企业的社会责任在兼并和收购的谈判中也越来越受到重视。过去，收购一家企业，就是看它的经济效益和协同效益，现在并购谈判者必须充分了解被收购企业在企业社会责任领域的成绩和风险。企业社会责任指数会影响到一家上市公司的股价，当然也会影响到并购项目的定价。在第一次和目标公司的谈判团队或决策团队见面时，需要介绍我们的公司情况。在公司介绍材料中，企业社会责任这个部分篇幅很大，我们会呈现理性饮酒、智能大麦、水资源保护、碳排放、绿色能源、希望小学捐赠、扶贫、道路交通安全等众多领域的最佳实践和贡献。其实在破冰阶段，双方还没有太多的数据可以分享，分享公司在企业社会责任领域的表现不失为一个好的切入点。

在并购谈判中，了解目标企业社会责任的状况也极为重要。尽职调查的范围应扩大到可以涵盖企业的合规状况，企业社会责任履行状况，企业社会责任领域的预算、开销及投入回报，企业的环境风险、企业及品牌的声誉，企业和利益相关方之间的关系等。目标公司企业社会责任的履行情况可能直接影响到并购的报价，这体现在公司面临的风险、危机、调查、处罚、商誉损失等诸多方面，这些责任和风险都可以被量化，从而影响并购标的的价格。目标公司企业社会责任履行的总体状况也会影响并购者的并购决策，诸如目标公司的口碑是否让并购方愿意启动谈判；在谈判中发现了对方的企业社会责任问题时是否决定中止谈判；签约和交割过程中发现了对方企业社会责任方面的缺陷或风险时是否要进行价格调整；等等。

当然，谈判者本身也是企业社会责任的履行者，谈判者的言行举止也能展现企业社会责任的风采。谈判者要看到自己肩上的责任，以负责任的方式投入谈判工作，杜绝谈判中的不良习气，展示谈判者以及谈判者代表的公司的正能量。

谈判中的 ESG 考量

ESG 是环境、社会和公司治理（Environmental，Social and Governance）的英文缩写。ESG 报告是一个企业按照财年定期发布的关于该企业在环境、社会和公司治理领域的作为的总结报告。ESG 报告是相对于公司的财报的，财报分季报、半年报和年报，主要披露公司的经营业绩。ESG 报告基本上一年一次，主要披露公司在企业社会责任和公司治理领域的业绩。

ESG 概念跟 CSR 概念的初衷是一致的，都是企业在日常经营以外的业绩表现，是公司形象的重要指标。它们不同的地方有两点。

首先，CSR 的形式和内容相对灵活，由各个公司自行决定，各公司根据自己的业务范围和专业领域，各展所长，CSR 报告由企业自愿发布，也没有强制性格式要求，CSR 排名多如牛毛，有些也不一定有很大的公信力；ESG 报告则相对比较规范和正式，在很多公开市场，上市公司发布年度 ESG 报告是监管机构的强制要求，ESG 报告的内容和格式也是相当规范的，有专业的 ESG 评级机构对所有上市公司的 ESG 报告进行分析排名，它们的排名是非常具有公信力的。

其次，CSR 主要针对社会责任领域，ESG 报告还包含公司治理领域，这是因为 ESG 报告主要是公开市场对上市公司的要求，公司治理对上市公司极为重要，涉及公司的股东，特别是中小股东的利益，涉及公司的决策是否科学，涉及公司的内审、内控和合规是否缺位，涉及利益冲突和关联交易是否受到监督，涉及公司和利益相关方的关系，因此公司治理的披露就成为 ESG 报告非常重要的组成部分。

ESG 投资是指投资者参考上市公司的 ESG 报告和 ESG 评级来决定投资情况的一种行为。ESG 投资又被称为绿色投资、社会责任投资、负责任投资。《负责任投资原则》（Principles for Responsible Investment，简称 PRI）对 ESG 投资给出的一个官方的定义是：ESG 投资是一种将环境、社会和治理因素纳入投资决策的投资策略和实践。ESG 投资在最近几年受到越来越多的关注，投资者除了看公司业绩、公司未来发展趋势、投资回报、股价变动等因素，还会考虑公司的企业社会责任履行情况、公司的声誉以及公司的社会影响。

尽管 ESG 报告体现的是企业社会责任和公司治理，但报告的编制包含大量数据，通过企业社会责任和公司治理的量化指标进行横向和纵向的比较，给投资者提供直观的投资参考。为了方便投资者，特别是机构投资更好地判明一个企业 ESG 的业绩表现，一些专业的投资机构推出了标准的 ESG 评级机制。目前业界参照比较多的两个 ESG 评级是 MSCI 评级和 ISS 评级。[①]MSCI 的评级和 ISS 的评级已经成为很多机构投资者的重要的投资参考依据。这当然并不意味着投资者只投资环境、社会、公司治理方面表现好的公司，绕开或拒绝环境、社会、公司治理方面表现不好的公司。它更多的是一种帮助投资者进行更好的风险管理，创造一个看重长期的、可持续价值的投资策略。

因为 ESG 报告和评级反映了一家公司的企业社会责任和公司治理水平，所以 ESG 报告和评级也会促进一家公司不断改进、提升自己，从而提升 ESG 评级的排名，提升自己的投资价值，在 ESG 投资中占得先机。因此，一家公司的 ESG 状况如何必然成为并购者在并购投资决策中的重要参考因素。

ESG 投资的理念对并购谈判者来说相当重要，特别是当目标公司是上市公司的时候，谈判者必须查阅目标公司历年的 ESG 报告，了解目标公司 ESG 报告的评级，即具体打分情况，提前把挖目标公司的风险。谈判者要想在谈判中达到自己的定价目标，常常需要“贬低”对方的价值，压低对方的期望值，在对方公司的销售额、利润、现金流、净资产等财务数据之外，如果谈判者了解到目标公司在 ESG 方面有需要改进的空间，那么谈判者可以据此要求对方在价格方面做出进一步的让步。一旦谈判进入“死胡同”，谈判者发现谈判已经无法挽救，想体面地离开，这时候嫌

① MSCI 是 Morgan Stanley Capital International 的缩写，指摩根士丹利资本国际评级；ISS 是 Institutional Shareholder Services 的缩写，指机构股东服务评级。

对方要价太高又可能伤了大家的和气，因此就利用价格以外的因素，例如ESG报告和评级里面的一些内容作为理由，这样可以比较有说服力地与双方友好分手，就好像恋人分手时“缘分不到”的说辞一样。

并购谈判者利用ESG投资策略，并不是要依此做出是否进行交易的决定，而是在谈判过程中，更加全面、更加系统地去考虑更多的非财务因素。

并购谈判工具箱

1. 谈判者发挥自己的才干和个人魅力的前提必须是把公司放在第一位。
2. ESG跟CSR都是公司在日常经营以外的业绩表现，是公司形象的重要指标。

第17章 并购谈判的10大常见策略

分享谈判策略和技巧的书籍多如牛毛，每个研究商务谈判的专家和教授都有自己认同和推荐的谈判策略，每个经验丰富的谈判者都有自己独特的谈判风格和偏爱的谈判策略，每个商务谈判和并购谈判的过程都会采用不同的谈判策略。因此，没有放之四海而皆准的谈判策略，也没有最好的谈判策略，只有最合适、最高效的谈判策略。

我在商务谈判和并购谈判的“战场”中浸润多年，是从实战里打出来的“谈判专家”，我想给大家分享一些我个人认为最常见、最实在、最管用、最接地气的谈判策略、战术和技巧。

我的建议比较传统，可能包含太多的“道”，太少的“术”，比较阳光、正能量。这不是因为我不知道“术”的重要性，而是因为并购不是一锤子买卖。并购就像白头偕老的婚姻，要持久幸福、家道兴旺，绝对不能为了在恋爱阶段赚一点便宜、捞一点好处，给未来的家庭幸福带来隐忧。我相信传统的、符合道德的、让人身心愉悦的谈判策略更能深入人心，更能行稳致远。

我个人觉得并购谈判的成功取决于 10% 的技巧和 90% 的心态加常识。并购谈判非常艰苦和复杂，需要专注、投入、化繁为简、化整为零，最后再集中资源，发挥影响力，引导双方达成协议。一个没有好的精神状态的谈判者，一个和常识过不去，扮高深、搞噱头、颐指气使的谈判者，是不可能顺利完成并购谈判的任务的。

因此，个人的体会是，技多不压身，要学习技巧、策略、谋略，但过多地炫技就会弄巧成拙，没有人会愿意跟一个老谋深算、花招不断的谈判对手谈下去。其实，在学习技巧的同时，我们也要多学习其他知识。如果我们知识面广泛、兴趣广泛，是有品位、有乐趣的人，那么我们就可以在谈判之余，和谈判成员、谈判对手一起唠家常、谈时事、聊人生，增进感情和友谊。我们还需要培养利他精神，能够共情，能够面对不同的人，愿意帮助他们，赢得他们的好感和信任。这些知识储备和品质不但对并购谈判大有助益，而且对一个人的成长和事业发展也有很大帮助。

下面这些策略也是我在过去 20 多年并购谈判生涯中常常使用且十分奏效的。这些策略在过去是有效的，但是过去管用的现在还能有用吗？实际上，只要是符合传统美德的、积极向上的、有着良好动机、善意的、为了双赢和共同利益的的谈判策略，无论在什么时代都会历久弥坚，生命力旺盛。我建议的这些谈判策略基本不包括赢者通吃、你赢我输、零和博弈、尔虞我诈、己方利益最大化、对方利益最小化，这些招式不是我不懂，而是我不推荐。因为并购不是一般的买卖关系，并购关系着一家企业的百年大计，不能只看眼前利益，要着眼长远，要放长线钓大鱼，要把蛋糕做大。

策略 1：不忘初心，相向而行

并购谈判就是双方不断向对方靠拢，最终找到一个最漂亮的黄金分割点的过程。并购的双方可能来自五湖四海，互不相识，为了一个共同的目的走到了一起。并购谈判就是倾慕、暗恋、示爱、求爱、相爱、约定终身并结婚的过程，双方如果不是以结婚为目的，一开始就不会走到一起。因此，在整个谈判过程中，双方都必须不断地问自己：我们的目标是什么？我们还需要做什么来实现我们的目标？

并购的初心是合作，合二为一。在并购谈判之初，双方就应该明确这样的目标，并始终如一地坚守这个目标。并购谈判的破冰和开局进一步强化这样的目标。在并购谈判遇到挫折和僵局的时候，谈判的双方不要背道而行、相互指责，而要重新回顾双方的谈判目标，找到出现僵局的原因。谈判的过程就是发现问题和解决问题的过程，就是找到不同路径到达终点的过程。合则两利，分则双败。要把蛋糕做大，只有蛋糕做大，双方才能分得更大的份额。

并购谈判的双方尽管目标一致，但各有不同的诉求，追求共同目标的方式手段不一致，双方各为其主，针锋相对在所难免。竞争出活力，合作达共赢。因此，并购谈判中存在各种落差是非常正常的。差异本身不是问题，假如没有差异、大家一拍即合，那么谈判双方团队的饭碗都没了。并购谈判的过程是个求同存异的过程，要把双方已经同意的事项列出清单，让双方看到成绩，看到希望；也让双方不愿意彻底放弃之前所做的努力。列出尚未达成一致的问题清单，双方可以专注地谈判，一个山头一个山头地攻克。

只有目标一致，才能有商有量，出价还价，妥协让步，最终分歧越来越小，共同点、共同利益越来越多，就算仍有一些事项不能达成一致，只要不影响交易的大局，就可以选择忽视、尊重和回避。“难得糊涂”的心态在大格局面前是很有必要的。

失败的谈判都是因为大家固守自己的阵地，谈判的分歧越来越大，南辕北辙，鸡同鸭讲，双方不肯妥协，不断出现僵局，情绪化而造成的。面临这样的局面，要么回到“初心”，看看双方有没有共同的梦想。如果没有，大家各自安好，坦然、淡定地离开一个没有共同“初心”的谈判也是明智之举。

策略 2：主动出价，掌控全局

在一般性的谈判中，双方都认为自己不应该首先报价，但也不可能永远等下去，只要情况允许，就应该想办法让对方先报价。所有谈判的高手都会建议不要主动出价，等待或迫使对方先出价，也不要立即还价。这些在普通商务谈判中无疑是合适的。但并购谈判不一样。

只有少数并购谈判由卖方主导。这些项目通常交由投资银行安排。投资银行设定一个交易架构、设定一些先决条件，然后邀请有兴趣的买家参与并购的竞标。我和我的团队曾经参与雪津啤酒、金威啤酒、重庆啤酒的投标竞购。这些并购都是由被并购方主导整个过程的。但绝大部分的并购都是由并购方主导的。

大家都有下棋、打扑克的经验，该谁出牌大家清楚。并购谈判的“牌理”和普通商务谈判的不同之处就在于，并购谈判应该由并购方先出牌。被并购方也会期待并购方积极主动。此情此景之下，并购方如果扭扭捏捏、不情不愿，等待对方出牌，就不合常理，也无益于谈判效率的提高，纯粹耽误时间；这样还容易给被收购方造成困惑，让对方怀疑你的诚意和决心；如果并购方想方设法不出牌，还要逼着对方先亮牌，那么难免会给人留下过于精明、格局不大的感觉。所以，并购方不主动报价对后面的谈判开展没有好处，只有坏处。

主动出价并不只是指对价格的报价。谈判者在报价阶段可以设立一个范围，确定谈判的议题和议程，这些议题和议程涉及谈判目标、交易架构、估值方法、时间表、谈判人员组成、谈判地点、交割等。这样做非常重要，并购方先拿出方案，方案通常会比较全面，也会优先考虑自身的利益，给并购对方划定谈判范围。所以，主动报价的好处是可以极大地提高并购方对整个谈判过程的话语权。

当然，主动报价绝对不是虚报低价或高价。使用虚报低价 / 高价策略的谈判者以一个不可能实现的极低（或极高）的报价开始谈判，这样做的风险是让另一方觉得继续谈判只是浪费时间，于是会终止谈判。应对虚报低价 / 高价的最好策略不是讨价还价，而是要求对方重新提供一个合理的报价。可以运用以下的策略进行回应。

- 坚持让对方以合理报价开始谈判，否则拒绝进一步谈判。
- 陈述对并购项目市场价值的理解，加以数据和事实的支持，通过这种方式告知对方你不会被蒙骗。
- 通过暂时或永久终止谈判来表达对对方使用这个策略的不满。
- 用一个同样极端的报价来表明自己不会被对方的极端报价所影响。

策略 3：大胆假设，小心求证

并购谈判不是生意伙伴洽谈新的订单，不是采购一台设备，前者谈判双方相互熟悉，后者谈判标的相对单一，有足够的公开信息。并购谈判基本上都是遭遇战，双方彼此并不熟悉，信息掌握很有限。除了上市公司，一般的收购对象都没有足够的、完整的对外信息披露。所以，当我们刚刚接触一个并购项目的时候，我们往往就是在盲人摸象。

我们看到一座冰山时，一定知道，看不见的那个部分可能更庞大、更危险。我们看待一个并购对象，千万不能雾里看花、月下赏景。并购之前，怎么都可以，一旦谈判开始，就要想方设法，尽可能掌握对方公司的所有信息和情报。就像开始恋爱了，也要了解清楚对方的身心是否健康，家庭是否和美，为人是否善良。因此，并购谈判开始前必须收集信息、验证假设。

收集信息在前文中已经提到。现在是大数据时代，收集信息的工作效率有很大的进步，但实地考察、走市场、访客户、找调研公司尽职调查，这些传统的手段仍然必不可少。

在信息和数据基础上进行分析。少确信和猜测，多假设和验证。大多数人在做决定、解决问题或辩论观点的时候都依赖猜想臆测。大多数人根本不会去验证自己的假设，更不用说去测试这些假设是否值得保留。有些假设相对来说非常简单。但是，在谈判桌上做出假设的情况就完全不同了。在谈判开始前、谈判进行中或者谈判结束后随意做出的每一个假设，之后都可能变成你的噩梦。更进一步来说，我们的所有假设归根结底都是基于我们对当时情境的理解或判断。糟糕的是，人类并不会“观察”到他们看到的所有事物。“看”是二维的，而“观察”是三维的。

作为谈判者，尽管我们面临的情况不像医生那样生死攸关，但我们做出的错误假设也可能导致非常严重的后果。不可否认，假设确实是一种有效的谈判技巧，也是谈判的重要组成部分，但我们必须加倍小心，避免做出错误的假设。不幸的是，还有很多人根本没有意识到，他们确信的大部分事情都建立在一些无意识、失之偏颇的假设之上。隐含的假设很难变得公开并且易于识别。它们就像冰山一样，90% 都淹没在海水之下（无意识），只有一小部分漂浮在水面之上（有意识）。

对假设的评估十分关键，有很多方法可以检验你的假设是否正确。首先，你可以提问，通过封闭性问题直接询问，以验证你的假设是否正确。其次，你可以假设这些假设真的存在，这时，你就可以开诚布公地和对方讨论解决这些问题的方案，对方要么否认这些问题的存在，从而证明你的假设是错误的，要么开始跟你讨论解决的方案，从而证明你的假设是正确的。最后，你可以仔细倾听，倾听对方的谈话以及对方言语中的暗示。这就要求你在谈判全程都要集中注意力，而不是像很多谈判者认为的那样，仅仅在谈判初期需要全神贯注。

假设得到了验证，就可以成为承诺、协议的一部分；假设没有得到验证，就可以放弃，也可以继续作为合同的一部分，就是“陈述与保证”，这些条款涉及交易条件、交割、价格调整，因此在并购谈判中极为重要。

策略 4：少说“是”，多说“不”

英文中，最棒的词是“yes”（是），说出来能让人高兴，因为满足了人们的请求，搞定了业务，达成了交易，人人心花怒放，举杯庆贺。与之相反的，最糟糕的词莫过于“no”（不），它指出人们的错误，拒绝对方的提议，在冲突中采取的对抗态度，它可能扼杀在进展中的交易。“不”是谈判的杀手。人们在谈判中总是乐于说“是”，而对说“不”感到压力重重。但在并购谈判的世界里，这种倾向非常危险。在谈判中，“是”意味着给予、让步和承诺；“不”虽然意味着拒绝，但它的目的在于索取。作为并购方的我们受命去谈判，我们的任务当然是努力索取更多，努力给予更少。如此看来，“是”是非常糟糕的字眼。“是”暴露了你害怕失败、害怕失去交易的心理，它迫使你取悦对方、急不可耐、过早妥协，并经常“为了成交而成交”，甚至“不划算也成交”。“不”才是最棒的词，它拒绝对方的要挟，降低对方的期望值；它释放你的谈判压力，给你争取到时间，思考下一张牌。“不”是谈判中的撒手锏。

当然，谈判中频繁说“不”会给谈判对方留下你没有诚意和难以合作的印象，会打击谈判对方的积极性。说“不”如果导致谈判的僵局和破裂，那对自己也没有好处。正确说“不”的方法是：说“不，但是……”或者“不，不过……”。这是一种建设性说“不”的方式。建设性说“不”，给对方以希望，给自己留后路。“不”的后面才是重点，也许是一个新的交换条件，也许是一个新创意、新机会。

策略 5：步步为营，不断蚕食

步步为营，不断蚕食的策略就是我们常说的“切意大利香肠”策略。并购谈判的标的巨大而复杂，谈判过程漫长而曲折，一次性谈完、一口价成交基本不可能。如果想狮子大开口，一口吃个胖子，那么很可能刚开局就把谈判对手拒之门外。并购谈判交易条件的成就，很多都是温水煮青蛙式地“切意大利香肠”，在不知不觉中做到的。

蚕食策略在并购谈判的最后阶段出现得最频繁。当双方经过旷日持久的谈判，即将达成协议时，谈判一方提出一条先前未被讨论过的条款，要求对方接受。这个条款看起来会给另一方带来一点小代价，但也不足以使协议的努力前功尽弃。另一种情形则是双方就一主要交易条件谈判已久，一方在对方已经让步若干次的基础上，再要求做最后一次小让步。这个小让步货真价实，但跟整个交易条件的大数额相比也微不足道。在这两种情感下，一方持续“切香肠”，另一方非常被动和尴尬，不让切则有损大局，让切则小亏不断。

“切香肠”确实是非常有效的谈判策略。它就像我们常说的“不积跬步，无以至千里”。在谈判中，与其总是把目光盯着最高目标，以至于双方吵得面红耳赤、伤了和气，倒不如动点脑子，从最容易实现的条件开始，一点一滴地去争取。因为你要一口吞掉一只大象，人家肯定不给你面子。但是如果你一次只向别人要一片香肠，那么大家多少会给你面子。但是蚕食策略的缺点也很明显，蚕食策略很容易被谈判对手识破。一旦识破，谈判对手就会觉得你不真诚，贪得无厌，得寸进尺。谈判对手可能会有样学样，提出相应要求。因此，谈判者采用蚕食策略要自然、合理地分开不同的项目，不要在一根香肠上切到自己的手指，要同时在不同的香肠上伺机而动。谈判者同时也要给对方一点“甜头”、回报，让对方觉得小小让步很划算。切香肠能够切出双赢的感觉才是高手。

策略 6：放低身段，扮猪吃虎

“打死会拳的，淹死会水的”。谈判高手过于高调，可能会马失前蹄，拥有优势的一方过于自信可能大意失荆州。并购谈判中，蛇吞象、以小博大、以弱胜强的案例比比皆是。因此，在并购谈判中，无论你是弱小的一方，还是强大的一方，放低自己的身段，踏踏实实地做好准备，以不变应万变，才能最终战胜强大的对手。

再强大的谈判者都有自己的弱点，这就是阿喀琉斯之踵的寓意。处于劣势一方的谈判者，要想以弱胜强、扮猪吃虎，就必须放低身段，韬光养晦，避免被强劲的对手一招致命；弱势的一方要做足功夫，仔细考察和研究，找到强势一方的固有弱点和破绽。并且在后面的谈判中，弱势的一方要盯住这个弱点和破绽不放，持续施压。就像钻进大象鼻子的老鼠，不达目的，一定不能轻易出来。

反过来，居于弱势的一方也不是一无是处。弱势的一方也要反问，自己有没有对方没有的优势。找到这样的优势，无论大小，并放大它，哪怕有点虚张声势，也要扩大它的力量和价值，以便以此压制强大的对方，或以此交换对方的优势。即使弱势一方找不到拿得出手的优势，也不要束手就擒，而要尽量低调，保存自己的实力，耐心地等待时机，利用一切可以利用的条件和形势的变化，借助各种变化的力量，创造各种不对称局势，最终达成自己满意的交易。

对于优势明显的谈判高手来说，可能聪明反被聪明误，高调可能自讨没趣。所有的谈判者面对优势谈判对手都会加倍小心，处处设防，讨价还价，更加消极和保守。因此，在并购谈判过程中，优势谈判高手要谦虚诚恳，低调行事，尊重对手。可以假装比对方知道得更少，多听少说，给对方更多展示自己的机会。优势谈判高手的低姿态达到的谈判效果可能会更好。当然，凡事不能过头，优势谈判高手不能谦虚过头，故意出错，或者在自己的专业领域也装傻，那样反而会贻笑大方。

策略 7:“白脸－红脸”，虚虚实实

“白脸－红脸”策略在前文有很多介绍，这里不多赘言。“白脸－红脸”策略又叫“好警察、坏警察”（good cop，bad cop）策略。该策略以警察审讯犯人时亲切和蔼的警察和凶神恶煞的警察轮番上场的方式命名。在并购谈判中，“白脸－红脸”策略是最著名、最常见的策略。它是一个在避免直接冲突的情形下施加压力的有效方法。“红脸”代表压力、冲突、紧张、威胁；“白脸”代表亲切、温和、通情达理。在并购谈判中，“红脸”“白脸”轮番上阵，虚虚实实，真真假假，让谈判对手情绪紧张，思绪浮动，不知所措，从而打乱对方的部署，使得对方在“红脸”的极端施压后，抓住“白脸”的救命稻草，爽爽快快地做出让步。

“白脸－红脸”的谈判策略过于明显，很容易被看穿。一旦被看穿，对方要么马上戳穿，要么以牙还牙。尽管如此，这一策略仍然被谈判者广为采用。

策略 8：适时让步，以退为进

妥协和让步是并购谈判过程的一部分。妥协并非是失败的表现，没有妥协，并购谈判根本不可能完成。学会适时妥协和让步非常重要。

并购谈判者要巧妙避开对方的锋芒。谈判的对峙和僵持会延缓谈判的进度，甚至导致谈判的失败。双方各执一词、各不相让不是积极有效的解决问题的方法。这时候一方的妥协可以换来谈判的生机，妥协一方也可以建议双方各让一步。妥协和让步可能出现在谈判的任何时刻，针对任何谈判议题，由谈判的任何一方做出。并购谈判中的妥协和让步灵活机动，既是谈判的一种结果，又是推动谈判进程的动力。在谈判中，退的一方有时看起来是失败了，可事实却并非如此。退的一方之所以退，就是为了更好地前进，获取更大的利益。

适时让步不是随时让步，不是过多让步；以退为进也不是为退而退，而是为进而退。要退得合适，首先，要搞清楚对方的真实想法和可能的底线；其次，要学会适可而止，留有余地；再次，让步要选在关键时刻，如胶着状态、僵局阶段以及谈判的收官阶段；最后，谈判者要避免重复让步、同幅度让步，以及和对方相同的让步，谈判者的让步要以我为主，按照自己的节奏进行。

策略 9：设身处地，换位思考

谈判是两个人的探戈，两个人的身高体态都不一样，如果两个舞者各行其是，怎么舒服怎么来，那么这个探戈没法跳。并购谈判的双方公司规模大小不一，并购谈判双方的谈判者风格、个性不同，加之需求、目标、议题、议程、变量等众多因素的差异和变化，并购谈判的复杂和艰难怎么形容都不为过。但并购谈判的目标是明确的，需要双方的共同努力。并购谈判的双赢性要求谈判双方寻求共同点，减少争议点，管控冲突点。要做到这一点，谈判双方不能本位主义，要设身处地，互换角色，最大限度地了解对方的需求和问题。

并购谈判者对自己相对熟悉，因此在并购谈判的整个过程中，对方的立场、言论、观点比你自己的更重要。要尊重对方，聆听对方。如果有困惑，不要急于拒绝和反驳，要善于提问，善于观察，善于分析。谈判的目的，是跨越双方差距的鸿沟。我们只有去到对岸，才能更清晰地看清鸿沟，才能知道怎么跨越鸿沟。

并购谈判的成功不是看短期的交易达成，而是看长期的投资回报。并购谈判要结果，更要关系。只有谈判双方秉持双赢思维，互相信任，长期合作，才能维护双方的长期利益。没有换位思考、设身处地，不让对手跟自己一样有赢了的感觉，谈判双方就不可能维持长期关系。

策略 10：专业权威，诚实可信

“专业权威，诚实可信”不像一个典型的谈判策略，它不像是为了某个并购谈判、某个谈判场景而设计的。是的，它是为所有的并购谈判而设计的。作为并购谈判策略的第 10 条，它是集大成者，是策略中的策略。

尽信书，不如无书；尽信策略，不如无策略。正如我一直强调的，策略要为项目服务，策略要为人服务——是先有人，后有策略。如果作为谈判者的人三观不正，只讲歪门邪道，那么无论多好的策略，都不会产生好的结果。反之，哪怕一个人没有经过太多的谈判技巧培训，只要他正直无私、诚实守信、积极阳光、与人为善，加上他的常识和专业，他就可以顺利完成并购谈判的艰难任务。此所谓“无招胜有招”。

没有“一招鲜吃遍天”的谈判策略，但有专业权威的谈判者。谈判者的形象和声誉是谈判者最大的财富，谈判者的专业精神和谈判力可以帮助他驾驭所有的谈判策略和技巧。没有边界、没有灰色地带的谈判策略是不存在的，但诚实可信的谈判者是存在的。谈判者无可挑剔的道德品质可以让其牢牢把控自己，不走捷径、不谋私利、不滥用谋略。诚实可信是谈判者最好的品质，最高的追求。

真廉无名，大巧无术。经历了很多场并购谈判洗礼的高手，不会把策略和技巧放在并购谈判的首选事项里。策略和技巧已经融入谈判者的思维和行为习惯以及道德情操，浑然一体。

并购谈判工具箱

1. **并购谈判的常见策略：**

   策略 1：不忘初心，相向而行；

   策略 2：主动出价，掌控全局；

   策略 3：大胆假设，小心求证；

   策略 4：少说“是”，多说“不”；

   策略 5：步步为营，不断蚕食；

   策略 6：放低身段，扮猪吃虎；

   策略 7：“白脸－红脸”，虚虚实实；

策略 8：适时让步，以退为进；

策略 9：设身处地，换位思考；

策略 10：专业权威，诚实可信。

每个人都能成为出色的并购谈判者

我从普通的商务谈判起步，到越来越多地介入并购谈判。跟普通的商务谈判相比，并购谈判非常复杂，需要很多的经验和训练，似乎只有极少数的人才能驾驭并购谈判这匹野马。但事实上，并购谈判不是少数精英的专属品。

并购谈判者的素养

并购谈判者既是专才又是通才，普通的商务谈判者则可以是某一行业或某一方面的专才。并购谈判需要多种专业知识和技能，包括扎实的财务知识（涉及交易架构设计、交易对价及价格调整、协同效益计算、税务中立等）、丰富的投资理念（投资机会发掘、融资手段选择、投资回报分析、投后管理的设计等）、基本的经营管理经验（公司的日常运作、预算、成本控制、绩效考评等）、对行业现状和发展态势的清晰认识（行业的专业知识、行业的发展趋势等）、基本的法律素养（反垄断审查、交易的确定性、风险评估和控制等）以及沟通能力、时间管理能力、谈判技巧，等等。

并购谈判者既要有智商，也要有情商，甚至情商的分量更重。并购谈判少不了用到精道的算法、敏捷的反应、准确的定位、深刻的理解力，没有一个聪明的大脑，就跟不上变幻莫测的谈判节奏。我曾经在一个拉锯战式的谈判中建议对方支付一笔 3 500 万～4 000 万元的保证金。对方不同意，但提出按单价 50 万元、合计 78 个单位计算，其结果是 3 900 万元，完全在我的提议范围内，并且比我的底价要求还要高。可见无论谈判多艰巨，对计算和数字一点都不能含糊。但并购谈判不完全是数字游戏，更多的是比拼情感、耐力、感染力、影响力、亲和力。2006 年在为公司谈判收购雪津案后，雪津的管理团队和政府官员跟我提到，他们的谈判策略是“卖个好价钱，找个好伙伴”。“好价钱”当然是数字，这个“好伙伴”就是要“看对眼”，其中情商的成分就很重要了。

并购谈判者是乐队的总指挥。并购谈判通常会由一个团队组成，该团队可能包括内部的财务、投资并购、业务部门人员以及法务人员，外部则有投资银行和律师事务所，甚至还有公关公司等其他顾问公司的参与。除了这些谈判桌边的成员，还有看不见的手在后台遥控，诸如大股东、高管、总部人员等。并购谈判者需要清晰了解每个人的不同角色，诸如主谈、辅谈、信息提供者、数据分析员、后勤人员。如果要采用“白脸－红脸”策略，谈判者要事先做好清晰分工。谈判者要随时协调大家的语言，确保大家用同一套语言发送同样的信号。谈判团队成员要互相补台，而不是拆台。这样，才能保证整个谈判团队像一支交响乐队一样，奏出优美、和谐的乐章。

并购谈判者必须拥有一颗强大的心脏。并购谈判是一个动态发展的过程，突发事件时有发生，谈判的艰苦程度、变化情况、牵涉面、复杂流程、信息及情报收集的广度和深度、各种变量、整合的难度等，非常难以掌控。并购谈判的进程多半不是以主谈者的意志为转移的，内部的不协调和掣肘，外部的千变万化，随时都会让谈判搁浅，或进入某个深不可测的陌生地带，这时候谈判者要保持足够淡定，能够“泰山崩于前而色不变”，是需要强大的心理作为保障的。一场并购谈判涵盖无数的商务谈判。一场并购谈判是一场战役，而一个商务谈判只是一场战斗。我曾经多次在谈判陷入僵局时，仍然和谈判对方谈笑风生、把酒言欢，丝毫没有显露自己深陷绝境的惊慌失措。在后来谈判达成协议时，对方甚至都不知道有些项目差点胎死腹中，从而完全没有影响到后续的信任和整合工作。

并购谈判者要能够掌控和调度各种内外部资源。并购谈判者是个决策者，或者可以直接影响到决策者，以便快速做出艰巨的决定，在谈判僵局出现时能力挽狂澜。一个不能掌控资源的谈判者，就是一个在前线指挥千军万马却没有任何决定权的将军。谈判者手中资源的多少决定了谈判的成败。得到充分授权，才能够有足够的回旋空间。谈判的成功与否取决于你的授权空间是否在对方的期望值范围之内，或者说双方的期望值是否有重叠的地方，或者即使最初没有，是否也可以经过双方的妥协和腾挪，创造出这样的重叠空间。没有了这样的重叠空间，绝大部分谈判会无功而返，即使偶然谈成了项目，也会因为不是双赢的结果而影响后续的整合和进一步的合作。因此，谈判者必须取得充分的授权，才能在底线值和最高值之间寻求达成协议。也只有取得了充分授权，才能给谈判对手带来尊重和信任。当然，谈判者即使完全拥有达成协议的授权，也要保留部分授权，甚至装作部分授权属于自己的上级，这样在陷入僵局、筹码用尽时，才不会被对方逼到墙角而没有退路。

并购谈判者要身段柔软，随机应变。没有一种谈判策略可以一劳永逸。并购谈判的对象千差万别，跟国有企业的谈判与跟私营企业的谈判不同，跟职业经理人的谈判与跟家族企业的掌门人谈判不同，跟上市公司的谈判与跟非上市公司的谈判不同，跟新兴行业的谈判与跟传统行业的谈判也不同。涉及跨境并购谈判的时候还要考虑不同的国情、社会制度、法律环境、营商环境、风土人情等。因此，针对不同对象、不同行业、不同国家等的并购谈判必须采取不同的谈判策略。有的并购谈判跨度很长，对方的主谈人可能随时变换，针对不同谈判者也必须随时调整谈判策略和方法，不能一成不变。

并购谈判者是马拉松运动员，而不是百米冲刺的短跑高手。单个的商务谈判可能是“一锤子买卖”，谈判双方都有时间和效率的压力，双方都有尽快达成协议的压力，因此很多商务谈判更像是一场短跑，双方都希望尽快达成协议，尽快受益。并购谈判则可能旷日持久，我参加过的最长的并购谈判持续了十多年才修成正果。通常来说，有时间压力的一方比没有时间压力的一方有更大的可能做出更多的让步。在这种情况下，没有耐心和耐力，一个大型的并购谈判是不可能取得积极成果的。在我经历的绝大部分并购谈判中，谈判时间超过一年的占绝大部分。在这样旷日持久的谈判过程中，没有足够的定力和耐力，是无法跑到终点的。

并购谈判者的人品和名声也至关重要。我们曾经有一个并购项目，前期我们的全球首席财务官和对方已经签订了一份框架协议，确定了价格等主要条款。这份协议虽然不具有法律约束力，但反映了双方前期谈判的主要成果。随后，在毫无征兆的情况下，对方提出退出谈判。无奈之下，我临危受命，重启和对方的谈判。我们谈定了一个价格，签了一份备忘录。公司同事都觉得对方肯定还会反悔的，我说肯定不会。我私下单独跟对方聊了一次，我说：“您是行业内的大佬，大家都很钦佩您。我也在行业十多年，交易无数，交友无数，我们都是言而有信的人，希望您一言九鼎，信守诺言。”结果对方果然没有再变卦。在并购谈判中，谈判者的个人声誉有其价值，对谈判帮助很大。并购谈判中很难保证绝对的诚信，特别是在一些竞争型谈判（即非赢即输的谈判）中，难免尔虞我诈。但诚信仍然是必不可少的，绝大部分谈判追求双赢，即便是零和博弈的谈判，没有另一方的配合和让步，双方也不可能达成一致。在这种情况下，双方的声誉都是可以发挥作用的。况且，“买卖不成仁义在”，维持好的人际关系，维持好的名声，可以为未来的合作奠定基础。

并购谈判不取决于一时的得失。能够打赢一场战役的将军应该是从一场一场的战斗中摸爬滚打过来的。但打一场战役和打一场战斗需要的指挥官的基本素质是不一样的，前者需要格局、战略眼光、领导力、资源调动能力、协调能力、保障能力，需要洞悉和把控战场外的各种因素，需要充分利用天时、地利和人和因素。当然，这个比喻不恰当的地方在于，对于商务谈判和并购谈判，在绝大部分情况下，取得双赢才是谈判的根本目的，因此无论是战斗还是战役，不是看哪一方笑到最后，而是要看双方是否都能笑到最后。

并购谈判成功的两个关键

在并购谈判的“战场”上，我已经身经百战。我常常问自己的一个问题是，是不是每个人都能成为一个出色的并购谈判者？我的答案是肯定的——每个人都有机会成为优秀的并购谈判者。那么并购谈判的成功关键究竟是什么呢？

首先，并购谈判需要合作精神。并购谈判大都不是你死我活的谈判，即使是恶意收购，最终谈判各方也要实现各自的诉求，否则即使交易达成，后续的交割问题、价格调整问题、风险和责任的承担问题以及整合问题也将面临无穷无尽的困难。因此，并购谈判者必须有合作共赢的精神。我们都知道，我们自己就是问题的解决者。从我们意识到谈判就是要解决问题的那一刻起，我们就已经是谈判者了。我们相信，无论是每次谈判的障碍，还是每次争论的焦点，都仅仅是一个需要解决的问题而已。解决诸如此类问题或争端的最佳方法，就是引导谈判的所有参与方朝着共赢的方向努力。

其次，提高并购谈判能力需要不断地实践。并购谈判的理论并不高深，策略并不神秘，技巧并不深奥。本书涉及的并购谈判的所有内容，都是常识。学习并购谈判不要好高骛远，不要复杂化，而要简单化。要知道，无论一个并购项目看起来有多么宏大和复杂，它都有一个清晰的目标，即满足双方的特定利益。任何精彩的并购谈判，如果没有达成令双方都满意的结果，都是一场“自嗨秀”。我避免将这本书写成一本学术书籍，避免把策略和技巧弄成奇技淫巧，我希望依据自己的实践和经验，分享真正有价值的知识和技能。

并购谈判技能的提高，需要的是实践、实践、再实践。没有一个人在经历一次并购项目后就立刻成为耀眼的谈判明星。我的第一次并购谈判起步于“小跟班”角色。那是个合资项目，谈了一整天，我只被问了一个知识产权的问题。后来，有了更多的谈判机会，但自己也就是个跑龙套的。与其说参与谈判，不如说是当学徒。到了亲自操刀做一些项目时，也是战战兢兢，如履薄冰。如今，我已经久经沙场，一些小的并购案已经难以让我兴奋。但是，没有那个第一次以及后面若干次谈判的磨砺，就没有现在的我。

并购谈判的能力需要在实战中提高，需要积累不同的并购谈判案例。千里之行，始于足下。没有十年磨一剑的决心和毅力，就很难成为一个并购谈判的高手。

并购谈判，你也行！

后　记

2020 年一定会是历史上大书特书的一年！国内新冠肺炎疫情的发生和管控，深刻地影响了我们每个人的生活；国际上风云诡谲，多台大戏联袂上演，惊心动魄，跌宕曲折，每天都在吸引我们的关注。

中国在抗击疫情上成绩卓著，国人无不骄傲。我的这本拙作写作于 2020 年的夏秋之交，可以算是防疫抗疫工作的一个额外收获。

出于工作和家庭的原因，我需要定期前往香港。每次从香港回来，都需要在酒店和家里进行 14 天的隔离观察。头一次尚且宽松，但也劳动公安、防疫、医院、居委会、物业，一众人等，忙前忙后。第二次发生在浦东感染确认期间。我从酒店回家时，警车开道，如临大敌，场面壮观。此等经历，终生难忘。

刚开始隔离的时候，我就问自己，干点什么呢？远程办公？读书？追剧？对我一个习惯了快节奏的工作狂来讲，这点事情打发不了我的时间。我突然想起，2019 年底曾要求我的同事按惯例在制定年度工作目标的同时，也制定他们的个人目标。当时，我给自己制定的个人目标是“写本书”。经历了 2019 年公司上市的繁忙，我想让自己沉淀一下。“写本书”也许是个不错的主意。但我对写什么完全没有概念。所以这个目标制定得很含糊，违反了 SMART 原则，为的就是给自己留有余地。我多年做事养成的思维习惯就是把坏事变好事，把危机变机遇。隔离让我无法上班，但我不能浪费了这个难得的、心无旁骛的好机会。我觉得也许有机会完成“写本书”的任务。问题是写什么呢？我想到，“并购谈判的策略和技巧”是自己讲过的课程，于是头脑一发热，立即动手。

知易行难。并购和谈判都是可以独立成书的，硬要把它们“拉郎配”非常困难。并购大致有一条时间线，谈判策略和技巧却完全是分散的。在架构时，我几易其稿，最后决定采用跨国公司的组织架构形式，即矩阵式，把并购做“条”，把谈判做“块”，条块结合。写作过程磕磕绊绊，成书之后，有些内容难免留有遗憾。但我相信，本书能让读者有很多收获。

附　录

并购谈判 100 招

1. 收集情报，发现需求。
2. 没有非做不可的交易。
3. 不打无准备之仗，即使时间再紧迫也要为谈判做好准备。
4. 列出准备工作清单、议题清单、变量及备选方案清单、尽职调查清单、协议条款检查核对清单。
5. 做好谈判预算，准备充足的时间、精力、金钱和情感的投入。
6. 组建成功的谈判团队，确保团队多元化、专业化。
7. 把目标定高，目标要具体、可行、有挑战。
8. 分解宏大的谈判目标和议题。
9. 目标至上，不要偏离目标。
10. 围绕议程，循序渐进。
11. 时刻保持注意力集中。
12. 选择合适的谈判地点，布置谈判环境，让自己感到舒适。
13. 不说收购，多说合作、共赢、价值创造、做大蛋糕。
14. 选择合适的初始报价。

15. 主动报价，掌握谈判主动权。
16. 清楚自己的底线是什么，但不可以透露底线，不可以超出底线。
17. 善用不等价之物进行交易。
18. 不要接受对方的第一次报价，或第一次还价。
19. 在争议和冲突背后，找到真正的问题所在。
20. 让步不要一步到位。
21. 不情愿地同意对方的条件。
22. 不要轻易折中。
23. 不要做出没有回报的让步。
24. 在做出让步时，让步的幅度一定要越来越小。
25. 不要把对方逼得太紧，不要落井下石。
26. 多让对方表态。
27. 当对方做出否定回答时不要反应过激。
28. 利用对方偏好的标准和规则。
29. 注重关系建立，进行情感投资。
30. 不要过分夸大事实。
31. 摸清对方的谈判风格。
32. 认可和赞同对方的行事方式，鼓励对方继续这一有效的行事方式。
33. 不要过多地流露自己的感情，有目的的情绪流露和情感施压要适度。
34. 接受双方的差异，对分歧持包容态度。
35. 不要过于情绪化，不要挑衅或侮辱对方。
36. 随时觉察对手的立场改变，坚持既定策略，或启用备选方案。
37. 指出显而易见的问题，将对方引导到有利于自己的解决方案。
38. 把问题、挑战、争议转变为机会。
39. 善于低调、示弱。
40. 保护对方的自尊。
41. 在强硬与温和之间寻找平衡。
42. 善于倾听，多听少讲。

43. 发挥肢体语言和情绪在沟通中的作用。
44. 养成在谈判过程中做笔记的习惯。
45. 发出最后通牒时态度要温和。
46. 尊重谈判者的文化、风俗和习惯。
47. 注意截止期限，预留充足的谈判时间。
48. 和谈判对手建立积极、健康、友好的私人关系。
49. 出其不意。
50. 有意拖延谈判进程，施加时间压力。
51. 考虑谈判破裂的后果，离开没有达到目标的谈判。
52. 不要羞于表达你的感受。
53. 遇到僵局时更换主题，引入第三方。
54. 有选择地提出开放性问题和封闭性问题。
55. 换位思考。
56. 求同存异。
57. 要有同理心，站在对方的角度思考问题，并且让对方知道你在这样做。
58. 不怕被拒绝。
59. 多说“不”，少说“是”，不要“也许”和“可能”。
60. 激起对方的需求。
61. 放长线钓大鱼，稳步向前，步步为营。
62. 先调查后发言，可以假设，必须验证。
63. 不跟没有决定权的人谈判。
64. 当谈判对手努力迎合你时，表示赞赏。
65. 占据谈判优势地位，但要温和地展示你的优势。
66. 认识自己，了解自己的需要、设想、信念。
67. 认识对方，竭尽所能地去发掘对方的底细和底线。
68. 在对方夸夸其谈时，专注于事实和数据。
69. 避免争论谁是谁非。

70. 妥善拟定策略，保持弹性与警觉性。
71. 为谈判营造愉快的合作气氛。
72. 不要立即批评或驳斥对方的论点。
73. 开门见山地询问对方的需要。
74. 将心比心，才能了解对方的观点。
75. 对于陌生和专业的观念、概念和标准，要让对方有时间去消化，可以借助第三方专业人士来解释。
76. 假装知道得很有限。
77. 千万不要得了便宜还卖乖。
78. 不要寻求压倒性胜利，给对方留一点赢的感觉。
79. 让对方知道你有很多选项。
80. 让对方觉得你是个专家。
81. 不要一次性给对方太多选择。
82. 当谈判即将结束时，再尝试提一个小要求。
83. 每天或每个阶段谈判结束后，准备一份会谈纪要，发给谈判双方。
84. 当发生立场、观念的冲突时，让事实和数据来说话。
85. 多建立盟友，利用对方的人际关系来影响他。
86. 放大自己的让步，贬低对方的让步。
87. 有耐心，不要操之过急，不要草率地进行讨论或是做出任何决定。
88. 探查出对方的最后期限，但是不要泄露己方的期限。
89. 聘请专家参加谈判。
90. 和中介及顾问紧密合作，但要防止他们的需求和谈判目标不一致。
91. 暂时搁置不能达成协议的事项，回头再进行讨论。
92. 当情况不利、局面失控时，果断叫停谈判。
93. 诉诸对方的伦理与道德良心。
94. 当对方索求无度时，要果断拒绝。
95. 一定要主动起草并购协议。
96. 大型并购谈判需要雇用公关经理，做好内外沟通。

97. 谈判快要结束时要尽快收官。

98. 结束谈判时，要向对方表示感谢和祝贺。

99. 结束谈判后，继续保持和对方谈判团队的联系。

100. 改变零和思维，追求双赢结果。

未来，属于终身学习者

我这辈子遇到的聪明人（来自各行各业的聪明人）没有不每天阅读的——没有，一个都没有。巴菲特读书之多，我读书之多，可能会让你感到吃惊。孩子们都笑话我。他们觉得我是一本长了两条腿的书。

——查理·芒格

互联网改变了信息连接的方式；指数型技术在迅速颠覆着现有的商业世界；人工智能已经开始抢占人类的工作岗位……

未来，到底需要什么样的人才？

改变命运唯一的策略是你要变成终身学习者。未来世界将不再需要单一的技能型人才，而是需要具备完善的知识结构、极强逻辑思考力和高感知力的复合型人才。优秀的人往往通过阅读建立足够强大的抽象思维能力，获得异于众人的思考和整合能力。未来，将属于终身学习者！而阅读必定和终身学习形影不离。

很多人读书，追求的是干货，寻求的是立刻行之有效的解决方案。其实这是一种留在舒适区的阅读方法。在这个充满不确定性的年代，答案不会简单地出现在书里，因为生活根本就没有标准确切的答案，你也不能期望过去的经验能解决未来的问题。

而真正的阅读，应该在书中与智者同行思考，借他们的视角看到世界的多元性，提出比答案更重要的好问题，在不确定的时代中领先起跑。

湛庐阅读 App：与最聪明的人共同进化

有人常常把成本支出的焦点放在书价上，把读完一本书当作阅读的终结。其实不然。

时间是读者付出的最大阅读成本

怎么读是读者面临的最大阅读障碍

“读书破万卷”不仅仅在“万”，更重要的是在“破”！

现在，我们构建了全新的“湛庐阅读”App。它将成为你“破万卷”的新居所。在这里：

- 不用考虑读什么，你可以便捷找到纸书、电子书、有声书和各种声音产品；
- 你可以学会怎么读，你将发现集泛读、通读、精读于一体的阅读解决方案；
- 你会与作者、译者、专家、推荐人和阅读教练相遇，他们是优质思想的发源地；
- 你会与优秀的读者和终身学习者为伍，他们对阅读和学习有着持久的热情和源源不绝的内驱力。

下载湛庐阅读 App，
坚持亲自阅读，
有声书、电子书、阅读服务，
一站获得。

CHEERS

本书阅读资料包

给你便捷、高效、全面的阅读体验

本书参考资料

湛庐独家策划

- 参考文献
  为了环保、节约纸张，部分图书的参考文献以电子版方式提供
- 主题书单
  编辑精心推荐的延伸阅读书单，助你开启主题式阅读
- 图片资料
  提供部分图片的高清彩色原版大图，方便保存和分享

相关阅读服务

终身学习者必备

- 电子书
  便捷、高效，方便检索，易于携带，随时更新
- 有声书
  保护视力，随时随地，有温度、有情感地听本书
- 精读班
  2~4周，最懂这本书的人带你读完、读懂、读透这本好书
- 课　程
  课程权威专家给你开书单，带你快速浏览一个领域的知识概貌
- 讲　书
  30分钟，大咖给你讲本书，让你挑书不费劲

湛庐编辑为你独家呈现
助你更好获得书里和书外的思想和智慧，请扫码查收！

（阅读资料包的内容因书而异，最终以湛庐阅读App页面为准）

图书在版编目（CIP）数据

并购谈判 / 王仁荣著. -- 北京 : 中国财政经济出版社, 2022.12
ISBN 978-7-5223-1538-6

Ⅰ. ①并… Ⅱ. ①王… Ⅲ. ①企业兼并－谈判 Ⅳ. ①F271.4 ②F715.4

中国版本图书馆CIP数据核字（2022）第230127号

责任编辑：胡　懿　　　　责任校对：胡永立
封面设计：ablackcover.com　　　　责任印制：张　健

并购谈判
BINGGOU TANPAN

中国财政经济出版社 出版
URL：http://www.cfeph.cn
E-mail:cfeph@cfemg.cn

社址：北京市海淀区阜成路甲28号　　邮政编码：100142
营销中心电话：010-88191522
天猫网店：中国财政经济出版社旗舰店
网址：https：//zgczjjcbs.tmall.com
天津中印联印务有限公司印装　　各地新华书店经销
成品尺寸：170mm×230mm　　16开　　22.75印张　　324 000字
2022年12月第1版　　2022年12月天津第1次印刷
定价：99.90元
ISBN 978-7-5223-1538-6
（图书出现印装问题，本社负责调换，电话：010-88190548）
本社图书质量投诉电话：010-88190744
打击盗版举报热线：010-88191661　　QQ：2242791300